移动医疗环境中数据安全和
隐私保护问题研究

高改梅　著

知识产权出版社

全国百佳图书出版单位

—北 京—

系实际，可使读者对信息安全、等级保护、身份认证、访问控制、公共审计有深刻的了解。本书经过精心编排，内容深入浅出，可作为高校信息安全、计算机、通信工程、网络工程、软件工程及电子商务等专业本科生、研究生的教材或参考书，对相关专业领域研究人员和专业技术人员也有一定的参考价值。

本书的出版得到山西省应用基础研究项目（201901D111266）和太原科技大学科研启动基金资助（20192062）的资助。太原科技大学计算机科学与技术学院、太原科技大学软件工程研究所对本书的撰写给予了大力的支持，在此深表感谢。

限于作者的水平，书中疏漏之处在所难免，恳请国内外同行和广大读者不吝赐教。

高改梅

图书在版编目（CIP）数据

移动医疗环境中数据安全和隐私保护问题研究 / 高改梅著 . —北京：知识产权出版社，2020.10

ISBN 978-7-5130-7172-7

Ⅰ . ①移… Ⅱ . ①高… Ⅲ . ①互联网络—医疗卫生服务—个人信息—隐私权—数据保护—研究—中国 Ⅳ . ① D923.04

中国版本图书馆 CIP 数据核字（2020）第 173539 号

内容提要

本书围绕移动医疗环境中数据安全和用户隐私保护问题展开研究，从用户安全身份认证、数据访问控制和云存储数据完整性验证等方面进行探讨，系统阐述保护数据安全和用户隐私的关键技术。理论上，对基于混沌映射的身份认证、基于无证书签密的访问控制和支持隐私保护的无证书公共审计等方法进行了分析和形式化表示。实践上，结合具体的移动医疗网络环境，扩展了数据安全和隐私保护的方法，并对各类方法进行验证和分析，为解决系统安全危机提供可供借鉴的新思路和新方法。本书经过精心编排，内容深入浅出，可作为高校信息安全、计算机、通信工程、网络工程、软件工程及电子商务等专业本科生、研究生的教材或参考用书。

责任编辑：李 娟　　　　　　　　　责任印制：孙婷婷

移动医疗环境中数据安全和隐私保护问题研究
YIDONG YILIAO HUANJING ZHONG SHUJU ANQUAN HE YINSI BAOHU WENTI YANJIU
高改梅　著

出版发行	知识产权出版社 有限责任公司	网　　址：http://www.ipph.cn	
电　话：010–82004826		http://www.laichushu.com	
社　　址：北京市海淀区气象路 50 号院		邮　　编：100081	
责编电话：010–82000860 转 8363		责编邮箱：laichushu@cnipr.com	
发行电话：010–82000860 转 8101		发行传真：010–82000893	
印　　刷：北京中献拓方科技发展有限公司		经　　销：新华书店、各大网上书店及相关专业书店	
开　　本：787mm×1092mm　1/16		印　　张：18.5	
版　　次：2020 年 10 月第 1 版		印　　次：2020 年 10 月第 1 次印刷	
字　　数：250 千字		定　　价：99.80 元	

ISBN 978-7-5130-7172-7

前　言

随着"大移云物智"技术（即大数据、移动互联网、云计算、物联网和人工智能）的飞速发展，各种新型的信息技术层出不穷。移动医疗通过使用移动通信技术，如 PDA、智能手机和卫星通信为用户提供医疗服务和数据交流，其收集、处理以及传输的数据与用户生理特征、环境位置等隐私信息相关。由于移动医疗网络的开放性、网络拓扑结构的动态性及智能终端资源的受限性，移动医疗网络面临诸多安全威胁和隐私攻击。因此，在用户享用移动医疗服务的同时，如何通过建立有效的安全机制来保护数据安全和用户隐私成为亟待解决的问题。

首先，身份认证是所有移动医疗系统能够正常使用的首要安全机制，但是已有的身份认证方案存在隐私保护缺陷和开销较大的问题；其次，访问控制确保只有授权用户才能访问相应数据资源，然而目前基于传统公钥密码学的访问控制方案存在证书管理和密钥托管等问题，效率较低；最后，对于外包存储到云端的医疗数据，需要保证云存储数据未被恶意篡改，但是目前的数据完整性验证方案存在数据泄露的风险，而且开销较大。因此，本书在移动医疗环境下，结合传统数据安全和隐私保护技术，围绕身份认证、访问控制和数据完整性验证的安全性展开研究。

本书共 6 章。第 1 章概述了移动医疗、可穿戴设备及相关的数据安全和隐私保护问题，介绍了信息安全和网络安全的概念，详细描述了无线体域网 WBAN 及移动医疗 WBAN 中的数据安全和隐私保护机制。第 2 章是基础知识，主要介绍了相关数学理论、密码学基本工具及网络安全等级保护，并分别概述了身份认证、访问控制和数据完整性验证方面的研究现状及涉及的密码体制。第 3 章是安全身份认证机制，通过分析已有身份认证方案，重点介绍基于混沌映射的匿名身份认证方案。第 4 章是访问控制机制，通过分析已有身份认证方案，重点介绍基于无证书签密的访问控制和基于 ABE 的访问控制方案。第 5 章是数据完整性验证方法，通过分析已有无证书公共审计方案，重点介绍支持隐私保护的无证书公共审计方案。第 6 章是对内容的总结和展望。

在飞速发展的信息时代，信息的传播瞬间完成，信息对抗无处不在，信息安全的攻击手段日新月异。身份认证作为网络信息安全的第一道防线，确保合法用户才能登录系统。访问控制作为网络信息安全的第二道防线，可以保证只有授权用户才能访问相应的资源。而对于外包存储到云平台的数据，使用前必须确保数据完整、可靠，所以数据完整性验证也是数据安全必不可少的内容。因此，我们加强对网络信息安全机制的研究和学习，将极大地促进信息安全技术的发展。

本书的最大特点是对移动医疗环境下的数据安全机制进行了阐述，理论联

目　录

第 1 章　绪　论

　　互联网技术的创新和数字设备的飞速发展推动人类社会进入新型应用时代，其应用包含云计算、云存储、大数据、物联网、智能计算和移动计算等。随着收集到的数据的规模、样式等呈爆炸式增长，数据用户可以通过数据挖掘等方法发现数据之间隐藏的巨大社会价值，数据决策者可以通过这些社会价值跟踪社会发展进程、改进管理不足，甚至改变现有政策方法存在的缺陷等。但是，随着众多数据安全事故和用户隐私泄露的曝光，人们在享受数据带来便利的同时，也开始关注数据的安全性和隐私性。因此，在当今信息时代，数据信息安全及用户隐私问题是一个亟待解决的问题。身份认证是信息系统安全的第一道防线，访问控制是保证数据安全的重要机制，数据完整性、数据安全和隐私保护是医疗数据存储和使用的基本需求。

1.1　背景和意义

1.1.1　移动医疗

移动医疗 [1-3]（Mobile Health，mHealth），按照国际医疗卫生会员组织（HIMSS）的定义，是指通过使用移动通信技术［如个人数字助手（Personal Digital Assistants，PDA）、智能手机和卫星通信］来提供医疗服务和数据交流。移动医疗是移动计算和通信技术在医疗保健和公共卫生领域的应用，是电子医疗行业中一个迅速扩展的领域。具体地，移动技术包括移动电话，个人数字助手，PDA 电话（如 BlackBerry、Palm Pilot），智能手机（如华为手机、iPhone 等），企业数字助理（Enterprise Digital Assistants，EDA），便携式媒体播放器（如 MP3、MP4 等），掌上游戏机（如 Playstation Portable PSP、Nintendo DS 等），以及手持或便携式计算机（如平板计算机、智能本等）。这些移动设备具有一系列功能，从使用文本信息的移动蜂窝通信、照片和视频、电话和万维网访问到使用多媒体播放器和软件应用程序来支持。技术的进步和计算机处理能力的提高意味着单个移动设备，如智能手机和 PDA 手机，越来越有能力在许多环境中实现高性能。为叙述方便，本书将移动通信设备统一称为 PDA。

图 1-1 是一个典型的医疗数据生命周期，即从数据采集、管理、使用再回到数据采集的整个过程。

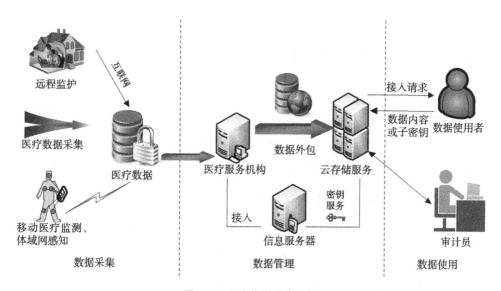

远程监护

互联网

医疗数据采集

移动医疗监测、
体域网感知

医疗数据

数据采集

医疗服务机构

接入

密钥
服务

信息服务器

数据外包

云存储服务

数据管理

接入请求

数据内容
或子密钥

数据使用者

审计员

数据使用

图 1-1　医疗数据生命周期

　　移动医疗有利于实现跨院医疗资源共享、远程诊断等，解决医疗资源不平衡、局部地区医疗条件差等问题。2015 年，国务院公布的《关于积极推进"互联网＋"行动的指导意见》指出，要大力发展以互联网为载体、线上线下互动的新兴消费，加快发展基于互联网的医疗、健康、养老、社会保障等新兴服务。"互联网＋医疗"将使传统医疗行业产生颠覆性变革，移动医疗技术将为慢性病的预防、早期治疗和监测作出贡献。可穿戴设备、医疗传感器、医疗大数据平台等新载体能够及时收集和处理个人的医疗健康数据，进而有效预防慢性病的发生；移动通信技术的发展能使中小医院通过医疗数据共享而实现与大医院的深度合作，病人病历能及时安全地被提取，避免重复检查；通过移动高清视频可以获得清晰、快速的远程指导，医生能够不受时间、地点限制访问权限之内的病历数据。近年来，国务院以及原国家卫生和计划生育委员会（现国家卫生健康委员会）、国家体育总局等部门出台的多项文件，如《国家中长期科学和技术发展规划纲要（2006—2020）》和《健康中国 2020》等，明确指出我国健康医疗事业未来亟须贯彻"关口前移、重心下移"的战略指导思想。除了提升对已患疾病人群的疾病治疗能力外，预防重心正逐步从被动的疾患诊治转向主动的健康预防干预。尤其在建设公共医疗卫生服务体系中，将预防为主、健康促进和疾病防治工作相结合，提升国民大众的总体健康素质。

移动医疗萌芽于美国宇航局对宇航员进行医学监护的远程医疗，通过移动医疗技术实现了太空中宇航员的生理数据监测。之后出现了采用掌上计算机采集身体数据信息、远程会诊、医学图像远程传输等应用。例如，苹果公司的 HealthKit 平台、谷歌的 GoogleFit 被用来收集和整合来自健身追踪设备和医疗类应用的数据。此外，国外较流行的可穿戴设备有 Misfit 公司的 Shine、Jawbone 发布的智能手环 UP2、耐克公司的 FuelBand，以及 Fitbit 公司的健康手环 Flex 等。欧洲国家对移动医疗的重点应用主要是健康监护、疾病监测，英国、德国等国联合开发的无线体域网（Wireless Body Area Networks，WBAN）主要用于慢性病（如糖尿病、哮喘等）的监测和管理。日本开发移动医疗应用主要解决老龄化问题，健康医疗将是可穿戴设备看得见的最大市场。

1.1.2 可穿戴设备

可穿戴设备是指直接穿到身上，或整合到用户的衣服或配件上，或附于皮肤表面，或直接植入体内的一种智能化设备。可穿戴设备不仅仅是一种硬件设备，更可以通过软件支持以及数据交互、云端交互来实现强大的功能，可穿戴设备引导着当今数字化浪潮的发展方向，将会使我们的生活、感知产生巨大的转变，是未来最有发展前景的技术之一。比较有影响力的可穿戴科技网站WTVOX 指出，2016 年是可穿戴设备蓬勃发展的一年。以下是 WTVOX 整理的"2016 十大医疗可穿戴设备"[4]：

（1）美国初创公司 Empatica 推出的 EmbraceWatch。这是一款专门为癫痫病人设计的智能腕带，可以帮助预测和防止癫痫发作。EmbraceWatch 可以检测病人的心理压力、睡眠、身体活动，在病人癫痫发病时可以发出警报，并通过 Embrace APP 将警报发送给病人家庭成员或就近的医护人员。

（2）美国初创公司 Scanadu 研制的 Scanadu Urine 尿液检测工具。该款智能设备主要是检测尿样中的化学成分和尿样颜色变化，这个检测过程只需不到1 分钟就能够完成，用户拍下尿样的照片，APP 会根据样本自动检测其颜色，然后就可以获取检测数据。用户也可以把数据直接发送给医生查看，从而给出指导性建议。

（3）美国初创公司 Cyrcadia Health 为女性用户开发的专门检测乳腺癌的智能内衣 iTbra。该产品形状与运动文胸类似，通过内置的温度传感器，检测乳房的温度和血流量来判断用户是否有患乳腺癌的风险。由于乳房当中的肿瘤组织的温度高于正常组织的温度，所以 iTbra 通过温度传感器在日常生活中进行检测。

（4）美国初创公司 Proteus 数字医疗公司研发的可吞服性智能药丸 Helius。该智能药丸实际上是可消化性微芯片，药物被吞食后可以被人的肠胃吸收，通过外部贴在皮肤上的贴片，Helius 就可以在人的体内实时监测人体各种体征数据，如心率、呼吸、是否服药等，以便观察病人病情并有针对性地治疗。该智能药丸一开始被用于心力衰竭和高血压病人，后来被应用到更复杂的病情中，如精神分裂症和阿尔茨海默病等。

（5）瑞士医疗科技公司 Hocoma 研发的背部可穿戴医疗设备 Valedo。该设备主要用于背部或下背部疼痛及相关疾病的人群。用户将两个传感器分别贴在背部和胸部，通过安卓或 IOS 平台的应用程序进入游戏平台，游戏平台中的数据被反馈到云端平台，医护人员可以通过分析数据来了解病人信息。Valedo 已经被用来治疗和管理慢性肾病和脊髓损伤等病症。

（6）美国燕牌公司 Nonin 研发的腕式脉冲血氧仪 WristOx2。该设备是一款应用非常广泛的血氧仪，专门用来治疗哮喘、充血性心力衰竭和慢性阻塞性肺疾病。该设备可以在医院或家庭中使用，能够检测用户的心率和氧化作用效果。通过不断优化设备的连通性和内存存储，WristOx2 有望成为不错的救生设备。

（7）美国波士顿 NeruoMetrix 公司研发的疼痛缓解设备 Quell。该设备主要用于为患有慢性疼痛疾病，如肩周炎、关节炎等的人群减少疼痛。设备 Quell 佩戴在小腿上，通过释放电流刺激感觉神经，然后感觉神经发送脉冲信号示意大脑，使大脑产生天然的镇痛剂来缓解疼痛。Quell 已经通过美国食品药品监督管理局的认证，可以长时间佩戴，电池续航时间可长达 40 小时，还具有睡眠监测功能，在睡眠的时候佩戴，Quell 能自动减少电流强度，也可以达到 80% 缓解疼痛的效果。

（8）TMG-BMC 是一家新兴的从事生物机械学和人体运动学相关产品开发的科技公司，其最好的产品——肌肉传感器 MC 专门为运动员设计，用来检测肌肉力量在不同运动程度中的变化，从而优化运动过程。该肌肉传感器可以提供肌肉收缩和放松速度的反馈，也可以检测肌肉每次收缩所产生的力量。

（9）BodyTel 为患有慢性疾病的用户提供便捷的家庭诊断服务。它包括一个血糖仪、一个血压计和一个中心模块，设备之间通过蓝牙进行连接，可以把用户的检测数据发送到手机上，也可以把数据发送给医护人员。此外，医护人员还可以设置参数阈值，使其在一定条件下自动报警，医生可以收到报警短信、邮件或传真等提醒信息。例如，糖尿病病人出现血糖过高或过低的情况时，医护人员根据报警提醒能够迅速提供救护。

（10）美国医疗科技公司美敦力 Medtronic 研发的人工胰岛系统 MiniMed 530G。该系统模拟胰岛素分泌过程，为病人持续注射。当血糖检测仪检测到佩戴者的血糖水平升高时，会指示胰岛素泵注射相应计量的胰岛素；当血糖仪检测到血糖水平达到安全控制器中预设的安全值时，注射胰岛素动作自动停止，以免出现血糖过低事件。

据全球权威市场研究机构 CCS Insight 预测，到 2021 年，全球可穿戴设备市场可达 1.93 亿台 [5]。可穿戴技术以人为载体，为个人提供额外的附加功能，甚至提升人的本能。未来的可穿戴设备，可能部分设备非"戴"而是"种"在人身上，从而实现治疗疾病、改善人体机能、检测人体状态，甚至提供人们之前不具备的某些能力等 [6]。可以说，可穿戴设备能使人在社交领域、健康医疗、日常生活、工作和娱乐等方方面面受益，特别是随着"互联网＋医疗"的普及，它将提供更多的服务功能。人体佩戴轻量的传感器进行体温、心率、血糖、大脑和肌肉活动等数据的监测，从而实现对患有心脏病、阿尔茨海默病等病人提供必不可少的治疗；术后病人通过轻量传感器的康复监测，可以为治疗提供自控反馈控制和虚拟现实图像服务等功能；服务提供商能够通过可穿戴设备监测病人的身体健康状况并进行有针对性的诊治和治疗，更有望通过这些数据研发新的技术。

虽然近年来对可穿戴设备的相关学术研究和产业开发推广已有一定的进步，但是现有的工作主要集中在可穿戴设备在新型移动应用的设计与开发、数据采集方式的研究和部署、人机交互的人性化设计与实现等方面，而针对可穿戴设备拥有者的隐私保护技术尚未形成标准做法。2015年卡巴斯基实验室安全研究人员对多种健康手环和智能手机之间的互相交流进行检测，结果表明多种常见的智能手环使用的验证方式都允许第三方隐身连接到智能手环上，并且可以执行命令。2015年，中国著名的乌云平台公开了两个与儿童智能手表相关的安全漏洞，分别是一米阳光儿童智能手表的任意绑定漏洞和开咪儿童智能手表恶意绑定未出售设备漏洞。可穿戴设备拥有者的数据安全和隐私保护面临严峻挑战，这也是影响可穿戴设备普及应用的一个主要原因。

在日常使用中，可穿戴设备持续不断地产生海量个人数据，对这些数据进行挖掘可以推断出用户身份信息、位置信息及健康情况等涉及用户隐私的内容。可穿戴设备易于携带、体积小，而且往往与随身携带的移动智能终端（如智能手机）组合使用，使得大部分用户错误理解为不存在隐私泄露的风险。随着数据关联技术、数据挖掘技术的不断发展，看上去孤立的、不敏感的个体数据经过关联，能够推断出用户行为模式。因此，可穿戴设备在设计之初就得为每一部分数据提供安全保护，可穿戴设备的数据安全和隐私保护技术也亟待快速发展以满足用户需求。

1.1.3　移动医疗现状

无线体域网（WBAN）和移动医疗的结合将席卷全球，对传统医疗模式形成挑战。移动医疗涉及的安全问题和隐私问题必须引起各界的关注和重视。我国的移动医疗产业在 2014 年如火如荼，大批互联网公司积极开拓医疗服务与信息技术融合模式。2015 年，国务院发布的《关于积极推进"互联网 +"行动的指导意见》指出，互联网企业和医疗机构要充分利用云计算、大数据技术搭建公共信息平台，加快发展远程看护、医疗监测等健康养老产业，积极推广疾病预防等在线医疗卫生新模式。大批创业者涌入医疗健康领域，典型案例有百度与 301 医院共建网上医疗服务平台、腾讯与多家医院合作将微信接入门诊挂号和费用支付、阿里健康云医院的处方管理 APP 等。此外，已开发的移动医疗 APP 也有许多，如春雨医生、丁香园、好大夫在线及杏树林等。总体来看，国内移动医疗方面应该主要集中在远程挂号、门诊叫号、远程查看病历结果、急救指导等功能，远远达不到移动医疗的真正内涵。因此，需要探索移动医疗在新科技模式下的应用，深入研究移动医疗在慢性病的远程监测、小病的远程治疗、社交网人群健康监控及大数据医疗疾病发生规律等方面的应用。根据易观的《中国移动医疗市场发展趋势预测 2017—2019》[7]分析，中国的移动医疗 2014 年开始暴发，2016 年市场规模已达到 105.6 亿元人民币，与 2015 年同比增长 116.4%。预计到 2019 年，移动医疗市场规模超过 400 亿元人民币。

移动医疗环境下智能终端收集、处理及传输的数据与用户生理特征、环境位置等隐私信息相关，这些数据的安全和隐私保护是现代医疗服务被大规模推广的瓶颈之一。资源受限的可穿戴设备、PDA 无法满足计算开销较大的运算，也无法为医疗系统提供充足的本地存储空间。此外，随着网络入侵技术的迅猛发展，个人医疗数据面临着被非授权用户有意或无意访问的风险。例如，2015 年美国第二大医疗保险公司 Anthem 的信息系统遭黑客入侵，近 8000 万名员工和客户的个人资料被盗取，包括常用基本信息、社保号、医保号、收入等隐私数据。❶ 2016 年，我国 30 个省份至少 275 位艾滋病感染者个人信息被泄露，犯罪分子根据泄露信息能准确地描述出病人的各种真实特征和行为，以期进行诈骗活动。❷ 2017 年，Mc Afee 实验室公布：该年第一季度有超过 1500 万个针对移动设备的恶意软件被检测出来。❸ 由于个人信息和个人医疗数据高度敏感，而移动设备、可穿戴设备的计算能力和存储能力有限，移动医疗需要轻量而灵活的计算技术来及时处理分析所收集的数据 [8]，使用合理的管理方法来保证数据安全和病人隐私 [9]，因此亟须建立相关的隐私安全保障机制和监查机制，从而确保只有获得当事人授权同意的用户才能进行医疗数据的读取与访问。除了技术上的完善，数据安全和隐私保护也需要遵守国家和国际法律法规 [10]。

1.1.4　移动医疗数据安全和隐私保护

由于移动医疗智能终端资源受限而病人医疗数据又很敏感，已有的传统数据安全和隐私保护技术将不能直接应用到移动医疗环境下。为特定医疗应用环境设计安全身份认证协议、数据访问控制技术及数据完整性验证方案是目前和今后移动医疗研究中的重要课题，同时也是移动医疗能够被大规模地应用到实际的关键技术之一。

身份认证作为信息安全的第一道防线，是保证合法用户能够安全地接入系

---

❶ 参见 https://www.toutiao.com/article/1045384871/?wid=1698371038916.

❷ 参见 http://health.people.com.cn/n1/2016/0722/c404177-28576727.html.

❸ 参见 https://www.mcafee.com/zh-cn/consumer-corporate/newsroom.html.

统的有效手段。身份认证可以防止攻击者冒充合法用户享用系统资源，通信双方通过身份认证确认彼此身份的合法性，同时根据相关参数协商出会话的共享密钥，此共享密钥只有会话实体双方所有。一般而言，认证过程中会涉及用户的私有信息，如用户 ID，登录口令，智能卡，电话号码，生物特征（如指纹、脸型、虹膜等），身份证号，位置，身体状况，行迹等，这些信息在公共信道传输时存在被泄露的风险，所以，需要提供用户隐私保护和信息安全的保障。例如，在远程医疗信息系统 [11]（Telecare Medicine Information Systems，TMIS）中，医护工作者通过公共网络为病人诊治，如图 1-2 所示。病人数据信息（如姓名、体征、位置等）在网络中传输并在医疗数据服务器中保存，这些数据一旦遭泄露，将会对病人隐私造成侵犯。

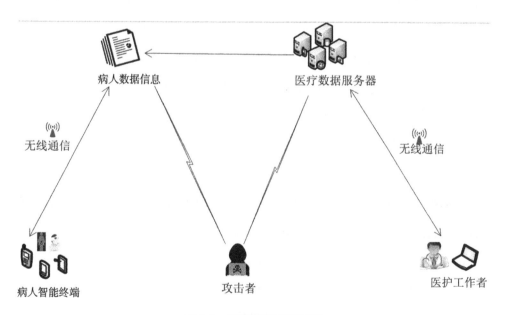

图 1-2　远程医疗信息系统

还有一种情况，无论是基于公钥证书的认证技术还是基于身份等的认证技术，用户的真实身份对于认证服务器来说是公开的。那么，如果用户在每次认证时都公开自己的身份，恶意网络商家可以通过分析用户行为习惯，分析出需要的信息。一旦隐私信息泄露，损失可能无法估量，尤其是在医疗业、金融业等行业。具有隐私保护的身份认证是近年来学者们研究的重要安全问题之一，隐私保护的认证技术主要指在认证过程中不泄露实体真实身份的技术，在电子医疗、移动医疗、云计算、车载网络、物联网等领域应用更广泛。在实际应用中，如何实现资源受限智能终端轻量身份认证的同时保护个人隐私，达到用户隐私安全和身份认证的高效平衡，是为特定应用环境设计身份认证协议必须考虑且长期存在的问题。

访问控制是信息系统安全的另一道防线，是对访问资源进行的有效监控，使授权用户能够获得相应的访问权限，防止非法用户享用系统资源。一般而言，访问控制技术要求数据拥有者为每个数据接收者分配数据密钥，并且通过访问控制验证后为每个用户生成一份相应的密文。因此，对用户数目较多、终端资源受限的数据拥有者来说，巨大的计算开销、存储开销和通信开销将成为数据共享的瓶颈。传统基于公钥密码系统（Public Key Infrastructure，PKI）的访问控制方案存在公钥证书管理问题，基于身份密码系统（Identity-Based Cryptosystem，IBC）的访问控制方案避免了公钥证书管理问题，但是存在密钥托管问题。无证书公钥密码体制[12]（Certificateless Public Key Cryptography，CL-PKC）中密钥生成中心（Key Generating Center，KGC）只负责部分私钥的产生，另一部分私钥由用户自己选择，所以解决了密钥托管问题。同时，用户公钥由系统参数和私密值生成，不需要证书机构（Certificate Authority，CA）颁发数字证书，解决了公钥证书管理问题。此外，在数据访问控制中也可以使用签密机制来减少计算量和通信成本，签密高效地同时完成数字签名和公钥加密的功能，其运算成本和通信成本明显低于传统的"加密＋签名"或"签名＋加密"的方法。移动医疗环境存在智能终端资源受限、信息交互动态并且与所处环境及设备参数有关联等不足，因此，数据访问控制机制需采用灵活且高效的方法。

随着云计算、云存储技术的快速发展，数据拥有者将本地数据外包存储到云端，以解决本地资源受限的问题。虽然云服务提供商可以为用户提供安全的数据存储设备，但是网络空间中的海量数据一旦失去了本地物理设备对其的控制，容易受到来自各种外界敌手的攻击和威胁。对移动医疗数据来说，不仅要保证用户医疗数据的隐私性，还要保证外包存储数据的完整性。因此，需对外包存储到云端的数据进行周期性的完整性验证，及时发现数据是否安全，以防止数据篡改带来误诊、错诊等不良后果。数据审计是数据完整性验证的有效方法之一，最简单的数据审计方法是用户自己对云存储数据进行完整性验证，然而，数据所有者资源受限又缺乏专业的审计能力，而且还需要提供可信、公平的数据完整性验证结果。所以，公共审计（Public Auditing，PA）技术应用而生，用户将数据审计工作委托给有能力的第三方审计员（Third Party Auditor，TPA）远程完成云存储数据完整性验证任务。

总之，本书将针对移动医疗环境下数据安全和隐私保护的安全机制展开讨论，围绕身份认证、访问控制和数据完整性验证技术，考虑用户智能终端资源受限的问题，设计移动医疗环境下高效、实用的安全机制。对混沌密码学、Chebyshev 混沌映射、无证书公钥密码体制、签密机制等已有研究成果进行改进和创新，促进信息安全理论、密码学等的发展。同时，本书对解决其他资源受限环境下（如无线传感器网络、全球移动网络等）的数据安全和隐私保护问题具有一定的指导意义。

1.2　信息安全概述

1.2.1　信息安全的意义

兹宾格涅委·布莱恩泽斯基（Zbigniew Brzenzinski，美国前国家安全顾问）曾说："谁掌握了信息，谁就掌握了权力。"信息是社会发展的重要战略资源，在全球信息化高速发展的深刻变革中，信息安全保障已成为国民经济和社会发展、维护国家安全的极其重要的因素，信息安全不仅影响公民个人权益，更关乎国家安全、经济发展、公众利益等重大战略问题。

信息安全的研究内容广泛，包括密码学、身份认证、访问控制等基础理论研究，数据库管理系统等支持软件安全研究，病毒防御和黑客入侵等攻防技术研究，安全体系结构和安全基础设施研究，以及移动医疗、远程医疗、电子商务、电子政务等实用领域的研究。近年来，出现了多起信息安全事件，这引起人们对信息安全问题的深刻思考。

在网络时代，国家与国家之间的竞争将不完全是武器装备等硬件实力的较量，信息对抗、网络空间将成为国家间竞争的重要战场。国际上大部分国家持有"网络和信息化程度越高，其复杂度也越高"的观点，信息将与政治、经济、军事交织在一起，形成全新的较量模式，同时信息的安全问题也将越来越突出。北大西洋公约组织、欧洲联盟等组织将网络中的政治、经济间谍活动明确视为重大威胁，并且投入大量资源以防止大规模网络攻击，制定新的战略结构，采取积极主动的行动。美国前总统奥巴马为美国《网络空间国际战略》这一战略文件撰写序言，他也曾这样说道："网络空间的发展直接影响到美国的繁荣"。奥巴马政府将网络空间问题提高到战略高度，试图打造一个集战略思想、政策举措和行动策略三位一体的网络空间战略。作为世界头号经济和军事强国，美国已经把信息资源视为重要内容。2013 年 6 月 "棱镜门事件" 的披露，使得美国网络空间战略陷入困境，引发了国际社会和公众对网络安全的空前关注。

党的十八大以来，我国高度重视网络安全和信息化建设问题，习近平总书记多次强调治理互联网、用好互联网是一场 "新的综合性挑战"，是一个 "着眼国家安全和长远发展、统筹协调涉及经济、政治、文化、社会和军事等各个领域的重大问题"。在党的十八届三中全会上，习近平总书记明确提出："网络和信息安全牵涉到国家安全和社会稳定，是我们面临的新的综合性挑战。"国家安全委员会成立不久，党中央又成立了中央网络安全和信息化领导小组，习近平任组长。在中央网络安全和信息化领导小组第一次会议上，习近平明确指出："没有网络安全就没有国家安全，没有信息化就没有现代化。"网络空间安全组织或机构的相继成立，为网络空间安全的监管和交流提供了组织保障。我国网络安全顶层领导力量显著增强，中央网络安全和信息化领导小组统筹协调涉及各个领域的网络安全和信息化重大问题，国家互联网信息办公室负责全国互联网信息内容管理工作，并负责监管执法。工业和信息化部发布的《关于加强电信和互联网行业网络安全工作的指导意见》明确了提升基础设施防护、加强数据保护等重点工作，着力完善网络安全保障体系。虽然我国在近年来非常重视网络安全的发展，但是由于国际形势复杂多变，我们仍然面临严峻挑战。

1.2.2　信息安全基本概念

信息安全的概念随着信息技术的发展而不断演变，将安全的一般含义限定在网络与信息系统范畴，信息安全就是为了防范计算机网络硬件、软件、数据被偶然或蓄意破坏、篡改、窃听、假冒、泄露、非法访问和保护网络系统持续有效工作的措施总和。信息安全涉及对所有信息资源的安全保护，凡是涉及网络信息的可靠性、保密性、完整性、有效性、可控性和拒绝否认性等的理论、技术与管理都属于信息安全的研究范畴。

信息安全的最终目标是通过各种技术和管理手段实现网络信息系统的可靠性、保密性、完整性、有效性、可控性和拒绝否认性等。

1.2.2.1　可靠性

可靠性（Reliability）是所有信息系统可以正常运行的基本前提，通常指信息系统能够在规定的时间与条件下完成规定的功能。

1.2.2.2　保密性

保密性（Confidentiality）是指信息系统防止信息非法泄露的特性，信息能够被授权用户访问和使用。保密性主要通过信息加密、身份认证、访问控制、安全通信协议等技术来实现。事实上，大多数信息安全防护系统都是采用了基于密码的技术，密码一旦泄露就意味着整个安全防护系统的全面崩溃。

1.2.2.3　完整性

完整性（Integrity）是指信息未经授权不能改变的特性，完整性强调信息在存储和传输过程中不能被偶然或蓄意修改、删除、添加、伪造、破坏或丢失，信息在存储和传输过程中必须保持原样。只有完整的信息才是可信任的信息。

1.2.2.4　有效性

有效性（Availability）是指信息资源容许授权用户按需访问的特性，有效性是信息系统面向用户服务的安全特性。有效性在强调面向用户服务的同时，还必须进行身份认证和访问控制，只有合法的授权用户才能访问权限范围内的信息资源。一般意义上来说，信息系统能够保证满足"信息系统金三角"（即保密性、完整性和有效性）的安全目标，则说明该信息系统在通常意义下被认为是安全的。

1.2.2.5　可控性

可控性（Controllability）是指信息系统对信息内容和传输具有控制能力的特性。

1.2.2.6　拒绝否认性

拒绝否认性（No-repudiation）也称不可抵赖性或不可否认性，是指通信双方不能抵赖或否认已经完成的操作和承诺，利用数字签名能够防止通信双方否认曾经发送或接收信息的事实。

1.2.3 信息安全的主要技术

当前信息安全的技术主要包括密码技术、身份认证技术、访问控制技术、安全审计技术、安全扫描技术、防火墙技术、入侵检测技术、主机加固技术等多个方面，在实际应用中，这些安全技术互为支持和补充，又各自解决安全问题的某一个方面。

1.2.3.1 密码技术

密码技术是一个古老而年轻的课题，用来对传输中或存储中的数据信息进行加密或解密。密码技术已经发展成为保障信息系统安全的核心基础技术之一。密码技术一般被分为加密和解密两个过程。明文消息用某种加密方法将明文信息隐藏起来，使之在缺少特殊信息时不可读的过程称为加密。加密后的消息称为密文，把密文转变为明文的过程称为解密。显而易见，解密过程是加密过程的逆运算。信息加密是保障信息系统安全的最基础、最核心的技术措施和理论基础。信息加密也是现代密码学的重要组成部分。

现代密码学典型的加密技术根据密钥类型的不同分为对称加密和非对称加密两类。常用的信息加密算法有 DES 加密算法、RSA 加密算法、Diffie-Hellman 算法、ElGamal 加密算法以及椭圆曲线加密算法等。

1.2.3.2　身份认证技术

身份认证技术是计算机系统用户在进入系统或访问不同保护级别的系统资源时，用户确认该用户的身份是否真实、合法的唯一的技术，用于防止非法用户进入系统、访问受控资源、恶意破坏系统数据以及非法操作以获取不正当利益情况的发生。身份认证的方法大致可分为基于信息秘密（如网络身份证、口令等）的身份认证，基于信任物体（如智能卡、动态口令牌、USB Key 等）的身份认证和基于生物特征（如指纹、虹膜、视网膜、语音等）的身份认证。

1.2.3.3　访问控制技术

访问控制技术是对信息系统资源进行保护的重要措施，通过某种途径准许或限制访问能力及范围的一种手段，旨在限制对关键资源的访问，防止非法用户进入系统及合法用户对系统资源的非法访问，从而保证信息资源被受控地、合法地使用。

访问控制依据身份认证的结果对用户控制访问，身份认证解决的是"你是谁，你是否真的是你所声称的身份"，而访问控制也叫作授权控制，解决的是"你有什么样的权限，你能做什么"这个问题，因此，访问控制的功能包括建立授权和按照授权控制访问，保证合法用户访问受权限保护的网络资源，防止非法的主体进入受保护的网络资源，或防止合法用户对受保护的网络资源进行非授权的访问，也即用户只能根据自己的权限大小来访问系统资源，不得越权访问。

访问控制包括三个要素：主体、客体和访问控制策略。访问控制技术通过访问控制策略，实现主体对客体访问的限制，并在身份识别的基础上，根据身份对提出资源访问的请求实现权限控制。访问控制策略体现了访问的授权关系即访问控制关系，主要通过访问控制矩阵、访问能力表、访问控制表和授权关系表设计描述授权关系，从而根据设计描述建立访问授权。目前流行的访问控制策略有自主访问控制、强制访问控制、基于角色的访问控制、基于身份的访问控制以及基于无证书的访问控制等。

1.2.3.4　安全审计技术

计算机网络安全审计（Audit）技术是指按照一定的安全策略，使用记录、系统活动和用户活动等信息，检查、审查和检验操作时间的环境及活动，从而发现系统漏洞、入侵行为或改善系统性能的过程。计算机网络安全审计是对信息系统访问控制的必要补充，它将对用户使用何种信息资源、使用的时间以及使用的过程进行记录和监控。审计和监控是系统安全的最后一道防线，它能够再现原有的进程和问题，对于责任追查和数据恢复具有重要的意义。

安全审计对系统记录和行为进行独立的审查和估计，其主要作用和目的包括五个方面：①对可能存在的潜在攻击者起到威慑和警示作用，核心是风险评估。②测试系统的控制情况，及时进行调整，保证与安全策略和操作规程协调一致。③对已出现的破坏事件，做出评估并提供有效的灾难恢复和追究责任的依据。④对系统控制、安全策略与规程中的变更进行评价和反馈，以便修订决策和部署。⑤协助系统管理员及时发现网络系统入侵或潜在的系统漏洞及隐患。网络安全审计从审计级别上可分为三种类型：系统级审计、应用级审计和用户级审计。

具体到信息系统安全审计方面，尤其是涉密信息系统安全审计的内容应该针对涉密信息系统的每一个方面，对计算机及其相关的和配套的设备、设施（含网络），以及对信息的采集、加工、存储、传输和检索等方面进行审计。安全审计系统应该全面地对整个涉密信息系统中的网络、主机、应用程序、数据库及安全设备等进行审计，同时支持分布式跨网段审计，集中统一管理，可对审计数据进行综合的统计与分析，从而可以更有效地防御外部的入侵和内部的非法违规操作，最终起到保护机密信息和资源的作用。

1.2.3.5　安全扫描技术

安全扫描技术是一种基于互联网远程检测目标网络或本地主机安全性脆弱点的技术，旨在采取主动的方法来检验系统是否有可能被攻击，及时发现漏洞，为客观评估网络或系统风险等级提供依据。安全扫描也被称为脆弱性评估，它是检测远程或本地系统安全脆弱性的一种安全技术，其基本原理是采用模拟黑客攻击的方式对目标可能存在的已知安全漏洞进行逐项检测，以便对工作站、服务器、交换机、数据库等各种对象进行安全漏洞检测。利用扫描技术，可以发现网络和主机存在的对外开放的端口、提供的服务、某些系统信息、错误的配置、已知的安全漏洞等。

安全扫描技术是一种非常有效的主动防御技术，能防患于未然，如果结合入侵检测系统和防火墙等其他安全技术，能为网络提供全方位的、更好的保护。安全扫描技术可以分为主机安全扫描技术和网络安全扫描技术。其中，主机安全扫描是通过执行一些脚本事件，模拟对系统进行攻击的行为并记录系统的反应，从而发现其中的漏洞。网络安全扫描主要针对系统中不合适的设置、脆弱的口令等其他同安全规则相抵触的对象进行检查，其技术包括 ping 扫描、操作系统探测、访问控制规则探测、对口扫描、漏洞扫描等。

1.2.3.6　防火墙技术

在网络系统中，所谓"防火墙"，是指一种将内部网络和公众访问网（如互联网）分开的方法，它实际上是一种隔离技术，是内部网与互联网之间的一道防御屏障。防火墙是在两个网络进行通信时执行的一种访问控制尺度，它能允许你"同意"的人和数据进入你的网络，同时将你"不同意"的人和数据拒之门外，最大限度地阻止网络中的黑客来访问你的网络。换句话说，如果不通过防火墙，公司内部的人就无法访问互联网，互联网上的人也无法和公司内部的人进行通信。

防火墙技术，最初是针对互联网网络不安全因素所采取的一种保护措施。也就是说，防火墙就是用来分割外部不安全因素影响内部网络的屏障，其目的就是防止外部网络用户未经授权的访问。它是一种计算机硬件和软件的结合，是不同网络或网络安全域之间信息和数据的唯一出入口，能够根据网络管理人员制定的网络安全策略控制出入网络的各种数据信息流，从而对保护的网络提供信息安全服务，阻止对重要信息资源的非法存取和访问以达到保护系统安全的目的。在防火墙中采用的技术主要有以下几个方面：分组过滤技术、代理服务器技术、应用级网关技术、电路级网关技术、状态检测技术以及网络地址转换技术等。

1.2.3.7　入侵检测技术

入侵检测技术是一种主动保护自己的网络和系统免遭非法攻击的网络安全技术。作为一种积极主动的网络安全防御技术，通过监视系统的运行状态发现外部攻击、内部攻击和各种确权操作等威胁，并在网络与信息系统受到危害之前拦截和阻断危害行为。

为了保护信息系统安全，人们已经提出了多种信息安全防御机制。传统的安全防御机制主要通过信息加密、身份认证、访问控制、安全路由、防火墙和虚拟专用网等安全措施来保护计算机系统及网络基础设施。然而，入侵者一旦利用脆弱程序或系统漏洞绕过这些安全措施，就可以获得未经授权的资源访问，从而导致系统的巨大损失或完全崩溃。为了全面保障整个信息系统的安全，不仅要采取安全防御措施，还应该采取积极主动的入侵检测与响应措施。

入侵检测技术也是近年来发展起来的用于检测任何损害或企图损害系统保密性、完整性或可用性行为的一种新型安全防范技术。不同于传统的安全防御机制，它通过对计算机网络或计算机系统中的关键点采集审计数据并对其进行分析，能够发现是否有违反安全策略的行为和被攻击的迹象，在网络系统受到危害之前拦截和响应入侵。入侵检测不仅可以检测来自外部的入侵行为，也可以监督内部用户的未授权活动，弥补防火墙等传统防御技术的不足。入侵检测技术作为网络安全的最后一道防线，已经成为完整的现代信息安全技术的一个重要组成部分。

1.2.3.8 主机加固技术

主机加固技术是一种对操作系统、数据库等进行漏洞加固和保护的技术，是提高系统的抗攻击能力的技术。它以预防病毒、木马和保护关键数据为目的，常见的功能有分区保护、特权目录、可信任应用程序、文件安全、日记审计、补丁管理、账号管理、口令强度和有效期检查等。

在信息系统中，主机加固技术主要针对系统内部进行。据统计，安全威胁的 70% 来自内部，包括未授权的访问、有意或无意而留下的安全漏洞和信息泄露、内部人员的恶意攻击。因此，加强内部网络的安全对信息系统的安全显得尤为重要。对内部主题的加固可以从主机的脆弱性、攻击类型、人员安全意识和行为习惯等方面考虑。内网安全加固通常可以采用这两种方式：一是购买专门的安全加固软件，二是利用主机提供的安全配置功能。

内网中的每台主机必须安装防火墙和杀毒软件，这也是对主机加固的另一种表现形式。然后，在实际操作过程中，网络中的许多安全威胁和漏洞是由工作人员安全意识淡薄和不执行安全规程造成的。所以在对信息系统的管理维护过程中，需要根据机构网络和业务特点修改现在的规程或重新制定符合实际需要的安全规程，在制定前先取得管理层的支持，在制定过程中积极征求工作人员的意见。在安全规程实施前，对工作人员进行安全培训，以提高其安全意识和安全操作技能。内网安全的加固除了技术手段予以保证外，还有很重要的一点是制度的建立和执行。

随着科技的发展，信息安全技术也在不断提高和完善。本书主要讨论密码技术、身份认证技术、访问控制技术和安全审计技术等。

1.3　无线体域网

1.3.1　无线体域网概述

无线体域网[13]（WBAN）是一种小型自组网络，其通过植入体内或佩戴在身上的小型低功耗传感器收集用户的身体数据和环境位置数据等重要信息，并将这些信息存储到个人设备（Personal Device，PD）上，使 PD 中的医疗数据可以被远程访问、处理或检索。PD 被称为身体控制单元、身体网关或接收器，在具体实现中，也被用作个人数字助手（PDA）或智能手机，为叙述方便本书将这些个人设备统称为 PDA。PDA 将用户医疗数据通过无线网络发送给医疗服务机构，为高效、高质量的医疗服务提供保障。

WBAN 是人体周围设备之间无线通信的一种专用网络系统，它可以和其他 WBAN、移动网络、无线网络或有线网络进行通信，可以说 WBAN 是整个通信网络的一部分。WBAN 主要用来采集人体生理特征信息，如血压、血糖、体温、心率等，和人体周围的一些环境信息，如位置、温度、湿度或光照等。WBAN 是无线个域网（Wireless Personal Area Network，WPAN）、无线传感器网（Wireless Sensor Networks，WSN）或泛在传感器网络（Ubiquitous Sensor Networks，USN）、无线短距离通信和传感器技术的交叉领域，受到工业界、学术界和标准化组织的紧密关注，具有重要的现实意义和产业前景。目前，WBAN 主要应用在智能手表、智能可穿戴设备以及植入人体内的智能设备等环境中。

近年来，无线体域网得到飞速发展。虽然 WBAN 的覆盖范围较小，但是它应用涉及范围广，随着可穿戴技术的突飞猛进，WBAN 也将逐渐成为研究热点。2007 年 11 月，IEEE 组织成立了 IEEE 802.15.6 工作小组，旨在为无线体域网专门制定通信标准。2010 年 5 月，IEEE 802.15.6 小组已经建立了无线体域网通信标准初稿，经过不断修改和完善，2012 年 2 月，IEEE 802.15.6 小组正式发布了面向无线体域网的标准（IEEE Standard for Local and Metropolitan Area Networks Part 15.6- Wireless Body Area Networks），该标准简称为 IEEE 802.15.6 标准 [14]。随着 IEEE 802.15.6 标准的发布，无线体域网的研究也进入了新的阶段。

图 1-3 所示是 WBAN 和 WPAN、无线局域网（Wireless Local Area Network，WLAN）、无线城域网（Wireless Metropolitan Area Network，WMAN）和无线广域网（Wireless Wide Area Network，WWAN）之间的关系。从图中可以看出，WBAN 的通信范围最小，一般只有 2~3 米，在人体体内、体表或体外近距离的地方，其他几类网络的通信范围逐渐递增。WPAN 的通信范围在 10 米之内，一般是电话、计算机附属设备等之间的通信，也可以说是一种采用无线连接的个人局域网。WLAN 分布范围一般在几百米，甚至几千米之内，如一座大楼、一个工厂或一所学校。WMAN 可满足几十千米范围内的大量企业、机关、公司的多个局域网互联的需求。WWAN 分布范围最广，一般从几十千米到数千千米，涉及的区域大，可以提供多个城市之间的数据交换，也可以实现国家、洲之间的远距离通信。

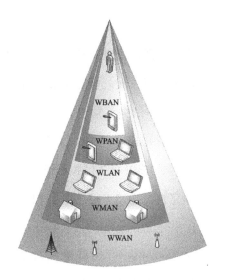

图 1-3　WBAN 和其他无线网络技术的关系

与无线传感器网络相比，WBAN 具有如下特征：

（1）网络动态性，WBAN 传感器节点可置于体内或人体上，节点的添加删除不能影响其他部分的正常工作，网络拓扑结构随人体活动模式而发生变化。

（2）WBAN 对节点的功耗要求严苛，尤其是植入体内的传感器设备，不能随意更换，不应产生较多的能量消耗，以使能耗有限的传感器保持较长的运行时间。

（3）WBAN 传输和处理与人体相关的医疗数据和环境位置数据，涉及用户隐私，安全性要求极高。

（4）WBAN 的通信标准是 IEEE 802.15.6 标准，IEEE 802.15.6 标准拥有更高传输效率的同时还能保证更低功耗，对 WBAN 的发展具有极大的推动作用。

1.3.2　无线体域网通信结构

与其他 IEEE 802.15.X 协议类似，IEEE 802.15.6 [15] 也是只提出了物理层（PHY）和媒介访问控制层（MAC）的建议标准，网络层、传输层和应用层的规范还没有给出。2012 年正式颁布的 IEEE 802.15.6WBAN 标准，其目标是制定一种为低功耗设备使用，在人体内、人体表层或人体周围通信的互联标准，可以满足医疗、电子消费、娱乐和游戏产品等不同应用方向。IEEE 802.15.6WBAN 标准主要包括如下几个要求：

（1）支持的位速率为 10kb/s~10Mb/s，分组错误率小于 10%，增加或移除节点的时间要小于 3 秒。

（2）WBAN 网络至少可以支持 256 个节点加入，而且人体在移动时节点之间仍然可以进行可靠通信。

（3）植入 WBAN 和可穿戴式 WBAN 在一定范围内可以共同存在，6 立方米空间内可以支持至少 10 个随机分布的 WBAN。

（4）所有设备支持 0.1 mW（–10 dBm）的传输功率，最大传输功率小于 1 mW（0 dBm），支持能耗受限环境，满足电磁波的特定吸收率 1.6 W/kg。

（5）支持异构网络环境，运行不同通信协议的设备可相互协作收发信息。

WBAN 包括多个传感器节点，这些节点具有独立通信能力，可以根据节点具有的不同功能、所处的不同位置和在网络中扮演的不同角色来进行分类。按照节点所具有的功能它可以分为个人服务器、传感器和执行器。按照节点所处的位置，它可以分为植入人体的节点、体表节点和体外节点。按照网络中扮演的角色，它又可以分为协调节点、端口节点和中继节点。

（1）个人服务器（Personal Server，PS）。PS 与用户和外部网络进行交互，主要负责收集传感器和执行器的数据，而且也协调和管理传感器节点。根据不同的应用或称为网关、或称为身体控制器或称为个人数字助理。

（2）传感器（Sensors）。传感器用于监测人体内、体表或体外环境参数，具有采集数据并进行数据处理的功能。常见的传感器有生理传感器、环境传感器或生物运动传感器。

（3）执行器（Actuator）。执行器根据传感器监测的信息，由用户来控制执行操作，如给身体注入正确剂量的药物。

IEEE 802.15.6 标准提供单跳（One-hop）和多跳（Multi-hop）两种网络拓扑结构，PS 是星形拓扑结构的中心节点，可以控制 WBAN 的通信。在单跳星形拓扑结构中，WBAN 中的所有传感器节点和中心节点（PS）直接进行通信。

在多跳拓扑结构中，WBAN 中的传感器节点和中心节点（PS）则通过可选的中继节点进行通信。其中，单跳拓扑结构和多跳拓扑结构在能耗、传输延迟、干扰及故障节点影响等方面存在差异。WBAN 的组网方式也有多种，单个 WBAN 可以看作一个网络，多个 WBAN 之间也可以进行组网，可借鉴自组织网络的组网方式，分为集中式、分布式和混合式。

基于 WBAN 的应用目前已经涉及军事、公共服务、消费电子、娱乐、智能家居、医疗保健等领域。通过佩戴或附着在身体上的传感器，WBAN 被广泛应用到人体健康监测中，在慢性病监测、健康恢复、远程监护等领域具有广阔的应用前景。IEEE802.15.6 将 WBAN 的应用分为医用型和非医用型（也称为消费者电子）两大类，医用型应用主要有可穿戴 WBAN、植入 WBAN 和远程医疗监测。非医用型应用主要包括实时流媒体、娱乐应用、非医用监测以及情感检测等 [16]。WBAN 应用具有非常鲜明的场景特征，针对不同应用场景，对网络性能的需求也不同。本书主要关注 WBAN 的医疗应用以及在医疗应用下的数据安全和用户隐私保护内容。为更好地理解医疗 WBAN 网络部署的安全机制，图 1-4 是一个典型的 WBAN 网络架构，其通信体系结构可概括为三个不同的层次。

第一层（Tier-1）是身体内部网络通信层，通常称为 Intra-WBAN。这一层指放置在人体内部、人体上或人体周围的传感器节点（这些节点可以是血糖传感器、血压传感器、温度传感器、脑电图 EGG 传感器、肌电图 EMG 传感器、心电图 ECG 传感器等）和 PDA 之间的通信，PDA 把从传感器收集的数据信息整理后传送到中间层的接入点（Access Point，AP）。

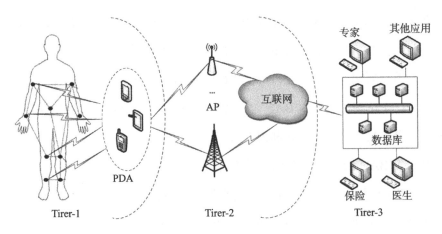

图 1-4　WBAN 的通信层次

第二层（Tier-2）是身体外部网络通信层，通常称为 Inter-WBAN。这一层也常被称为媒介层，主要负责 PDA 和 AP 之间的通信，AP 是网络的重要组成部分，紧急情况时可用于 WBAN 定位。这层的网络通信支持基于基础设施和基于 Ad-Hoc 的两种体系结构[17]。

第三层（Tier-3）是外部网络通信层，通常称为 Extra-WBAN。这一层指服务器所在的整个网络，可以提供数据使用者和 WBAN 之间的通信，对整个网络空间来说这一层是"门户"。在特殊应用中第一层的 PDA 可以直接与第三层的网络连接，而不需要中间层。

1.3.3　无线体域网研究现状

WBAN 为人们提供可靠便捷的医疗服务，能够全天 24 小时不间断地监测人体生理特征数据，当出现异常或紧急状况时能第一时间做出反应，采取有效措施。WBAN 技术在美国、德国等欧美国家起步较早，随着可穿戴技术的蓬勃发展，国内很多大学和研究机构也对 WBAN 展开研究，很多企业也开始研发关于 WBAN 的产品和技术。

美国弗吉尼亚大学开发设计的 Alarm-Net [18] 网络系统结构分为三层：第一层是无线体域网层，这一层通过部署在人体的医疗传感器采集人体生理健康数据；第二层是环境网络层，这一层由部署在市区内的湿度传感器、温度传感器等环境传感器组成；第三层是网络层，由 Alarm Gate 组成，主要用来连接外部的远程服务器和移动终端。无线体域网层将通过医疗传感器收集的人体生理数据通过单跳的方式发送给距离最近的环境传感器，然后，环境网络层将收到的生理数据发送给网络层的 Alarm Gate 网关，最后通过 Alarm Gate 网关把数据发送给医疗中心或 PDA，从而实现系统对病人的实时监护。

浙江大学的文耀峰等人 [19] 研究设计了一个基于无线躯体传感器网络的人体跌倒状态及心率检测系统，该系统采用 Zigbee 网络实现在短时间内对病人或老人在跌倒状态下心率变异参数的实时监测，并可将各个信号汇集到 PDA 中；采用 WiFi 网络实现早期报警功能；通过两电极采集心电信号，用小波变换对心电信号进行消噪处理，采用最小包围圆的投票表决方法提取心率值；对人体健康状态动态监控，用无线身体传感器技术实时地监控人体活动生理状态数据，使用阈值法来实现对跌倒事件的检测。具体实验结果表明，可以达到 90% 以上的跌倒报警正确率。

清华大学秦晓华等人 [20] 研究设计了一种老年人移动监护系统，该系统可以实现移动状态下的心率监测、跌倒监测、紧急情况下的自动电话呼叫和 GPS 定位等服务功能。该网络系统也分为三层：第一层是传感器层，用于采集并实时分析收集的脉搏、心电和跌倒监测数据；第二层是手持终端层，用来汇集各传感器采集的数据，并实现远程数据的传输，负责 GPS 定位和紧急呼救；第三层是远程服务器层，主要实现数据库管理、数据分析等功能。

1.4　移动医疗 WBAN 中数据安全和隐私保护机制

WBAN 中的医疗数据与病人隐私息息相关，主治医生、会诊医生、科学研究单位或其他机构可以访问病人的医疗数据，进行病情分析或科学研究。若病人的医疗数据遭受非法用户访问或篡改，可能会影响病情诊断，甚至危及生命；若犯罪分子访问追踪到病人的位置隐私信息，可能会对病人生命财产安全造成威胁；若病人信息被恶意保险公司盗取，可能会引起病人医疗保险处理问题。因此，需要为移动医疗系统提供数据安全和隐私保护机制，防止出现数据泄露、篡改等恶意事件。同时，随着云计算技术的发展，为节省本地资源，系统将 WBAN 收集到的数据外包存储到云端，因此基于云存储数据的完整性、机密性也成为数据安全机制的研究热点之一。

在 WBAN 中，无论是体内部分还是体外部分都使用无线方式进行通信，这些涉及个人隐私的数据信息很容易遭受各种安全威胁和隐私攻击，所以必须采取相应的安全机制来确保数据安全和用户隐私。表 1-1 描述了 WBAN 中存在的安全威胁以及对不同攻击相应的解决方法。

表 1-1 WBAN 中的安全威胁与解决方法

安全威胁	安全描述	解决方法
伪装攻击	伪装成合法用户进行通信	身份认证
信息泄露	数据机密性和隐私性被破坏	加密、访问控制
重放攻击	泛洪攻击使其耗尽能源，不能继续工作	新鲜性保护
窃听攻击	窃听信息，通过分析得到敏感或有价值的信息	加密、访问控制
消息篡改	将窃听的信息篡改后原路发送，以实现非法意图	数据完整性、认证性
入侵和恶意活动	安全组管理，入侵检测和安全数据聚合	安全组通信、入侵检测

从表 1-1 可以看出，身份认证、访问控制和数据完整性验证是解决 WBAN 面临安全威胁的有效方法，可以防止恶意入侵或恶意活动的发生，其中加密、新鲜性保护等技术贯穿在安全机制中。身份认证可以确保只有合法用户才能和系统进行数据交互，访问控制限制只有授权用户才能访问相应系统资源，数据完整性验证确保使用的数据真实完整，未被篡改或泄露[21, 22]。然而，目前的信息安全方法大多以现代密码学为基础，对安全性要求较高的系统所需要的计算复杂度也较大，这就对系统的计算能力、存储能力以及能量消耗提出一定的要求。但是，为了对收集到的用户数据进行长时间的监控，WBAN 中的传感器节点和 PDA 就必须满足低功耗和低复杂度的要求。所以现有的高成熟、高安全性的信息保护方法不能直接应用到移动医疗 WBAN 环境中。

图 1-5 直观描述了移动医疗 WBAN 环境中数据安全和隐私保护的部分安全机制，数据使用者和数据提供者通过身份互认证后才可以进行数据通信，数据使用者需经过访问控制验证后才能访问 WBAN 数据。WBAN 的 PDA 资源受限，可将数据外包存储到云服务提供商（CSP）中，并且委托第三方审计员（TPA）对云存储数据进行完整性验证。

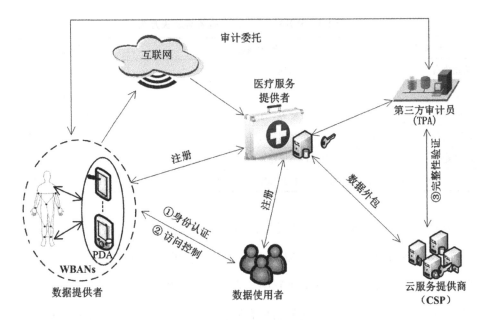

图 1-5　WBAN 中数据安全和隐私保护机制

　　移动医疗 WBAN 中主要的安全因素和隐私问题[23, 24]，以及被广泛接受的安全要求描述如下。

1.4.1　数据机密性

　　数据机密性（Data Confidentiality）意味着用户身份信息和数据信息在传输过程中不应被泄露，攻击者无法从截获的信息中破译出用户隐私数据。

1.4.2 数据安全

数据安全（Data Security）意味着数据在收集、处理、存储和传输中不会被恶意损坏或篡改，不应被未授权用户进行非法访问。

1.4.3 用户隐私

用户隐私（User Privacy）定义为不允许攻击者通过用户公开的信息猜测出有关用户的隐私信息。攻击者可能通过用户存储的数据以及公共信道中传输的数据猜测用户的隐私信息。

1.4.4 认证性

用户身份认证是信息系统安全的第一道防线，认证性（Authentication）从某种程度上说，所有其他的安全业务都依赖于身份认证。WBAN 的 PDA 通过身份认证来验证数据使用请求是从已知信任中心发出，而不是一个冒名顶替者。

1.4.5 访问控制

访问控制（Access Control）是信息系统安全的另一道防线。数据使用者是被授权的合法用户才能访问系统数据资源，通过访问控制验证后，数据使用者根据已有权限访问相应的数据资源。

1.4.6　数据完整性

数据完整性（Data Integrity）是指数据内容无论在传输过程中还是在存储中都不会被破坏、伪造或篡改，而且一旦篡改也能够被迅速发现。

第 2 章　基础知识

本章主要介绍密码安全协议所需基础的数学理论和一些密码学工具，包括哈希函数、随机预言机模型、可证明安全理论、双线性对、Chebyshev 混沌映射、身份认证协议的 BAN 逻辑证明法以及模型检测法、网络安全等级保护等；其次从混沌密码学与身份认证、无证书签密机制与访问控制、ABE 访问控制以及远程数据完整性验证几个方面进行相关介绍和总结。

2.1　基础知识和基本工具

2.1.1　哈希函数与随机预言机模型

2.1.1.1　哈希函数

哈希函数又被称为杂凑函数或散列函数，在现代密码学与计算机安全领域有着非常重要的应用价值。哈希函数在处理消息时，可以通过具体算法，将任意长度的消息压缩成固定长度的比特串，这样一方面通过降低消息长度来提高密码算法的效率，另一方面对数据的完整性进行了保护，使密码算法更加安全。令函数 $H:\{0,1\}^* \to \{0,1\}^n$ 为输出长度为 n 的哈希函数，则函数 H 满足以下安全特性 [25]：

（1）散列性：对任意的输入 x，输出的 $H(x)$ 应该与区间 $[0,2^n]$ 中均匀分布的二进制串在计算上是不可区分的。

（2）抗弱碰撞性：给定一个输入 x 和对应的输出 $H(x)$，找出另一个不同的输入 y（满足 $x \ne y$），使得输出 $H(y)$ 和 $H(x)$ 相等，这在计算上是不可行的。

（3）抗强碰撞性：找到两个不同的输入 x 和 y，满足 $x \ne y$，使得式子 $H(x)=H(y)$ 成立，在计算上是无法实现的。

（4）单向性：已知一个哈希值 h，无法找出一个输入值 x，使得式子 $h=H(x)$ 成立，在计算上是不可行的。

（5）有效性：给定一个输入 x，其对应的输出 $H(x)$ 是能在关于 x 的长度规模的低阶多项式（理想情况是线性多项式）时间内计算得出的。

2.1.1.2　随机预言机模型

在现代密码学中，哈希函数不仅被实例化到 MD5、SHA-1、SHA-256、SHA-384、SHA-512 等算法中来提高密码学方案的效率，同时也被假设为随机函数来完成构造密码学的安全证明。根据此想法，菲亚特（Fiat）和沙默（Shamir）[26] 首先证明了签名方案的安全性等价于大整数分解问题。后来，白莱（Bellare）和罗格威（Rogaway）[27] 对这种思想进行形式化定义，抽象出随机预言机模型（Random Oracle Model，ROM）。

定义 2-1　随机预言机[28] 构建安全模型时，函数 $H:\{0,1\}^* \to \{0,1\}^n$ 是随机预言机，当且仅当满足确定性、均匀性和有效性。

确定性是指对于相同的输入值 x 和 y，其输出值 $H(x)$ 和 $H(y)$ 也相等。均匀性是指随机预言机 H 的所有输出值在域 $\{0,1\}^n$ 上均匀分布。有效性是指对于给定输入串 x，$H(x)$ 值的计算可以在低阶多项式时间内完成。

定义 2-2　随机预言机模型[28]（ROM）利用随机预言机证明密码体制安全性的模型被称为随机预言机模型。

ROM 的安全性证明过程是将随机预言机和 Simon 模拟器结合使用，模拟每个对象的随机预言行为。具体地，使用规约的数学方法建立安全模型，用 Simon 仿真模拟算法 F，F 最终将 ROM 的安全性规约到数学困难问题上，如离散对数难题、Diffie-Hellman 难题等。具体步骤如下：

（1）给出方案安全性的形式化定义，并且假设在概率多项式时间内（Probabilistic Polynomial Time，PPT）攻击者能成功攻击所提出的方案。

（2）对于攻击者的每一次询问挑战，算法都能给出准确的应答。

（3）利用攻击者得出的攻击结果，求解出困难问题。与数学中困难问题无解形成矛盾。

在特定应用环境中，哈希函数的输出值不可能是完全绝对的随机值，所以 ROM 只是理想模拟环境和真实环境的一个过渡。然而，随机预言机模型虽然在安全证明中要弱于标准模型[29]，但是只要哈希函数的设计没有漏洞，ROM 就能满足特定的数据安全和隐私保护需求，可以应用到计算资源、存储资源有限的移动医疗、智慧医疗、无线车载网络和智能电网等新型无线网络环境中。ROM 也是安全性证明极其有效的方法之一。

2.1.2 可证明安全

可证明安全[30]是指密码方案从数学角度被规约证明是安全的。证明方案的安全性是指敌手成功地将方案的攻破优势规约到解决某个已知困难问题上成功的概率是可忽略函数值，可证明安全的思路类似于数学上的反证法。

密码学设计一般是基于某个数学难题来构造的。在可证明安全过程中，首先假定需要证明的方案是不安全的，然后借助敌手的攻击过程和结果，规约推导方案在基于数学难题下是可以解决的。由于数学难题已经被证明无法或在一定条件下是无解的，而可证明安全过程中，在敌手的帮助下被证明解决了数学难题，所以初始假设不成立。根据数学上原命题和逆否命题的等价性，得出所证明的方案是安全的。可证明安全一般由三部分组成，具体如下。

2.1.2.1 困难问题

困难问题是可证明安全的理论基础。目前常用的困难问题有大数分解难题、离散对数难题以及 Diffie-Hellman 难题等，规约到的困难问题的困难程度越高，方案就越安全。

2.1.2.2 安全模型

安全模型是可证明安全的主体部分，对攻击者的攻击目标和攻击能力进行形式化定义。如果攻击者在使用了最强的攻击能力，却无法达到最简单的攻击目标，就称这个密码学方案在定义的安全模型下具有最强的安全性。

2.1.2.3　安全规约

挑战者构造一个算法和攻击者进行交互，根据已建立的安全模型，挑战者帮助攻击者攻破方案的同时，将困难问题隐藏到交互实例中。所以，当攻击者攻破方案时，挑战者也构造了解决困难问题的实例，与数学上该困难问题无解形成矛盾。

2.1.3　双线性对

定义 2-3　双线性对 [31] 令 G_1 是阶为 q 的加法循环群，G_2 是同阶乘法循环群，q 是一大素数，$e:G_1 \times G_1 \to G_2$ 是满足下列特性的双线性对。

（1）双线性。对任意 $a,b \in Z_q^*$ 和 $P, Q, R \in G_1$，存在 $e(P+Q, R)=e(P, R) \cdot e(Q, R)$, $e(aP, bQ)=e(P, abQ)=e(abP, Q)=e(P, Q)^{ab}$ 和 $e(P, Q+R)=e(P, Q) \cdot e(P, R)$。

（2）可计算性。对任意 $P, Q \in G_1$，存在有效算法来计算 $e(P, Q)$。

（3）非退化性。$e(P, Q) \neq 1$。

2.1.4　Chebyshev 混沌映射

定义 2-4　Chebyshev 混沌映射 [32-33] 设 n 是正整数，$x \in [-1,1]$，n 阶 Chebyshev 多项式 $T_n(x):[-1,1] \to [-1,1]$ 定义为

$$T_n(x)=\cos(n \cdot \arccos(x)) \tag{2-1}$$

其中，$\cos(x)$ 定义为 $\cos(x):R \to [-1, 1]$，$\arccos(x)$ 定义为 $\arccos(x):[-1,1] \to [0, \pi]$。

$T_n(x)$ 也可以递归定义为

$$T_n(x)=2xT_{n-1}(x)-T_{n-2}(x), n \geqslant 2 \qquad (2-2)$$

其中，$T_0(x)=1$，$T_1(x)=x$。下面是 Chebyshev 多项式的前几项：

$$T_2(x)=2x^2-1,$$

$$T_3(x)=4x^3-3x,$$

$$T_4(x)=8x^4-8x^2+1,$$

$$T_5(x)=16x^5-20x^3+5x$$

Chebyshev 多项式满足两个重要属性：半群属性和混沌属性。分别介绍如下。

2.1.4.1　半群属性

$$
\begin{aligned}
T_r(T_s(x)) &= \cos(r\cos^{-1}(\cos(s\cos^{-1}(x)))) \\
&= \cos(rs\cos^{-1}(x)) \\
&= T_{sr}(x) \\
&= T_s(T_r(x))
\end{aligned}
\qquad (2-3)
$$

其中，$r,s \in Z, x \in [-1,1]$。

2008 年，Zhang 等人 [34] 证明半群属性也可以定义在区间（$-\infty, +\infty$）上，定义如下：

$$T_n(x) = (2xT_{n-1}(x) - T_{n-2}(x)) \bmod p \qquad (2-4)$$

其中，$n \geqslant 2$，$x \in (-\infty, +\infty)$，p 是大素数。所以有下列等式：

$$T_r(T_s(x)) = T_{sr}(x) = T_s(T_r(x)) \bmod p \qquad (2-5)$$

2.1.4.2　混沌属性

当 $n>1$ 时，Chebyshev 多项式 $T_n(x):[-1,1] \rightarrow [-1,1]$ 是具有不变密度分布的混沌映射，其不变密度为 $f*(x)=1/(\pi\sqrt{1-x^2})$，它的正 Lyapunov 指数是 $\lambda=\ln n>0$。

2.1.5　相关问题及困难性假设

定义 2-5　计算 Diffie-Hellman 问题（DHP）

令 q 是一素数，G_1 是 q 阶群，P 是 G_1 的生成元，在群 G_1 上的 DHP 问题是已知实例 (P, aP, bP)，其中 $a,b\in Z_q^*$，计算 abP 的值。

算法 A 在概率多项式时间内解决 DHP 问题的优势为

$$\text{Adv}_A^{\text{DHP}} = \text{Pr}\left[A(P,aP,bP)=abP \mid a,b\in Z_q^*\right] \tag{2-6}$$

DHP 假设是对任何概率多项式时间算法 A 解决 DHP 问题的优势 $\text{Adv}_A^{\text{DHP}}$ 是可忽略的。

定义 2-6　离散对数问题（DLP）

令 q 是一素数，G_1 是 q 阶群，$P,Q\in G_1$，在群 G_1 上的 DLP 问题是：计算 a，其中 $a\in Z_q^*$，使得等式 $Q=aP$ 成立。

算法 A 在概率多项式时间内解决 DLP 问题的优势为

$$\text{Adv}_A^{\text{DLP}} = \text{Pr}\left[A(Q,aP)=a \mid a\in Z_q^*\right] \tag{2-7}$$

DLP 假设是对任何概率多项式时间算法 A 解决 DLP 问题的优势 $\text{Adv}_A^{\text{DLP}}$ 是可忽略的。

定义 2-7　　Chaotic Map-based Diffie-Hellman 问题（CMDHP）

给定三元素 x，$T_r(x) \bmod p$ 和 $T_s(x) \bmod p$，在多项式时间内计算 $T_{rs}(x) \bmod p$ 是不可行的。

定义 2-8　　Chaotic Map-based 离散对数问题（CMDLP）

给定两个元素 x 和 y，在多项式时间内寻找整数 n，使等式 $T_n(x) \bmod p = y$ 成立是不可行的。

2.1.6　BAN 逻辑证明法

安全的身份认证方案，在设计时应当满足应用环境特定的安全需求和功能目标。但是在实际环境中，特别是移动医疗 PDA 终端资源受限的应用环境中，可能存在设计的身份认证方案未能达到既定安全目标的情况，因此，我们需要采用合适的分析检测方法来对身份认证方案进行分析评估，发现其存在的设计缺陷和可能的安全漏洞，为完善方案设计提供可行的依据。常见的身份认证分析方法有攻击检验法、形式逻辑法和模型检测法。

攻击检验法是指攻击者能从网络中窃听、截获或伪造通信实体之间传输的信息，或根据其具备的攻击能力发起各种攻击，从而对身份认证方案的安全性造成威胁。攻击检验法的原理是假设攻击者在身份认证的过程中发起各种典型攻击，依据身份认证方案抵抗攻击的能力来认定方案的安全性。攻击检验法在协议设计完成后，根据实际情况进行分析论证。下面主要介绍形式逻辑法。

形式逻辑法是一种使用形式规则和推理判定被测方案安全性的方法。其中 BAN 逻辑 [35] 是较早被提出并广泛使用的一种形式逻辑分析方法，可以检测出身份认证方案中存在的安全漏洞。一些学者随后在 BAN 逻辑的基础上进行扩展，陆续提出了 GNY 逻辑、AT 逻辑、SVO 逻辑、VO 逻辑和 MB 逻辑等形式逻辑分析方法，一般将其统称为 BAN 类逻辑。

BAN 逻辑最早是由波罗斯（Burrows）、阿拜迪（Abadi）和尼德汗姆（Needham）于 1990 年提出。BAN 逻辑基于知识和信任，通过相关语法分析方案执行过程中的完整性和新鲜性，实现对方案认证过程的推理和论证。表 2-1 列出本书所用 BAN 逻辑证明中的逻辑符号及其含义，其中，定义符号 P 和 Q 表示通信主体变量，符号 X 和 Y 表示公式变量，k 表示密钥。

表 2-1　BAN 逻辑证明的符号说明

符号	含义
$P \models X$	P 相信在当前协议运行中 X 是正确的
$P \triangleleft X$	P 看见 X 或曾收到 X
$P \Rightarrow X$	P 对 X 有完全的控制权。可以用来表示证书颁发机构
$P \mid\sim X$	P 曾经说过 X，或 P 发送过包含 X 的消息
$\#(X)$	X 是新鲜的，指在协议执行之前 X 未被传送过
$P \overset{k}{\leftrightarrow} Q$	P 和 Q 可使用共享密钥 k 进行通信。共享密钥只能在 P 和 Q 通信中使用，而且只有 P 和 Q 知道。此规则是指密钥的排他性
$(X)_k$	X 用密钥 k 加密后得到的密文
(X, Y)	X 和 Y 是 (X, Y) 的一部分
$\langle X \rangle_Y$	公式 X 和公式 Y 结合

为了验证方案中的操作是否正确，BAN 逻辑中还设置了用于分析和推理的专用逻辑规则。下面列举本书中使用的 BAN 逻辑规则。

2.1.6.1 消息含义规则

消息含义规则（Message-Meaning Rule），在式（2-8）中，如果 P 相信 P 和 Q 使用共享密钥 k 进行通信，并且 P 看到用密钥 k 加密或哈希的消息（消息中包含 X），那么 P 相信 Q 说过 X。

$$\frac{P|\equiv Q\overset{k}{\leftrightarrow}P, P\triangleleft\{X\}_k}{P|\equiv Q|\sim X} \tag{2-8}$$

2.1.6.2 新鲜性规则

新鲜性规则（Freshness Rule），在式（2-9）中，如果 P 相信一个消息的部分内容是新鲜的，那么 P 相信该消息的全部内容都是新鲜的。

$$\frac{P|\equiv \#(X)}{P|\equiv \#(X,Y)} \tag{2-9}$$

2.1.6.3 随机数验证规则

随机数验证规则（Nonce-Verification Rule），在式（2-10）中，如果 P 相信 X 是新鲜的，即 X 是最近发送的消息，并且 P 相信 Q 最近发送过消息 X，那么 P 相信 Q 相信 X。

$$\frac{P|\equiv \#(X), P|\equiv Q|\equiv X}{P|\equiv Q|\equiv X} \tag{2-10}$$

2.1.6.4 裁判权规则

裁判权规则（Jurisdiction Rule），在式（2-11）中，如果 P 信任 Q 对 X 具有

裁判权，且 P 相信 Q 相信 X，那么 P 也相信消息 X。

$$\frac{P|\equiv Q \Rightarrow X, P|\equiv Q|\equiv X}{P|\equiv X}$$ （2-11）

2.1.6.5 信任规则

信任规则（Belief Rule），在式（2-12）中，当且仅当 P 信任一组陈述中的每一陈述时，P 信任该组陈述。

$$\frac{P|\equiv X, P|\equiv Y}{P|\equiv (X,Y)}, \frac{P|\equiv (X,Y)}{P|\equiv X}, \frac{P|\equiv Q|\equiv (X,Y)}{P|\equiv Q|\equiv X}, \frac{P|\equiv Q|\sim (X,Y)}{P|\equiv Q|\sim X}$$ （2-12）

2.1.6.6 消除多余部分的规则

在式（2-13）中，当且仅当 P 信任或收到一组陈述，则 P 信任或收到这组陈述中的每一陈述。

$$\frac{P \triangleleft (X,Y)}{P \triangleleft X}, \frac{P \triangleleft < X >_Y}{P \triangleleft X}, \frac{P|\equiv Q \overset{k}{\leftrightarrow} P, P \triangleleft \{X\}_k}{P \triangleleft X},$$
$$\frac{P|\equiv (X,Y)}{P|\equiv X}, \frac{P|\equiv Q|\sim (X,Y)}{P|\equiv Q|\sim X}, \frac{P|\equiv Q|\equiv (X,Y)}{P|\equiv Q|\equiv X}$$ （2-13）

2.1.7 模型检测法

模型检测法是一种自动化分析方法，通过检测方案中的有限行为是否满足预设的正确条件，最终判定方案是否安全。一般地，将被检测认证方案中的主体操作设定为局部状态，整个方案的全局状态由各个局部状态组成。主体在进行消息的发送或接收时，局部状态会随之发生变化，从而引发全局状态发生变化。因此，模型检测法也被称为状态空间探测法。

模型检测工具中使用最广泛的是互联网安全协议和应用自动验证（Automated Validation of Internet Security Protocol and Application，AVISPA）工具集[36]。AVISPA 的前身是欧洲 AVISS 项目中由 ETH Zurich 信息安全组开发的 HLPSL/OFMC，通过后续的不断完善，形成了现在的 AVISPA 工具集。AVISPA 的架构如图 2-1 所示。

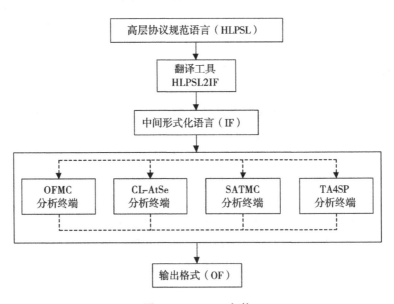

图 2-1　AVISPA 架构

AVISPA 采用高级协议规范语言（High Level Protocol Specification Language，HLPSL）建立分析模型。HLPSL 是一种模块化并基于角色的形式语言，提供了一套包括控制流模式、数据结构、可选择入侵者模式、复杂的安全目标以及不同的密码初始值和代数性质的说明。AVISPA 通过翻译器 HLPSL2IF 将 HLPSL 转换为中间形式化语言（Intermediate Format，IF），IF 是一个比 HLPSL 低级的语言，可以被 AVISPA 工具的后台直接使用。AVISPA 后端分析工具如果发现被检测方案存在安全隐患，那么就给出导致安全隐患发生的攻击轨迹，用户可根据分析结论找出安全漏洞，进而重新制定安全策略。最终，根据后端分析工具的结果，判断方案是否达到预定的安全目标。

　　AVISPA 中提供的四种分析终端分别是 OF 模型检测器（On-the-fly Model-Checker，OFMC）、基于 CL 逻辑的攻击扫描器（Constraint-Logic-based Attack Searcher，CL-AtSe）、基于 SAT 的模信号检测器（SAT-based Model-Checker，SATMC）以及树自动化分析器（Tree Automata based on Automatic Approximations for the Analysis of Security Protocols，TA4SP）。四种分析终端的侧重点不同，在检测同一被测方案时可能会得到不同的检测结果。

2.1.8　网络安全等级保护

　　早在 1985 年，美国国防部基于军事计算机系统保密工作的需求，在历史上首次颁布了《可信计算机系统评价标准》（*Trusted Computer System Evaluation Criteria*，TCSEC），1987 年对 TCSEC 进行了修订，增加了可信网络和可信数据库等方面的安全解释标准文件。之后美国国防部又颁布了包含 20 多个文件的安全标准系列，由于每个标准文件采用不同颜色的封面，所以将该安全标准系列称为彩虹系列（Rainbow Series）。TCSEC 文件的封面为橘红色，因此简称橘皮书。德国信息安全部在参考 TCSEC 标准的基础上，推出了自己国家的《计算机安全评价标准》(*German Information Security Agency*，GISA)，简称绿皮书。由于不同国家颁布的信息安全标准侧重点和表达方式存在差异，因此不通用。20 世纪 90 年代初，英国、法国、德国、荷兰四国针对 TCSEC 准则只是简单地考虑保密性的局限，联合提出了包括保密性、完整性、可用性等概念的《信息技术安全评价标准》(*Information Technology Security Evaluation Criteria*，ITSEC)，但是该准则中并没有给出综合解决以上所有问题的方案。美国、加拿大、德国、法国、英国、荷兰六国于 1996 年正式发布了《信息技术安全评价公共标准》(*Common Criteria for Information Technology Security Evaluation*，CC)。1999 年，我国颁布的《计算机信息系统安全保护等级划分准则》GB 17859—1999 为信息系统的管理、评测提供了技术指导。该标准将计算机信息系统安全保护能力划分为用户自主保护、系统审计保护、安全标记保护、结构化保护和访问验证保护 5 个安全等级，分别对应 TCSEC 标准的 C1~B3。

信息系统等级保护系列国家标准在我国推行信息安全工作过程中发挥了重要作用，《信息安全技术 信息系统安全等级保护基本要求》(GB/T 22239—2008) 被广泛应用到各领域和行业，指导测评机构开展等级测评、安全监督检查、安全建设整改等相关工作。随着信息技术的发展，尤其是云计算、物联网、移动互联、工业控制和大数据等新技术的发展，已有 10 多年历史的 GB/T 22239—2008 标准在时效性、易用性、可操作性等方面需要进一步完善。

2017 年，《中华人民共和国网络安全法》[37] 正式实施，第二十一条明确规定"国家实行网络安全等级保护制度"，这进一步明确了网络安全等级保护制度的法律地位。为与《中华人民共和国网络安全法》中的相关法律条文保持一致，等级保护从原来的"信息安全等级保护"变更为"网络安全等级保护"[38]，这也标志着信息安全等级保护制度（等级保护 1.0）跨入了网络安全等级保护制度（等级保护 2.0）的新时代。

2019 年 5 月 13 日，国家标准新闻发布会在国家市场监管总局马甸办公区新闻发布厅召开，与网络安全等级保护制度相关的《信息安全技术　网络安全等级保护基本要求》（GB/T 22239—2019）、《信息安全技术　网络安全等级保护测评要求》（GB/T 28448—2019）、《信息安全技术　网络安全等级保护安全设计技术要求》（GB/T 25070—2019）等国家标准正式发布，实施时间为 2019 年 12 月 1 日。此系列标准可有效指导网络运营者、网络安全企业、网络安全服务机构开展网络安全等级保护、安全技术方案的设计和实施，指导测评机构更加规范化和标准化地开展等级测评工作，进而全面提升网络运营者的网络安全防护能力。网络安全等级保护制度是我国网络安全保障领域普适性的制度，对国家网络安全保障有着不可替代的作用。等级保护 2.0 标准在等级保护 1.0 标准的基础上，更加注重全方位主动防御、安全可信、动态感知和全面审计，实现了对传统信息系统、网络基础设施、云计算、大数据、物联网、移动互联和工业控制信息系统、公众服务平台、智能设备等保护对象的全覆盖。

2.1.8.1　GB/T 22239—2019《信息安全技术　网络安全等级保护基本要求》

GB/T 22239—2019 代替 GB/T 22239—2008《信息安全技术　信息系统安全等级保护基本要求》，于 2019 年 5 月 10 日发布，2019 年 12 月 1 日起实施。相较于 GB/T 22239—2008，GB/T 22239—2019 无论是在总体结构上还是在细节内容上均发生了变化，其主要变化如下：

（1）标准名称变更，标准名称由原来的《信息安全技术　信息系统安全等级保护基本要求》变更为《信息安全技术　网络安全等级保护基本要求》。

（2）等级保护对象由原来的信息系统调整为基础信息网络、信息系统、云计算平台／系统、大数据应用／平台／资源、物联网和工业控制系统等。

（3）调整各个级别的安全要求为安全通用要求和安全扩展要求。其中，安全扩展要求包括云计算安全扩展要求、移动互联安全扩展要求、物联网安全扩展要求和工业控制系统安全扩展要求。

（4）在安全通用要求方面，将原来各级技术要求的"物理安全""网络安全""主机安全""应用安全"和"数据安全和备份与恢复"修订为"安全物理环境""安全通信网络""安全区域边界""安全计算环境"和"安全管理中心"。将原来各级管理要求的"安全管理制度""安全管理机构""人员安全管理""系统建设管理"和"系统运维管理"修订为"安全管理制度""安全管理机构""安全管理人员""安全建设管理"和"安全运维管理"。

（5）取消了原来安全控制点的S、A、G标注，增加了附录A，描述等级保护对象的定级结果和安全要求之间的关系，说明如何根据定级结果选择安全要求的相关条款，简化了标准正文部分的内容。

（6）调整了原来附录A和附录B的顺序，增加附录C描述等级保护安全框架和关键技术、附录D描述云计算应用场景、附录E描述移动互联网应用场景、附录F描述物联网应用场景、附录G描述工业控制系统应用场景、附录H描述大数据应用场景。

2.1.8.2 GB/T 28448—2019《信息安全技术 网络安全等级保护测评要求》

GB/T 28448—2019 标准已正式发布，分为 12 章，3 个附录。与 GB/T—2012《信息安全技术 信息系统安全等级保护测评要求》[39] 相比，其标准文本结构和内容都发生了很大变化，对安全测评服务机构、等级保护对象的运营使用单位及主管部门的等级保护推进工作产生较大影响，主要变化如下：

（1）标准名称变更，标准名称由原来的《信息安全技术 信息系统安全等级保护测评要求》变更为《信息安全技术 网络安全等级保护测评要求》。

（2）每个测评级别除了安全测评通用要求之外，增加了云计算安全测评扩展要求、大数据安全测评扩展要求、移动互联安全测评扩展要求、物联网安全测评扩展要求和工业控制系统安全测评扩展要求等内容。

（3）等级测评技术框架由原标准的单元测评和整体测评调整为单项测评和整体测评。单元测评针对安全控制点下的各安全要求项进行测评，支持测评结果的可重复性和可再现性。整体测评是在单元测评的基础上，对定级对象整体安全保护能力的判断。

（4）增加了等级测评、测评对象、云服务商、云服务客户等相关术语和定义。

（5）增加了大数据可参考安全评估方法和评估单元编号说明。

2.1.8.3 GB/T 25070—2019《信息安全技术 网络安全等级保护安全设计技术要求》

GB/T 25070—2019 代替 GB/T 25070—2010《信息安全技术 信息系统等级

保护安全设计技术要求》，于 2019 年 5 月 10 日发布，2019 年 12 月 1 日实施，同 GB/T 25070—2010 相比，主要变化如下：

（1）标准名称变更，标准名称由原来的《信息安全技术　信息系统等级保护安全设计技术要求》变更为《信息安全技术　网络安全等级保护安全设计技术要求》。

（2）各个级别的安全计算环境设计技术要求调整为通用安全计算环境设计技术要求、云安全计算环境设计技术要求、移动互联安全计算环境设计技术要求、物联网系统安全计算环境设计技术要求和工业控制系统安全计算环境设计技术要求。

（3）各个级别的安全区域边界设计技术要求调整为通用安全区域边界设计技术要求、云安全区域边界设计技术要求、移动互联安全区域边界设计技术要求、物联网系统安全区域边界设计技术要求和工业控制系统安全区域边界设计技术要求。

（4）各个级别的安全通信网络设计技术要求调整为通用安全通信网络设计技术要求、云安全通信网络设计技术要求、移动互联安全通信网络设计技术要求、物联网系统安全通信网络设计技术要求和工业控制系统安全通信网络设计技术要求。

（5）删除了附录 B 中的 B.2 "子系统间接口" 和 B.3 "重要数据结构"，增加了 B.4 "第三级系统可信验证实现机制"。

等级保护 2.0 是为适应新技术的发展，解决云计算、物联网、移动互联和工业控制领域信息系统的等级保护，等级保护已经正式进入 2.0 时代。网络安全靠人民，网络安全为人民。随着国家针对网络安全等级保护工作的决策部署，标准规范的进一步完善，等级保护工作和监管范围的进一步扩大，等级保护 2.0 的推行和实施，将全面提升我国关键基础设施和重要信息系统的安全保障水平，使得我国的网络更加安全。

2.2　混沌密码学与身份认证

本节介绍混沌密码学，特别是基于 Chebyshev 混沌映射的公钥密码的内容和研究现状，将身份认证方案按照认证过程中使用因子数量进行分类，并指出基于混沌映射的公钥秘密体制可以和双因子身份认证相结合完成具有匿名性的身份认证方案。

2.2.1　混沌密码学和 Chebyshev 混沌公钥密码

2.2.1.1　密码学简介

1948 年，萨门（Shamnon）发表的文章 *Communication Theory of Secrecy Systems*[40] 为密码学的发展奠定了基础。密码学可以分为密码编码学和密码分析学，其中，密码编码学主要研究如何设计加密系统，而密码分析学是在不知道密钥的情况下从密文推演出明文或密钥的技术。研究密码学的目的是要保证信息安全，即信息的机密性、完整性、可用性以及不可抵赖性等。

1. 密码编码学

令所有可能的密钥为密钥空间，用 K 表示；所有被加密算法支持的消息 m

的集合称为明文空间，记做 M；所有可能的密文 c 的集合称为密文空间，记做 C；加密算法为 $E_{k_1}(m)$，解密算法为 $D_{k_2}(c)$，其中 k_1 是加密密钥，k_2 是解密密钥。可以从函数的定义理解密码体制的概念，即密钥空间是密钥的取值集合，明文空间是加密算法的定义域，密文空间是加密算法的值域。对于 $\forall m \in M$ 和 $\forall k \in K$，都有 $c=E_{k_1}(m)$ 和 $m=D_{k_2}(c)$。一个完整的密码系统如图 2-2 所示。

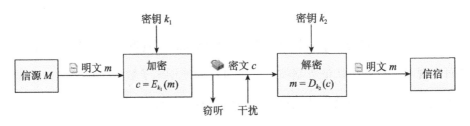

图 2-2　密码系统示意图

密码体制基于 Kerckhoffs 准则，Kerckhoffs 准则认为一个信息系统的安全性不是建立在它的算法（对于敌手来说是保密的），而是应该建立在它所选择的密钥（对于敌手来说是保密的）。也就是说，一切秘密蕴含在密钥之中，而密码算法是公开的，能够经得起公众的检验；密钥是整个密码体制的核心。密码体制在实际应用环境中应该能够抵抗尽可能多的敌手攻击。常见的密码体制有序列密码、分组密码、公钥密码、Hash 函数、数字签名等。

密码学是一个涉及范围较广的学科，主要的研究内容有伪随机数生成、身份认证、密钥分配与协商、秘密共享（Secret Sharing）、零知识证明（Zero-knowledge Proof）、安全多方计算（Secure Multiparty Computation，SMC）、不经意传输（Oblivious Transfer，OT）、函数加密（Function Encryption，FE），这些也是构建信息安全的核心内容。

2. 密码分析学

密码分析学（Cryptanalysis）是指在不知道解密所需的秘密信息的情况下对加密信息进行解密的技术，包括信息加密算法的破译和信息认证算法的破译等。密码破译的关键内容是发掘信息泄露规律及其利用方法，求出所使用密钥或给定密文所对应的明文。根据攻击者所掌握破译信息类型的不同，可以将对加密算法的攻击分为唯密文攻击、已知明文攻击、选择明文攻击、选择密文攻击和相关密钥攻击，分别简要介绍如下。

（1）唯密文攻击。攻击者掌握足够多的使用同一个密钥加密的密文，这种攻击的条件很容易满足，也是最常见的一种基本的攻击方法。

（2）已知明文攻击。攻击者不仅拥有唯密文攻击的条件，还能够掌控足够多的用同一个密钥加密的密文及其对应的明文。

（3）选择明文攻击。攻击者不仅拥有已知明文攻击的条件，而且还能选择对密码破译有利的足够多的明文，并且能够得到对应的密文。

（4）选择密文攻击。攻击者不仅拥有已知明文的条件，而且还可以任意选择对密文破译有利的足够多的密文，并且能够得到相应的明文。

（5）相关密钥攻击。攻击者不仅拥有选择明文攻击和选择密文攻击的条件，而且还能够得到由所求密钥的相关密钥对其他任意选择明文加密得到的密文，以及其他任意选择密文解密后得到的明文。

上述攻击类型中，唯密文攻击的条件最弱，相关密钥攻击的条件最强。从攻击的手段上划分，密码分析方法有穷举攻击、解析攻击、统计攻击、代数攻击等。密码算法一般具有无条件安全性、计算安全性和可证明安全性三个常用准则。

2.2.1.2　混沌公钥密码学

混沌学[41] 是非线性动力学系统的一个分支，能够利用确定性过程产生不可预测的行为，主要特征有对初始条件的敏感性、整体稳定而局部不稳定性、有界性、长期不可预测性等。对混沌的研究起源于 19 世纪 80 年代，法国科学家庞加莱（Henri Poincaré）研究太阳系三体问题时发现天体运动轨迹的非周期性，而且运动轨迹不会远离或接近一个固定点，这就是自然界普遍存在的混沌现象之一。1963 年，麻省理工学院气象学家洛伦兹（Edward Lorenz）给出的洛伦兹混沌系统[42] 成为混沌学发展史上的里程碑。随后混沌理论的研究开始成为热点，混沌（Chaos）概念被提出，并有了完整的数学定义。随着非线性科学及混沌理论的不断发展，混沌密码学已在电子学、信息科学、保密通信等领域得到广泛的应用。混沌映射与密码算法之间存在必然的联系，如表 2-2 所示。

表 2-2　混沌理论与密码算法之间的关系比较

	混沌理论	密码算法
相似点	混沌映射的参数	加密算法的密钥
	初始条件 / 控制参数的高度敏感性	对明文 / 密钥微小改变的扩散
	类似随机的行为和长周期的不稳定轨道	伪随机信号
	混沌映射通过迭代，将初始域扩散到整个相空间	密码算法通过加密轮产生预期的扩散和混乱
不同点	混沌映射定义在实数域内	加密算法定义在有限集上

混沌理论和密码算法之间的必然联系，促进了混沌映射在公钥密码体制中的应用。混沌密码学的研究以现代密码学为基础，并可扩展至伪随机数发生器、

混沌序列密码、混沌分组密码、公钥密码、混沌哈希函数、混沌图像视频加密、身份认证等领域。

混沌公钥密码的发展大致经历了三个时期,分别是萌芽期、发展期和扩展期。在萌芽期,研究者们尝试用不同的混沌系统设计公钥密码算法,典型的有胞元自动机、类 ElGamal 公钥密码、分布式动力模型、Chebyshev 混沌映射、混沌同步系统等;在发展期,更关注混沌密码算法的安全性,如对基于 Chebyshev 混沌映射的公钥密码算法进行分析和不断完善,以提高算法的安全性,达到更高的效率;在扩展期,将混沌公钥密码扩展应用到其他密码学应用中,典型应用有身份认证、密钥协商、数字签名以及协议可证明安全等方面。混沌公钥密码作为公钥密码研究领域的一个方向,虽然已取得一定的研究成果,但是仍具有非常重要的探索价值。

2.2.1.3　基于 Chebyshev 混沌映射的公钥密码系统

2003 年,科雷查夫(Kocarev)[43]利用 Chebyshev 混沌映射的半群属性和混沌属性,以 ElGamal 公钥密码算法为蓝图,提出基于 Chebyshev 混沌映射的公钥密码算法,如算法 2-1 所示,该算法是实数域 Chebyshev 公钥密码算法,不需要生成大素数作为私钥,运算效率较高。此外,根据 Chebyshev 多项式的混沌属性,s 和 $T_s(x)$ 可以看作独立的随机数。基于 Chebyshev 混沌映射的公钥密码是混沌密码学研究的热点内容之一。

算法 2-1：实数域 Chebyshev 公钥密码算法

发送方为 Alice，接收方为 Bob。

1. 密钥的产生：Bob 随机生成大整数 s，选择 $x \in [-1,1]$，然后计算 $y=T_s(x)$。

Bob 的公钥为 (x, y)，私钥为 s。

2. 信息加密：当 Alice 收到 Bob 的公钥 (x, y) 后，加密过程如下：

   a. 将需要加密的信息转换成 $m \in [-1,1]$；

   b. 选择大随机整数 r，计算 $C_1=T_r(x)$ 和 $C_2=m \cdot T_r(y)$；

   c. 将密文信息 $C=(C_1, C_2)$ 发送给 Bob。

3. 信息解密：当 Bob 收到密文信息 C 后，利用自己的私钥 s 恢复出明文信息 $m=C_2 \cdot T_s(C_1)^{-1}$

    算法 2-1 实现的关键在于利用 Chebyshev 混沌映射的半群属性。由于 Chebyshev 多项式的三角函数定义存在逆运算，从而导致算法 2-1 中的公钥密码存在安全隐患。假设敌手 Eve 将 Alice 发送给 Bob 的密文信息截获，其中 $c = (c_1, c_2) = (T_r(x), T_r(T_s(x)))$，Eve 能够计算：

$$r' = \text{round}\left(\min_{k \in Z} \left\{ \left\| \frac{\pm \arccos(T_r(x)) + 2k\pi}{\arccos x} \right\| \right\} \right) \quad （2\text{-}14）$$

    由于 $T_{rs}(x) = T_{sr}(x) = T_s(T_{r'}(x)) = T_{r'}(T_s(x))$，因此敌手 Eve 可以利用 r' 恢复出明文消息 $m = c_2 \cdot (T_{r'}(T_s(x)))^{-1}$。同样 Eve 也可以利用式（2-14）计算 s'，使得 $T_{s'}(x)=T_s(x)$，即 Eve 可以窃取到 Bob 的等价私钥。

    雅可比椭圆 Chebyshev 有理映射也具有半群属性，并且它比 Chebyshev 混沌映射更加复杂，所以科雷查夫等人[44]又提出类似于算法 2-1 的基于雅可比椭圆 Chebyshev 有理映射的公钥密码算法。但是由于明显的周期性，采用式（2-14）的攻击方法同样可以攻破基于雅可比椭圆 Chebyshev 有理映射的公钥密码算法。

为增强算法的安全性，文献 [45] 将 Chebyshev 多项式的定义从实数域扩展到有限域 $[Z_N, +, \times]$，定义如下：

$$T_n(x) = (2xT_{n-1}(x) - T_{n-2}(x))(\bmod N), \ n \geqslant 2 \qquad （2-15）$$

其中，N 是一个大素数。

Chebyshev 多项式的半群属性在有限域 Z_N 上仍然成立：

$$T_r(T_s(x)) = T_{sr}(x) = T_s(T_r(x))(\bmod N) \qquad （2-16）$$

科雷查夫等人提出的基于有限域 Chebyshev 多项式的 Elgamal 类型公钥算法，如算法 2-2 所示，该算法将安全性规约到有限域的离散对数难题上。需要注意的是，当 N 为合数时，$(Z_N, +, \times)$ 成为模 N 剩余类环，算法 2-2 中的加密算法同样成立，但是必须选择合适的 r，使得 $T_r(T_s(x))^{-1}(\bmod N)$ 存在，否则密文信息无法解密。由于 Chebyshev 多项式 $T_n(x)$ 的周期问题，参数 N 和 x 选择不当时，会使周期较小，可能导致严重的安全问题，所以国内学者对 Chebyshev 多项式的周期和参数选择也有研究，详见文献 [46]。

算法 2-2：有限域 Chebyshev 公钥密码算法

发送方为 Alice，接收方为 Bob。

1. 密钥生成：Bob 随机生成大素数 N，选择 x 和 s，并且有 $x<N$，$s<N$，然后计算 $y = T_s(x) \bmod N$。Bob 的公钥为 (x, N, y)，私钥为 s。

2. 信息加密：当 Alice 接收到 Bob 的公钥 (x, N, y) 后，加密过程如下：

   a. 将需要加密的信息转换成 m $(1<m<N)$；

   b. 选择大随机整数 r，并且 $0<r<N$。根据公钥 (x, N, y)，计算 $C_1 = T_r(x) \ (\bmod N)$ 和 $C_2 = (m \cdot T_r(y)) \ (\bmod N)$；

   c. 将密文信息 $C = (C_1, C_2)$ 发送给 Bob。

3. 信息解密：当 Bob 接收到密文信息 C 后，利用自己的私钥 s 恢复出明文信息 $m=(C_2 \cdot T_s(C_1)^{-1}) \ (\bmod N)$

经过不断改进和完善，基于 Chebyshev 混沌映射的公钥密码越来越受到研究者们的关注，已经扩展至数字签名、密钥协商和身份认证等领域。2013年，库马尔（Kumar）等人[47]使用基于混沌映射的多密钥生成器为接收者生成多个密钥，针对单个和多个接收者提出两种支持公开验证的签名方案，方案对初始条件高度敏感，且安全性较高。2014年，伊斯兰等人[24]基于扩展 Chebyshev 混沌映射提出动态的基于身份的三因素密码认证方案。2015年，李等人[48]使用扩展 Chebyshev 混沌映射，采用客户端可公开交换参数而不需要服务器帮助的方式来生成会话密钥，提出可证明安全的基于密码的三方密钥协商协议。2016年，慕（Moon）等人[49]基于 Chebyshev 混沌映射为 TMIS 提出利用生物特征和密码的身份认证方案。2018年，查吉特（Chatterjee）等人[50]利用 Chebyshev 混沌映射，在多服务器环境中提出基于生物特征的安全身份认证方案。综上所述，基于 Chebyshev 混沌映射的公钥密码已经取得一定的成果，但是其应用环境和场景还有待进一步扩展。

2.2.2　身份认证协议研究现状

身份认证是通过各种密码学算法和认证因子来识别通信参与方的真实身份的过程。身份认证成功后，通信双方建立一个会话密钥，在后续通信中使用[51]。身份认证已有很多研究，根据身份验证过程中应用的因素数量，身份认证方式可分为单一口令认证的单因子认证、两重因子的双因子认证和三个认证因子的三因子认证。移动医疗环境中，用户终端一般具有移动性，所以身份认证过程大都发生在资源受限的移动设备和服务器之间，因此，身份认证协议应是轻量级的。此外，医院数据涉及用户隐私，身份认证过程中需提供用户匿名。除此之外，设计认证协议时还应考虑：

（1）支持灵活地记忆密码，且不需要其他认证因子，方便用户使用。

（2）减少用户交互次数，提高认证方案的可用性。

（3）大部分用户对提供自身生物特征信息有所忌讳，从易用性角度看，三因素身份认证不可取。

（4）医疗系统对生命来说非常重要，而且常会出现紧急情况，需及时处理用户请求，应尽可能避免致使系统延迟的因素。

关于身份认证已有很多研究，我们将按照身份认证中使用因子的数量和公钥密码体制技术进行分类。

2.2.2.1　按照身份认证过程中使用因子数量进行分类

根据身份认证中使用因子数量，可以分为单一口令认证的单因子认证、两重因子的双因子认证和三个认证因子的三因子认证。

在单因子身份认证方案中，口令就是你知道什么内容能向别人证实你的身份，用户只需提供用户名和口令，系统根据用户输入来决定是否授权访问请求。单因子身份认证方案是在互联网资源和敌手攻击能力都非常有限的环境下出现的，研究人员主要解决密码或验证表的存储问题，匹配和验证用户登录凭证，判断用户是否为合法用户。之后出现了将密码信息进行加密存储，而不是普通明文存储的方式，但此时攻击敌手可以用一组加密的密码删除、修改或替换已存在信息。后来又出现了无须验证表的身份验证方案。此外，单因子身份认证还存在被窃听的风险，敌手可以监听网络通信，捕获用户名和密码而访问远程服务器。总之，所有基于密码的单因子身份认证方案都是用来阻止密码存储、窃听和未授权访问系统资源的问题，从未考虑过匿名、隐私和不可追溯性等问题。

在双因子身份认证方案中，智能卡即是你有什么实物能证实自己的身份，用户将智能卡插入读卡器，系统首先认证智能卡，然后继续进行单因子身份认证。显然用户和系统之间需完成两次操作，一次是认证智能卡，另一次是验证用户名和密码，所以双因子身份认证增加了延迟，图2-3是双因子认证结构。与单因子身份认证方案相比，双因子认证方案提供了更好的安全性，但是带来更多的延迟、较多的计算开销和带宽开销。随着移动通信技术和智能产品的不断发展，双因子身份认证除了可以使用智能卡之外，还可以考虑使用智能手机来实现。智能卡需要智能读卡器而限制了用户的移动性，而智能手机实现了移动性。智能卡只存储一种算法使得用户实现登录操作，不存储其他数据。而智能手机通常会存储多种用于不同目的的应用程序，任何恶意应用程序都有可能记录用户的隐私信息，如活动记录、位置等，甚至访问手机存储，这将给用户的匿名信和机密性等带来威胁。在特定应用环境中，采用智能卡还是智能手机需要权衡享用用户移动性的便利和确保系统安全性的目的。总之，双因子身份认证中，使用智能卡可以有效保障安全，但是移动性受到限制。而使用手机享用移动性，则需确保系统安全。

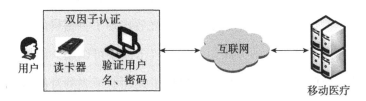

图2-3 双因子认证结构

在三因子身份认证方案中，生物特征就是你具有什么特征能证实你的身份，用户首先用生物特征信息证明自己的身份，然后是双因子认证。容易看出三因子身份认证增加了更多的延迟，用户和系统之间共需三次操作，一次是识别生物特征，然后是认证智能卡，最后是验证用户名和口令。图 2-4 是三因子身份认证结构。三因子身份认证方案提高了系统的安全性，敌手攻击除了需要用户标识和口令之外，还需要用户的生物特征信息，攻击的复杂度更高。但是，三因子认证方案需要更多的带宽和计算开销，而且与其他两类认证方式相比更加复杂。在三因子认证中，针对具体应用需权衡资源受限和期望安全性之间的利弊，也需要权衡享用智能手机移动性的便利和确保系统安全性的利弊。

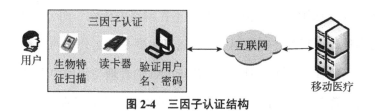

图 2-4　三因子认证结构

2.2.2.2　按照公钥密码体制中的身份认证技术进行分类

我们将公钥密码体制中的身份认证计划分为不具备隐私保护的身份认证和具备隐私保护的身份认证，区别主要是在验证实体真实身份过程中能否提供隐私保护功能。

1. 不具备隐私保护的身份认证技术分类

（1）基于公钥证书的密码体制。

公钥密码设施（Public Key Infrastructure，PKI）是通过公开密码技术来实现安全服务的安全基础设施。一个典型的 PKI 系统包括 PKI 安全策略、软硬件系统、证书机构（CA）、注册机构（RA）和 PKI 应用等。PKI 安全策略定义了密码系统的处理方法和使用原则，可根据信息的风险级别定义安全控制的级别。证书机构（CA）管理用户的公钥，包括证书颁发、管理、撤销等功能。通常，一个简单的证书包括证书拥有者的公开密钥、身份标识和 CA 的数字签名。验证者可以使用 CA 的数字签名验证证书的有效性，使用公钥来验证证书拥有者的真实性。注册机构（RA）是 CA 和用户之间的一个接口，RA 认证用户身份，并向 CA 提出证书请求。PKI 应用非常广泛，如 Web 服务器和浏览器之间的通信、电子数据交换、电子邮件和虚拟私有网（VPN）等。

一般地，CA 是证书的签发机构，也是 PKI 的核心。公钥密码体制中有公钥和私钥，其中私钥是用户独立管理，不在网络中传输，而公钥则是公开的，也在网络中传输，所以公钥密码体制的管理主要是针对公钥的管理，通常采用数字证书机制的管理方式。但是，在传统 PKI 的管理与使用中需要较高的计算和存储开销，管理任务也较复杂，对 CA 要求较高，系统负荷较重。

（2）基于身份的密码体制。

由于基于公钥证书的密码体制存在证书管理问题，沙米尔（Shamir）等人提出了基于身份的密码体制（Identity-based Encryption，IBE）的概念[52]。在 IBE 中，用户的身份标识信息，如身份证号码、电话号码、电子邮箱等，可以直接作为用户的公钥。用户身份信息和用户公钥有着天然的联系，所以不需要数字证书进行验证，从而避免了基于 PKI 的证书管理过程。博内弛（Boneh）和富兰克林（Franklin）提出第一个 IBE 的应用方案[53]，该方案基于 Weil 对，并且给出基于 IBE 加密方案的精确定义和几个应用系统实例。从此研究者们围绕 IBE 方案的设计和应用展开广泛的研究，目前 IBC 已被广泛应用到安全组播通信、电子邮件、路由安全、信息加密以及网络密钥管理等方面。

　　尽管基于身份的密码体制解决了公钥证书管理问题，但是由于用户密钥由密钥生成中心（Key Generation Center，KGC）完成，所以如何有效地管理 KGC 也成为基于身份密码体制研究的重要内容。在 IBC 系统中，所有的密钥都是由一个 KGC 计算生成，KGC 能否响应大量用户同时发出的密钥请求，这对 KGC 的性能提出较高的要求。此外，从密钥管理安全角度出发，一旦 KGC 被恶意掌控，就可能会出现密钥托管问题。所以，该设计怎样的密钥管理模型？为解决这些问题，学者们提出了等级身份加密模型。

　　霍维茨（Horwitz）和林恩（Lynn）在文献 [54] 中介绍了等级身份加密（Hierarchical Identity-based Encryption，HIBE）的概念，并对其进行应用。HIBE 的特点在于它把 KGC 按照等级的不同进行划分，每个等级密钥由一个 KGC 进行管理，该 KGC 只负责它所在身份域的密钥。等级身份加密体制大大降低了每个 KGC 的负担，并且允许密钥托管由不同等级的 KGC 来完成。下面以现实中的 HIBE 模型为例说明。例如，某集团公司内董事长拥有最高权限，他可以为总经理生成私钥，总经理又可以为部门经理生成私钥，但是总经理不知道董事长的私钥信息，部门经理可以为部门内的员工生成私钥，这就是一个简单实用的 3 等级 HIBE 模型。

　　等级身份加密的又一个典型应用是可以提供"短期有效"的临时密钥，解决实际应用中的临时授权问题。假设 Alice 是总经理，需要出差一周，在出差期间她能够阅读加密邮件，但同时也担心存储在计算机中的密钥被盗，从而泄露秘密信息。为此，我们可以设计一个 2 等级的 HIBE 模型来解决此问题，将

Alice 的身份名称作为第一等级身份域，时间日期作为第二等级身份域。当 Bob 需要发送秘密消息给 Alice 时，用（Alice，时间日期）这两个信息作为公钥来加密消息；Alice 收到加密消息后，可以根据事先从 KGC 处获得的日期对应的私钥（此私钥过期立即被撤销）来解密消息。即使 Alice 的此私钥被窃取，攻击者也只能获得日期范围内的秘密消息，从而降低了信息泄露的损失。关于等级身份加密体制的研究大都基于双线性映射技术，学者们已对其进行广泛研究。

2. 具备隐私保护的身份认证技术分类

近年来，国内外学者对匿名身份认证展开深入研究，提出多种匿名身份认证方案。

（1）群签名。

群签名（Group Signature），即群数字签名。在群签名中，任意一个群成员可以匿名的方式代表整个群体对消息进行签名。群签名是可以公开验证的，而且可以只用单个群公钥来验证。群签名由创姆（Chaum）提出其签名概念[55]，随后开米尼斯（Camenish）[56]、阿坦尼塞斯（Atenises）和突迪克（Tsudik）[57, 58]、波恩（Boyen）等人对其进行了修改和完善。群签名中有一个特殊身份的人，即群管理员。群管理员负责添加、删除群成员等管理工作，当出现争议时，群管理员还可以揭示签名人的身份，使得签名者不能否认自己的签名。例如，某跨国公司业务繁忙、地域分布广泛，公司高层决策者们常出差分布在各个区域，但是公司总部遇到紧急事务需要召开紧急会议，需要高层决策者参与决策投票。为了实现快速有效的决策任务，并且防止竞争对手的恶意破坏而带来巨额损失，可以通过移动安全投票决策功能来完成，通过群签名的方式完成签名决策。群签名具有匿名性、防伪造性、可跟踪性、抗联合攻击等特征，可以应用到公共资源管理、重要军事情报签发、重要领导人选举、合同签署等事务中。然而，由于群签名的管理员知晓每个群签名是由哪位群成员签署的，必要时可以打破群签名的匿名性，所以群签名的匿名性在一定程度上是相对的。

（2）环签名。

环签名（Ring Signature）是群签名的简化，环签名只有环成员，没有管理人员和可信中心，不需要环成员间的合作，也没有群的建立过程。假定有 n 个用户，每个用户 U_i 拥有其公钥 PK_i 和与之对应的私钥 SK_i，用环签名来实现签名者无条件匿名签名，签名过程主要包括以下算法[59]，图 2-5 是李维斯特（Rivest）等人提出的环签名算法示意图。

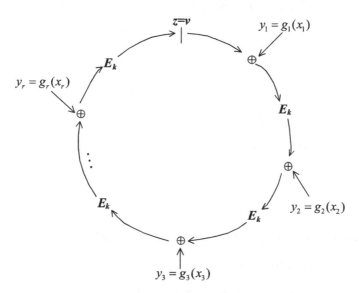

图 2-5　李维斯特等人的环签名算法

Setup 算法：一个概率多项式时间（PPT）算法，输入安全参数 k，输出 n 个环成员用户的公钥 $PK_1, PK_2, \cdots, PK_i$ 和私钥 $SK_1, SK_2, \cdots, SK_i$。在此，不同用户的公私钥可能来自不同的公钥体制，比如 RSA 或 DL。

Ring-sign 算法：一个概率多项式时间（PPT）算法，输入消息 m、n 个环成员公钥 $PK_1, PK_2, \cdots, PK_i$ 和其中某一成员私钥 SK_i 后，输出环签名 δ。其中 δ 中的某一参数根据一定的规则呈环状。

Ring-verify 算法：一个确定性算法，输入环成员公钥 $PK_1, PK_2, \cdots, PK_i$ 和签名 (m, δ)，若 δ 是 m 的环签名，则输出"接受"，否则输出"拒绝"。

环签名满足无条件匿名性、正确性、不可伪造性等特性。自环签名被提出以来，各国学者们进行了大量研究。如布莱森（Bresson）等人[60] 将门限环签名应用到 Ad-Hoc 群中，提出有效的基于组合方法的门限方案，并且证明了方案在随机预言机模型中是安全的。随着密码界研究者对环签名的深入研究，环签名的安全性、效率及其实用性等特征也得到较好的发展。除了涌现出许多安全高效的环签名方案之外，环签名也被应用到其他特殊数字签名方案中，许多新的环签名方案被提出，如代理环签名[61, 62]、前向安全环签名[63] 等。与此同时，出现了许多实用性较强的环签名方案。然而环签名需要预先知道其他成员的公钥，这将对群成员的隐私性造成一定的影响。

（3）假名技术。

假名（Pseudonyms）技术是一种较为受欢迎的隐私保护工具。随着移动通信技术的发展，在移动设备中用户可以预先加载一系列假名，并且可以不停地更换假名以预防敌手把新旧假名联系起来。关于假名技术的研究已有很多[64, 65]，已被应用到多种应用场景中。例如，区块链是公开透明的，区块链中的每个节点都可以查看区块上的交易信息，而且在区块链上可以追溯比特币的资金流动情况，分析出资金拥有者的身份信息。假设在商店购物用比特币进行支付，商家可以同时记录卖家使用的比特币公钥和真实身份，而且必要时可以持续追踪卖家的比特币去向，可以说卖家的身份信息已经泄露[66, 67]。因此，区块链技术并非真正意义上具有匿名性，而是使用假名技术。随着对假名技术的研究，出现了多假名技术。多假名技术在动态认证策略中随着认证策略的增强，用户假名的数量将会增多，因此系统负担将会较大。

2.2.3　安全需求和功能目标

不同应用环境中的身份认证方案具有不同的参与实体，产生不同的安全需求。在移动医疗环境中，用户终端资源具有移动性，存储资源、计算能力、电池电量等具有一定的限制，可以归类到资源受限环境。在为移动医疗环境设计安全身份认证方案时，需要明确可能面临的安全威胁，分析具体的安全需求，制定合理的安全目标。根据文献 [68]，介绍如下资源受限环境中的安全需求和功能目标。

2.2.3.1　安全需求

假设攻击者能够窃听通信内容，对公共信道传输的消息进行篡改、删除或添加等，并在其能力范围内发起相应攻击，威胁身份认证过程的安全性。因此，安全的身份认证方案应当可以抵抗这些攻击，即设计身份认证方案时应当考虑满足这些安全需求。下面列举一些资源受限环境身份认证方案可能遭受的典型攻击。

（1）伪装攻击 / 假冒攻击（Impersonation Attack /Forgery Attack）。

发起伪装攻击 / 假冒攻击时，攻击者首先拦截合法用户的登录请求消息或实体间的认证消息，然后以某种方式修改或伪造这些消息，继而伪装成合法用户登录，通过身份认证并访问其权限范围以外的特权资源或假冒成认证方欺骗合法用户。

（2）重放攻击（Replay Attack）。

发起重放攻击时，攻击者通过重放之前拦截的认证消息登录系统或伪装成合法认证方欺骗合法用户。

（3）离线口令猜测攻击（Offline Password Guessing Attack）。

口令是攻击者猜测的首要目标。一般情况下，用户为了方便记忆，往往倾向于从其熟悉的领域中选择简单的口令。发起离线口令猜测攻击时，攻击者可以通过公共信道传输的消息或智能卡中获取包含口令的信息，猜测用户的口令并验证其正确性。

（4）平行会话攻击（Parallel Session Attack）。

发起平行会话攻击时，攻击者在合法用户和认证方的正常会话之外发起并行会话，利用合法用户会话中传输的消息获取自身会话中所需的信息。

（5）特权内部人攻击（Priviledge Insider Attack）。

特权内部人攻击由合法认证方的内部特权人员发起，一般是指内部特权人员误用或泄露用户注册信息中的私密信息，进而导致系统遭到伪装攻击。

（6）拒绝服务攻击（Denial of Service Attack，Dos Attack）。

任何导致合法用户被拒绝服务的恶意行为或误操作都被称为拒绝服务攻击。此种攻击可通过多种途径发起，一方面，攻击者可以通过修改存储在系统数据库或用户智能卡中的特定信息，使得合法用户无法成功登录并获取服务；另一方面，攻击者也可以通过向认证方发送大量虚假登录消息，致使合法用户无法登录，甚至导致认证服务器瘫痪。

（7）智能卡丢失攻击（Smart Card Loss Attack）。

发起智能卡丢失攻击时，攻击者可以通过差分能量分析 [21] 和简单能量分析 [22] 提取合法用户丢失智能卡中存储的数据，并猜测合法用户的口令或更新智能卡中的信息。如果口令猜测成功，攻击者可以伪装成合法用户登录系统并通过身份认证访问系统资源。

（8）盗窃验证表攻击（Stolen-Verifier Attack）。

在有些身份认证方案中，为了注销丢失的智能卡或禁止合法恶意用户滥用特权资源的访问权，认证方会将用户的信息存储在数据库或验证表中。发起盗窃验证表攻击时，攻击者盗取由认证方维护的数据库或验证表中存储的数据，进而可以伪装成身份认证合法参与者发起伪装攻击。

2.2.3.2　功能目标

除需要满足上述安全需求外，资源受限环境安全身份认证方案还应当实现以下功能目标，以提供友好可靠的身份认证机制。

（1）用户匿名性（User Anonymity）。

用户匿名性是实现身份认证过程中用户隐私保护的重要特性。移动医疗环境中，医疗数据与用户身份、健康状况等信息息息相关，属于用户的敏感信息。由于多元化利益驱动，数据拥有者的真实身份和行为活动对外部用户来说是极其敏感的。另外，内部用户也不是完全可以信赖的，因此，为避免特权内部人攻击和外部威胁，提供用户匿名性以保护用户隐私是设计适用于资源受限环境安全身份认证方案的一个重要功能目标。

（2）低通信和计算复杂性（Low Communication and Computational Complexity）。

在移动医疗应用环境中，Pad端在存储资源、计算能力以及能量提供等方面都存在资源有限的现实约束。因此，在设计身份认证方案时应满足低通信和计算成本的要求，如尽可能使用计算复杂度低的密码运算并减少通信中的消息数量。

（3）相互认证（Mutual Authentication）。

安全的身份认证方案应当实现参与实体之间的相互认证。一方面，认证方需要确认登录的用户身份是否合法；另一方面，用户也需要确认与自己建立连接的是不是合法认证方。相互认证可以避免针对合法用户的伪装攻击。

（4）安全友好的口令更新机制（Secure and User Friendly Password Change Mechanism）。

长期固定不变的口令极易受到口令猜测攻击而遭到泄露。因此，用户有权在任何时间自由更新自己的口令。安全的口令更新机制应当能够阻止在智能卡丢失或被盗的情况下攻击者对其中信息进行虚假变更。

（5）会话密钥协商（Session Key Agreement）。

为了在认证结束后提供安全的通信环境，安全的身份认证方案应当允许认证参与各方协商共享会话密钥，以确保传输消息的机密性。

（6）可修复性（Reparability）。

在使用智能卡的身份认证方案中，如果智能卡丢失或被盗，很容易被非法人员滥用。安全身份认证方案的可修复性主要体现在两个方面，一方面，为避免丢失或被盗的智能卡被不当使用，有必要注销这些智能卡；另一方面，当合法用户变为恶意用户，对整个网络造成危害时，必须检测到此类恶意合法用户，将其从注册名单上删除，并拒绝其重新注册的请求。

（7）前向安全性（Forward Secrecy）。

前向安全性是指当认证方的主密钥遭到泄露后，之前的会话密钥安全性不会受到威胁，即攻击者即使获得了主密钥也无法恢复之前的会话密钥。

2.2.4　小结

移动医疗 WBAN 环境下，身份认证发生在资源受限的 PDA 和系统之间，由于 PDA 的处理能力、RAM 以及电源等方面存在资源受限问题，因此，需设计高安全性、低计算开销和低通信量的轻量级的身份认证方案[69, 70]。此外，医疗数据涉及用户隐私，认证过程中需提供用户匿名性。为确保安全性，认证协议还需根据实际应用场景考虑多种安全属性，诸如可验证性、高效性、抵抗重放攻击、抵抗特权内部人攻击、抵抗智能丢失卡攻击等。所有的身份认证方案都是用来解决用户如何通过认证而登录系统的问题，图 2-6 是身份认证方案根据实现技术进行的分类，包括基于密码学（包括基于对称的、基于非对称的、基于哈希函数的、基于零知识构造的和基于匿名认证的），基于时间戳，基于用户密码，基于生物特征，基于混沌映射和基于信道。其中基于非对称公钥密码的身份认证方案又分为基于 ECC、基于 RSA 和基于身份的。根据移动医疗 WBAN 环境实际需求，分析混沌密码学的优点，结合身份认证过程中使用的认证因子数量，我们主要关注身份认证方案中基于混沌映射的双因子身份认证。

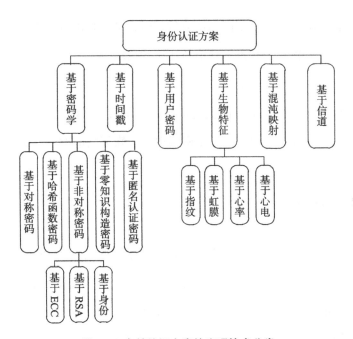

图 2-6　身份认证方案按实现技术分类

2.3　无证书签密机制与访问控制

本节介绍无证书签密机制与访问控制的内容和研究现状，并指出可以将无证书签密机制应用到传统访问控制方法中，以期完成轻量的基于无证书签密的访问控制方案。

2.3.1　无证书签密机制研究现状

机密性和认证性是密码学中衡量信息安全的两个基本要求，传统方法是消息的机密性用加密来实现，认证性则通过签名来完成，即采用"先签名后加密"的方式实现。但是这种方法的计算代价往往是签名和加密代价之和，因而效率较低。签密是一种理想的信息安全保护方法，其运算成本和通信成本明显低于传统"签名＋加密"或"加密＋签名"的方式，文献 [71] 首次提出签密概念，在一个逻辑步骤中同时使用了数字签名和公钥加密。无证书公钥密码体制因其解决了公钥证书管理和密钥托管问题，所以密码系统运行效率较高。2008 年，巴尔博萨（Barbosa）等人[72]首次提出无证书签密（Certificateless Signcryption，CLSC）的概念。CLSC 方案同时解决了基于 PKI 方案中的证书管理问题和基于 IBC 方案中的密钥托管问题。图 2-7 是一个典型的 CLSC 组成及通信模型。发送者和接收者的私钥是由 KGC 生成的部分密钥和自己选择的

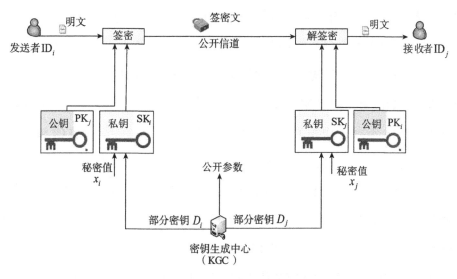

图 2-7　CLSC 组成及通信模型

秘密值产生。具体通信过程如下：发送者利用自己的私钥以及接收者的公钥对明文消息执行签密操作，生成的签密文通过公共信道发送给接收者，接收者利用自己的私钥以及发送者的公钥对密文进行解签密，如果解签密验证通过，则消息安全，接收者接收明文消息。否则，消息不安全。随着 CLSC 的不断改进，对 CLSC 方案的研究已经成为密码学领域的研究热点之一。

2010 年，刘（Liu）等人[73]增强了 CLSC 的安全模型，针对恶意但被动的 KGC 攻击，在标准模型中提出一个可证明安全的无证书签密方案。塞尔维（Selvi）等人[74]提出无双线性对运算的 CLSC 方案，但是该方案中指数运算次数较多，所以方案效率依然有待提高。2011 年，刘文浩等人[75]也提出无双线性对运算的 CLSC 方案，在 ROM 模型中，基于 DHP 问题和 DLP 问题的困难性证明了方案的机密性和认证性，同时进行了效率分析，表明提出的方案有明显的效率优势。2013 年，何德彪[76]通过具体的攻击实例分析刘文浩等人方案，发现刘文浩等人的 CLSC 机制不能抵抗第一类敌手攻击，并对其进行改进。同年，齐（Qi）等人[77]提出无双线性对的基于身份的无证书代理签密方案，该方案是在 CLSC 和代理签密基础上提出的，其安全性建立在椭圆曲线离散对数难题上。2014 年，史（Shi）等人[78]提出改进的无双线性对运算的 CLSC 机制，并对其进行了密码学分析，在 ROM 模型中证明该机制是可证明安全的。2015 年，成（Cheng）等人[79]提出改进的 CLSC 方案，方案所需计算开销较少，并且可以抵抗第 I 类和第 II 类敌手攻击，在标准模型下证明了方案的安全性。2016 年，周彦伟等人[80]也提出安全高效的 CLSC 方案。

上述对 CLSC 方案的研究从使用双线性对运算到不使用双线性对运算，主要针对方案本身的安全性和效率进行分析，没有涉及具体的应用场景。2015 年，沙曼（Sharma）等人[81]为无线传感器网络提出无双线性对的无证书环签名方案，通过运算量的比较，分析了方案的有效性和安全性，并在无线传感器网络中进行仿真实验评估。史（Shi）等人[82]将 CLSC 应用到物联网环境中，在物联网环境下分析无证书在线 / 离线签密的安全性。2017 年，巴蒂亚（Bhatia）等人[83]为移动云计算处理系统提出无证书代理签密方案，形式化分析证明了方案在 ROM 模型中能抵抗第 I 类和第 II 类敌手攻击，计算效率方面也有优势，适用于移动云计算环境中。

随着对 CLSC 机制的深入研究和不断改进，研究者们提出适用于不同应用场景的 CLSC 方案，如物联网、无线传感器网络、移动医疗云计算等。但是对基于无证书签密的访问控制方案研究较少，尤其是特定应用场景下的访问控制。

2.3.2　访问控制研究现状

访问控制技术是保护数据安全的有效方法之一，用来保证指定数据不被非法使用，严格的访问控制策略一直被认为是控制信息被正确获取的方式。传统的访问控制策略有自主 / 强制访问控制。在自主访问控制（Discretionary Access Control，DAC）中，用户可以按照自己的意愿灵活地决定数据存储权限，系统无法控制，因此安全性被削弱。此外，DAC 以保护用户的个人资源安全为目标，资源管理分散、授权管理复杂，不适用于安全性要求较高的应用环境。在强制访问控制（Mandatory Access Control，MAC）中，系统将信息进行分级分类管理，安全等级由系统控制，解决了资源管理分散的问题，但是权限管理过于严格，在用户数量巨大、资源种类繁杂而分级不明确的应用环境中，MAC 资源分级、权限设置工作量大，效率低。

随着密码技术和网络技术的发展，DAC 和 MAC 已经不能满足实际应用的需求，许多其他方式的访问控制技术被提出。基于角色的访问控制模型[84]（Role-Based Access Control，RBAC）基本解决了 DAC 灵活性高、安全性弱的问题，同时弥补了 MAC 的效率缺陷。孙（Sun）等人[85]为电子医疗系统设计了一个基于角色的访问控制方案，提供了对个人健康信息（Personal Health Information，PHI）的访问策略。访问控制方案根据实体的活动定义了各种角色，包括医生、药剂师和护士等。然而，该方案存在局限性。例如，允许医生查看病人 PHI，医生角色将使得每个医生成员都能获得同等的访问权限，容易造成内部人攻击。

基于任务的访问控制模型[86]（Task-Based Access Control，TBAC）实现了对信息资源的分级访问和管理。TBAC 从"面向服务"的角度为任务建立安全模型、实现安全机制并提供动态实时的任务管理。尤尼斯（Younis）等人[87]指出 TBAC 是根据当前的任务或进程被激活或停运的，其实角色和任务没有明显的区别，它们只是使用了不同的属性（如用户、信息资源、角色、任务或业务规则）来区分问题，从而决定访问控制机制。随着 TBAC 的发展，也出现了基于任务 – 角色的访问控制模型、基于角色 – 任务的转授权模型等。

基于属性加密（Attribute Based Encryption，ABE）的概念由沙海（Sahai）等人[88]最早提出，ABE 将基于身份加密的身份信息也作为属性，一定程度上 ABE 被认为是基于 IBC 机制的演化。ABE 的特点是一个密文对应多个加密密钥，密文与属性集和访问结构相关，当用户属性满足访问策略时就能解密得到明文[89, 90]。基于 ABE 的访问控制方案虽然灵活，但是需要对被访问数据进行分类，为每一属性数据分配不同的密钥，而且访问策略树的构建也较复杂，开销较大。目前 ABE 方案主要发展为两大类：密文策略的属性加密（CP-ABE）和密钥策略的属性加密（KP-ABE）。后续章节将进行详细介绍。

上述提到的基于 PKI 的访问控制方案需要在线证书机构（CA）的参与，CA 为每个公钥生成相应的证书，而且在公钥使用时需要提供公钥真实性验证服务。此外，公钥证书管理还需对证书进行分发、存储和撤销等工作，因此公钥证书管理开销较大。基于 IBC 的访问控制方案中用户公钥由用户的个人信息计算得到，解决了公钥证书管理问题。但是，用户私钥完全由 PKG 生成，PKG 可以很容易地假冒任何用户，存在致命的密钥托管问题。

2.3.3　小结

随着云计算、移动计算等新型计算模式的发展，移动网络、复杂动态网络接踵而至，因此必须考虑引入适用于新型应用环境的访问控制模型。移动医疗系统管理病人的敏感数据，而且 PDA 资源受限，所以传统的访问控制机制无法满足电子医疗企业的特殊安全需求，高效的访问控制策略将是必然的选择。无证书签密机制避免了 PKI 中的证书管理问题，同时又解决了 IBC 中的密钥托管问题，而且签密机制高效地同时完成数字签名和公钥加密两项功能，所需开销较少。因此，基于无证书签密的访问控制将是基于 WBAN 的移动医疗环境中实现高效访问控制方案的不二选择，也是本书访问控制研究的重要内容。

2.4 ABE 访问控制

本节介绍基于属性的加密（Attribute-Based Encryption，ABE）的机制及其研究现状，以及 ABE 的访问控制。传统的公钥加密方法需要使用不同用户的密钥加密同一份文件，这种方式会随着用户的增多而引起密钥管理负担。采用基于属性的加密方法基于一对多的加密模式，病人不知道具体哪个用户来访问其数据，但能够通过属性来指定访问数据的用户。

2.4.1 ABE 概述

基于属性的加密是在基于模糊身份加密（Fuzzy Identity-Based Encryption，FIBE）的基础上发展起来的，基于模糊身份加密体制的思想是将代表用户身份的字符串分解成为一系列描述用户特性的属性集合，如姓名、性别、工作单位、联系方式等属性，这些属性构成用户的一个模糊身份。假设在用户生成私钥时使用的属性集合是 φ，对消息加密时使用的集合是 φ'，那么只有当解密者拥有的私钥属性集合（φ 和 φ' 的交集）大于系统预设的门限值 t，即 $|\varphi \cap \varphi'| \geq t$ 时，解密者才有可能成功解密密文消息。这种基于属性加密的思想，即用属性集合作为公钥对数据进行加密，解密者只有具有某种属性集合才可以对数据进行解密。

戈雅（Goyal）等人[91]在 2006 年提出基于密钥策略的属性加密方案，首次将 ABE 分为两类：基于密钥策略的属性加密算法（Key Policy Attribute-Based Encryption，KP-ABE）和基于密文策略的属性加密算法（Ciphertext Policy

Attribute-Based Encryption，CP-ABE）。在 KP-ABE 方案中，密文对应属性集合，用户密钥对应访问结构，当且仅当密文相关的属性满足密钥相关的访问结构时，密钥持有者才能解密密文；而 CP-ABE 方案与 KP-ABE 方案正好相反，密文对应访问结构，用户密钥对应属性集合，当且仅当用户具有的属性满足访问结构时，解密者可以解密密文，获得明文。此外，该文中提出表达能力强的单调访问控制结构，支持逻辑"与（and）""或（or）"和"门限（t, n）"操作，这些操作的实现丰富了加解密过程中访问控制的灵活性，具有较强的实际应用价值。采用基于属性的加密方法可以实现数据的安全存储和细粒度的访问，下面分别对 KP-ABE 和 CP-ABE 过程进行简要介绍。

2.4.1.1　KP-ABE

基于密钥策略的属性加密方案由以下四个算法构成，图 2-8 是 KP-ABE 过程。

系统建立（Setup）：根据输入的安全参数 k，输出公钥 PK 和主密钥 MK。公开系统参数，保密主密钥。

密钥产生（Key Generation）：输入系统参数、访问结构和主密钥 MK，输出对应的解密密钥 DK。

加密（Encryption）：输入系统参数、属性集和明文消息 M，输出加密后的密文 E。

解密（Decryption）：输入系统参数、用属性集加密的密文 E 和对应访问结构的解密密钥 DK，如果属性集满足访问结构，则输出明文 M，否则返回终止符。

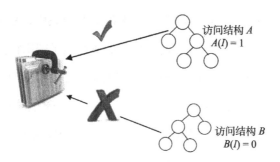

图 2-8 KP-ABE 过程

2.4.1.2 CP-ABE

基于密文策略的属性加密方案由以下四个算法构成，图 2-9 是 CP-ABE 过程。

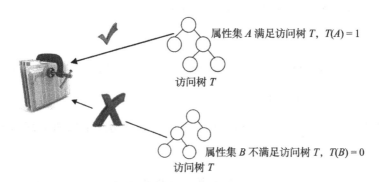

图 2-9 CP-ABE 过程

系统建立（Setup）：根据输入的安全参数 k，输出公钥 PK 和主密钥 MK。公开系统参数，保密主密钥。

密钥产生（Key Generation）：输入系统参数、属性集和主密钥 MK，输出对应的解密密钥 DK。

加密（Encryption）：输入系统参数、访问结构和明文消息 M，输出加密后的密文 E。

解密（Decryption）：输入系统参数、用访问结构加密的密文 E 和对应属性集的解密密钥 DK，如果属性集满足访问结构，则输出明文 M，否则返回终止符。

随着互联网、云计算、移动计算和物联网等技术的发展，在开放式计算环境中进行数据共享和数据处理的需求越来越多，因此更加需要灵活、轻量、细粒度的共享数据访问方式，并控制数据可访问或可共享的范围。而在基于属性的加密系统中，用户的认证以及访问权限不再单一地用身份来进行描述。由于引入属性集和访问结构，用户的私钥和密文都与属性集有关，访问策略可以灵活地控制解密的权限，访问结构可由属性的逻辑运算（与、或、非）和门限操作，只有满足访问策略的用户才可以解密密文得到明文。基于属性的加密体制具有以下特点：

（1）明文消息的发送方无须知道接收方的数量和具体身份信息，实现了一对多的群组通信，并可有效地保护用户隐私信息，降低计算资源消耗。

（2）提供了数据保密性，只有在满足条件的情况下，接收用户才能够解密消息。

（3）具有抗共谋性，不同用户的密钥无法联合起来解密密文，得到明文消息，从而能够阻止不同用户的共谋。

2.4.2 ABE 研究现状

近几年，学者们对 ABE 的研究越来越多，他们不仅关注 ABE 的理论创新和扩充，还将其应用到多种实用领域中。按照 ABE 的发展过程，主要有 KP-ABE、CP-ABE 和分层次的 ABE（Hierarchical Attribute-based Encryption，HABE）三个阶段，分别详细阐述如下。

2.4.2.1 KP-ABE 阶段

在 KP-ABE 加密体制中，用户规定访问策略，限定对接收消息者的要求，所以更适用于查询类的应用，如付费电视系统、视频点播系统、数据库访问等。2007 年，奥斯创夫斯基（Ostrovsky）等人[92] 提出一种非单调结构的 KP-ABE 方案，该方案允许用户的私钥由任何访问公式来表达，而之前的方法仅能由单调访问结构表达，基于 DHP 问题困难性假设，证明了该方案的安全性。2011 年，于（Yu）等人[93] 为解决无线传感器网络中存在的安全挑战提出一种分布式数据访问控制方案，安全挑战包括但不限于：

（1）由于传感器数据是由单个传感器存储和维护的，那么无人值守的传感器很容易遭受物理攻击等强攻击。

（2）因为非法访问敏感数据可能导致灾难性的结果，所以在许多关键任务应用程序中，细粒度数据访问控制非常必要。

（3）传感器节点资源受限，开销较大的密码学算法不适合。

于等人的访问控制方案将 KP-ABE 应用于无线传感器网络中，实现了分布式细粒度的访问控制，并在真实的传感器平台下进行了实验。但是，该方案缺乏访问控制的时效性。2012 年，韩等人[94] 提出一个具有隐私保护的分散式 KP-ABE 方案，其中每个授权机构都可以在不知道用户全局身份的情况下独立地向用户分发密钥，而且不需授权机构间的交互。因此，即使有某几个权限被窃取，攻击者也不能通过跟踪用户的全局身份来收集用户的属性。

2.4.2.2　CP-ABE 阶段

在 CP-ABE 密码体制中，加密方也是发送方规定访问密文的访问策略，所以更适合访问控制类应用，如广播加密、社交网站的访问、电子医疗系统等。为了解决 KP-ABE 只能信任密钥分发者的问题，贝森克特（Bethencourt）等人[95] 提出 CP-ABE 方案，以用户身份信息为属性，用户的私钥与表示属性的随机数相关，数据拥有者决定访问控制策略，完全掌握访问策略的控制权。当用户具有的属性满足密文的访问结构时，可以解密密文，该 CP-ABE 方案可以抵抗联合攻击。对于 ABE 方案来说，主要影响其效率的缺点之一是密文的大小和解密所需的时间会随着访问策略的复杂性而增加。为解决这一问题，格林（Green）等人[96] 提出利用解密算法进行外包计算的方案。阿斯米（Asim）等人[97] 提出将部分昂贵的加密和解密算法分别委托给两个代理服务器进行计算的方案。该方案是 CP-ABE 在移动环境中应用的一个重要组成部分，在移动应用中，主机和用户都使用计算能力有限的移动设备。在加密期间，主机委托一个半信任代理，根据主机提供的访问策略对部分需加密的消息进行加密。只有当用户拥有与满足相关策略的一组属性相关联的密钥时，用户才能解密存储的密文。相反地，为了减少解密步骤的计算负载，用户转而通过部署该方案中的半可信代理（例如云）。云被赋予一个转换密钥，如果用户的属性满足该密文，则该转换密钥有助于从原始密文构造出 EIGamal 密文。然后就可以在资源受限的移动设备上有效地解密此 EIGamal 密文。通过加密和解密外包得到的 ABE 方案通用群模型中被证明是安全的。

在国内，ABE 的研究也引起了许多学者的关注。2011 年，苏金树等人[98] 对基本 ABE 机制及其两种扩展进行研究和分析，深入剖析了其难点问题，并指出 ABE 未来需进一步研究的方向。2012 年，王鹏翮等人[99] 提出在 CP-ABE 基础上直接模式下支持完全细粒度属性撤销的方案。该方案能够对用户所拥有的支持任意数目的属性进行撤销，比以往的属性撤销方案粒度更细，因而在实际应用中对用户访问权限的管理更加灵活。李勇等人[100] 提出支持属性撤销的外包 CP-ABE 方案，将解密密钥分为两部分，其中一部分存放在用户端，另一部分存放在代理商端，例如云服务提供商。分开存放使得属性撤销操作不会对用户产生影响，并且由于云服务提供商参与了部分解密工作，所以降低了用户完成解密任务的计算工作量，从而减少用户和数据拥有者的计算开销和通信带宽。2015 年，为了解决 ABE 中属性的撤销问题，同时减少解密过程中用户的计算开销，马华等人[101] 提出了具有属性撤销和解密外包功能的属性基加密方案。该方案利用线性秘密共享技术实现了秘密的分割和重组，通过密钥加密树实现了密钥的更新。在解密过程中，通过将部分解密运算外包给解密服务器，减少了用户的计算开销。实验表明，该方案在密文更新和解密过程中所需时间开销得到很大程度的降低。2016 年，为降低 ABE 方案的计算开销，方雪峰等人[102] 提出一个可撤销用户的外包加解密 CP-ABE 方案，该方案将加解密过程中使用的复杂计算外包到云服务器中，以减低用户对加解密的计算工作量，利用中国剩余定理实现用户撤销和密文更新。此外，未被撤销的用户则不需要进行密钥更新。实验结果表明，该 CP-ABE 方案计算性能提升大约 28%，而且在通用群模型下是可证安全的。

2.4.2.3　HABE 阶段

金特里（Gentry）和史文博格（Silverberg）[103] 首先提出分层次的加密方案，之后又有许多学者提出了多种 HABE 方案并将 HABE 与云计算结合。随着大数据、云计算等技术的发展，海量数据的分权限访问越来越重要，迫切需要满足细粒度、抗碰撞和具有隐私保护的文件共享方式。以云存储中的个人健康记录（PHR）为例，病人数据的安全等级不同，各类医疗工作者的访问权限也会不同。假设病人的数据包括个人信息和病历医疗记录数据两部分，私人信息安全等级较高，一旦私人信息泄露有可能带来不可估量的后果，而医疗记录相对等级较低。数据属性之间存在的层次关系，导致对单一属性集的资源提出更高的访问控制需求。主治医生可以获取高安全等级密钥，从而可以同时解密病人私人信息和医疗记录数据，而医学研究者只能获得较低安全等级的密钥，因此只能解密医疗记录数据。2011 年，王（Wang）等人 [104] 通过将分层次的 IBE 与 CP-ABE 结合，提出一种分层次的 ABE 方案。但是该方案只是针对特殊应用场景调整了 ABE 方案，并没有对属性之间存在的逻辑关系进行讨论研究。2014 年，邓（Deng）等人 [105] 通过扩展 CP-ABE 提出可以为不同机构的用户进行密钥授权的 CP-HABE（Ciphertext-policy-hierarchical attribute-based encryption with short ciphertexts）方案，在 CP-HABE 方案中，属性存储在一个矩阵中，具有较高级别属性的用户可以将其访问权限委托给较低级别的用户，从而使得系统可以通过委托密钥来托管来自不同组织的大量用户。2015 年，阿沙玛（Alshaimaa）

等人[106]为解决手动分配用户角色和角色访问权限的问题，减少数据拥有者的在线计算负担，提出一个属性分层的基于角色的访问控制系统，用户角色分配可以利用用户属性和角色属性策略自动构造，解决了云存储系统的可扩展性及密钥管理问题。2016年，王（Wang）等人[107]提出一种云计算文件分层次ABE的有效方案，将分层访问结构集成到一个访问结构中，然后使用集成的访问结构对分层文件进行加密，与属性相关的密文组件可以由文件共享。因此，节省存储密文的资源，同时也减少了加密的时间开销。在上述方案中，父结点以自上而下的授权方式管理其子结点。密钥产生工作分发到不同的授权领域，降低了授权中心的负担。

从上述对ABE研究现状的分析，可以看出ABE面临的主要挑战是用户管理和数据时效性问题。从用户管理方面来说，当需要撤销用户的访问权限时，被撤销用户将会失去解密的能力，如主治医生和医学研究者角色的变更或发现某些可疑用户。而非撤销用户仍然具有合法解密能力。一般地，可以通过用户撤销、用户属性撤销及系统属性撤销三种方法来达到撤销用户权限的效果。用户撤销就是直接撤销该用户的所有权限；用户属性撤销是要保证被撤销用户失去了该属性对应的权限，而具有该属性的其余用户仍拥有此权限；系统属性撤销虽然执行起来简单，但是所有与该属性相关的用户都受影响。对不同系统，对用户管理权限的撤销方法不同。数据的时效性是数据的安全属性之一，数据时效性确保了数据的新鲜性。对于移动医疗环境来说，数据的及时准确必不可少，过期数据会造成医生的误诊甚至危及病人生命。所以，在访问控制方案设计过程中应该考虑数据的时效性问题，也可通过增加时间戳来保证数据的新鲜性。

2.4.3　ABE 访问控制研究现状

移动医疗环境中，移动终端存储资源、计算资源等资源受限，用 WBAN 收集的数据可以外包存储到第三方来节省本地存储和计算资源。近年来，越来越多的机构更愿意将个人健康记录外包于云存储以降低成本，其中谷歌和微软就提供个人健康记录服务，分别为 Google Health 和 Microsoft Health Vault。数据外包带来便利的同时，由于病人失去了对自身医疗数据的物理控制，这些包括病人敏感信息的数据完全暴露于第三方，存在许多安全隐患和隐私保护问题。

在云存储环境中，要求云服务提供商对外包数据内容和云用户负责，保证存储数据的安全性和数据访问的控制。解决此问题的一种方法是完全依赖云服务提供商，并且在外包服务器上执行访问控制。但是，这种方法必须保证云服务提供商完全可信，因为其具有对所有用户数据的完全控制权。另一种方法是通过密码体制来提供安全的数据访问服务。数据所有者在外包数据之前先对数据进行加密，并保留加密密钥，通过向授权用户分发密钥使得数据使用者能够对数据进行访问。这种方式实现了"点对点"安全并且数据内容对云服务提供商保密，在此，云服务提供商不完全可信。但是，云服务提供商依然管理加密数据，其访问控制的挑战性在于加强细粒度的访问授权策略，同时保证密钥管理及数据加密的低复杂性。因此，该情况下的研究重点在于同时达到细粒度且安全的数据访问控制，并且降低本地计算开销。

许多学者对云存储环境下的 ABE 从不同方面进行了研究。2011 年，胡珥（Hur）等人[108]提出一种基于 CP-ABE 的访问控制机制，以实现具有高效撤销的基于属性的访问控制策略。该方法基于 ABE 加密和每个属性组中的选择性密钥分配，加强了支持属性及用户撤销的访问控制策略，采用双加密机制实现了细粒度的访问控制。同年，周（Zhou）等人[109]将其 ABE 与移动云计算结合，提出基于隐藏策略的 ABE 方案，通过隐藏访问策略来保护接收者的隐私。通过逐步身份暴露的方法来解决基于 ABE 隐私政策的限制，逐步身份暴露的方法通过允许密文接收者使用其拥有的属性一个接一个地解密消息，接收者的信息逐渐被加密。如果接收者在这个过程中没有一个属性，那么其余的属性仍然是隐藏的。这种加密及访问方式，降低了数据存储在云服务提供商处的安全风险，同时减轻了本地的计算及存储负担。2013 年，李（Li）等人[110]针对个人健康记录数据存储于第三方，存在隐私暴露的风险、密钥管理的可伸缩性、灵活的访问控制以及有效的用户撤销等问题，提出一个以病人为中心的数据访问控制机制，利用 ABE 技术为病人个人健康记录文件进行加密。在多数据所有者场景中，将个人健康记录系统中的用户划分为多个安全域，大大降低了所有者和用户密钥管理的复杂性。利用多权限的 ABE，同时保证了病人数据的高度隐私。此外，该方案还支持动态修改访问策略和文件属性，支持紧急情况下高效的按需进行用户 / 属性撤销和断点访问。2015 年，梁（Liang）等人[111]提出一种新的 Proxy Reencryption 方案，该方案是将双系统加密技术与选择性证明技术相结合的 CP-ABPRE 算法，允许数据所有者指定存储于云的加密数据的访问权限，同时也不会向云服务器泄露数据。

2016 年，王光波等人为保护访问控制策略中的敏感信息，并且解决密钥托管问题，在文献 [112] 中对访问策略中的属性进行重新映射，实现了隐私保护。此外，在密钥生产算法中引入一个双方计算协议，用户生产部分密钥，授权中心生产另一部分密钥，进而解决密钥托管问题。2017 年，刘琴等人 [113] 将属性层次引入基于比较的加密中，同时结合广播密文策略的 CP-ABE，高效地实现了支持用户撤销的细粒度访问控制方案。但是，在以上方法中，医疗数据依然可以被属性满足策略的所有用户访问，如果希望用户只访问某些特定数据，这些方法无法实现，因为所有的数据都在密文中加密。另外，以上方法都没有对医疗数据分类，因此，所有的数据都处于相同的安全级别。

2.5　远程数据完整性验证

本节介绍云存储数据完整性研究、公共审计的研究内容和现状，并指出轻量的、支持隐私保护的数据审计是我们关注的主要内容之一。

2.5.1　云存储数据完整性验证研究现状

随着互联网、云计算等技术的快速发展，数据容量呈爆炸式增长，越来越多的企业和个人用户将复杂计算和海量数据外包存储到云服务器中，从而能够既享受高质量的云数据服务又节省用户自身软硬件的管理费用和本地能耗开销。同时，用户可以进一步将外包存储在云端的数据和运算与其他用户共享，以便完成高效协同任务。数据外包存储为用户带来便利的同时，由于用户数据远程存储在云端，因此用户失去了对数据的绝对控制，数据存储和共享将面临诸多安全挑战。

目前国内外著名企业和组织相继提出了各自的云存储服务，比如谷歌云存储服务、亚马逊云存储服务、Dropbox 云存储服务、Windows Azure 云存储服务以及 iCloud 云存储服务等。借助于云存储服务，用户可以将自己的数据远程存储到云端并实现多个用户对数据的共享。然而，现有的云存储服务提供的安全机制面临诸多安全挑战。近年来，云存储环境中的用户数据泄露事件时有发生，比如 2011 年 Gmail 邮箱的用户数据丢失事件、Dropbox 安全事件以及阿里云磁盘错误事件等。如何保证云存储系统的安全性，已经成为一个亟待解决的问题，其中数据的完整性和安全性是用户最关心的问题之一。数据审计是外包数据存储完整性验证的一个重要研究方向。

早期的云中数据完整性验证协议假设云存储服务器是半诚实的，用户可以合理地验证数据的完整性。关于云存储数据完整性验证已有研究，阿田纳斯（Ateniese）等人[114] 提出经典的数据持有性证明（Provable Data Possession，PDP）机制，该 PDP 基于 RSA 的同态验证标签技术，首先将文件划分为多个数据块，每个数据块都有其相对应的同态验证标签；然后，随机抽样一定数量的数据块，远程验证数据块的同态标签来公开进行数据完整性验证；最后根据"证据信息"的有效性来判断数据的完整性。该方案不支持动态数据验证，若云存储数据有删减或更新，则数据块的同态标签也需作出相应的更新。与此同时，朱尔斯（Juels）等人[115] 提出数据可恢复证明（Proofs of Retrievability，POR）机制，该 POR 利用加密技术对存储的数据块进行伪装，并将一定数量的"哨兵"（Sentinels）隐藏在存储数据块中，通过验证哨兵数据块的有效性来判断云存储数据的完整性。如果发现数据文件损坏，可以通过纠删码来恢复原始文件，增强数据容错能力，保证数据文件的可取回性。继 PDP 方案和 POR

方案的开创性成果之后，许多支持动态数据完整性验证的模型和协议被相继提出。

埃尔伟（Erway）等人[116]扩展了 PDP 方案，提出基于跳表（Skip List）的支持 PDP 全动态的数据完整性验证方案，该方案采用等级认证跳表结构维护数据块认证标签的位置信息，数据更新时对认证跳表也作出相应的更新，验证时需增加认证跳表结构的验证，从而确保数据块位置的正确性。但是该方案验证跳表结构认证路径长，而且需要较多的辅助信息，所需计算开销和通信开销较大。朱（Zhu）等人[117]提出采用索引哈希表（Index Hash Table）的动态数据完整性验证方案，验证过程中的计算开销和通信开销可以借助于分离结构，开销得到显著降低，同时也保证了验证结果的公正性。

上述数据完整性验证方案都是由数据拥有者自己来完成，然而在实际的云存储应用系统中，为保证验证结果的公正性，让云服务提供商（Cloud Server Provider, CSP）或数据提供者作为数据完整性验证结果的判定方都是不合适的。此外，需要数据提供者时刻保持在线状态以应对时有发生的数据完整性验证任务，也将产生不小的在线通信负载和计算开销。为解决这些问题，将数据审计任务委托给有能力的第三方审计员（TPA）的公共审计应运而生。文献 [118] 和文献 [119] 对现有云存储数据完整性验证方案进行分类，如图 2-10 所示。分类主要按照方案属性来完成，属性不仅描述了方案的功能，而且还给出了方案适用的特殊应用场景。本书主要关注数据审计方法的公共审计。

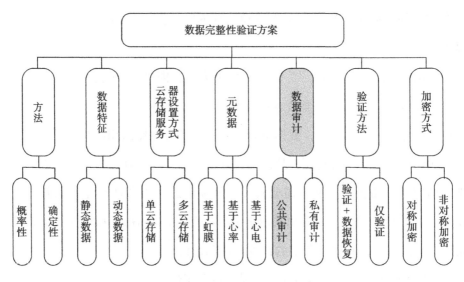

图 2-10　数据完整性验证方案分类

2.5.2　公共审计研究现状

目前可行的云存储数据审计方案中，公共审计（Public Auditor，PA）是一种应用广泛的数据完整性验证技术，它将审计任务委托给一个有能力的 TPA，TPA 被用户和云平台双方共同信任。虽然用户委托 TPA 进行数据完整性审计会产生额外的经济支出，但是公共审计可以完全消除用户因不定期进行数据审计而带来的存储、通信以及计算负荷，从而可降低用户的资源消耗。在移动医疗云存储 WBAN 环境下，数据拥有者作为云用户，其终端资源受限，远程数据完整性验证将引发较大的计算开销和网络通信开销，并且用户原始数据和数据完整性证据之间又存在某种对应关系，需进行隐私保护，因此支持隐私保护的公共审计从理论上比较适用于移动医疗云存储 WBAN 环境中的数据完整性验证。

从用户角度出发，不仅希望 TPA 帮助其进行数据完整性验证，同时还不愿意让 TPA 从审计过程中获得自己的隐私信息，所以，需设计具有隐私保护功能的数据完整性审计方案。2011 年，文献 [120] 首次在数据完整性审计中明确引入 TPA，该方案基于双线性映射，利用 Merkle 哈希树支持数据动态更新。数据块的哈希值存储到 Merkle 哈希树的叶子结点中，用哈希值替代数据块索引值来计算数据标签，使得数据块动态更新带来后续数据块索引号的变化不会导致数据标签的重新计算。2015 年，秦志光等人 [121] 提出云存储服务的动态数据完整性审计方案，该方案同样基于双线性映射技术，利用 Merkle 树的每个叶子结点对应多个审计数据块，降低 Merkle 树的高度，从而节省审计开销。然而，这些方案都是利用双线性映射来实现，而双线性运算往往基于椭圆曲线运算，包含复杂度较高的标量点乘和标量加法计算，因此基于双线性对运算的方案运行负载较高，严重制约了其在移动医疗环境中的应用。

虽然近年来基于云存储 POR 和 PDP 的研究不断深入，但是仍然存在许多实际应用问题。例如，用户需时刻保持在线以应对时有发生的数据完整性审计问题，这将产生不小的在线通信负载和计算开销；数据的隐私保护问题，TPA 可能经过多次审计之后，借助强大的计算设备来恢复用户的原始数据块。设计轻量而具有隐私保护的数据公共审计方案已有研究。王（Wang）等人 [122] 提出一种有效的共享数据公共审计方案，通过使用代理重签名方法，允许云服务器在用户撤销期间代表现有用户重新进行签名，避免了用户自行下载数据进行重签名的负担。文献 [123] 提出基于身份的云存储数据审计方案，消除了证书管理的负荷，方案有效而且灵活，根据用户授权，可以实现私人验证、委托验证和公开验证。然而，上述基于传统公钥密码体制的方案，存在证书管理和密钥托管问题。而且，在数据审计过程中没有对审计数据进行保护，经过多次审计挑战后，借助强大的计算设备可以恢复用户的原始数据块。

为保护公共审计过程中的用户隐私，文献 [124] 通过将基于公钥的同态线性认证和随机掩码相结合，在 CSP 证据生成时，对用户数据块进行盲化，利用随机掩码技术保护数据块内容，防止 TPA 通过多次挑战恢复出原始数据。郝（Hao）等人 [125] 在公共审计数据标签生成阶段为具有相同值的数据块附加大随机数来区分块，利用大整数分解难题来防止不可信云服务器破译数据。杨（Yang）等人 [126] 通过使用双线性对的双线性性，在审计证据生成时增加带有挑战戳的加密证明来保护用户隐私，并且挑战戳使得 TPA 无法对审计证据解密，但是可以验证审计证据的正确性。此外，随着可穿戴设备、智能移动设备以及一些不安全密码设备的应用，可能导致密钥泄露问题。2015 年，于（Yu）等人 [127] 首次提出能够抵抗密钥泄露的云存储数据审计方案，有效地解决了因用户私钥泄露而导致审计协议无法有效运行的问题。

上述公共审计方案虽然提供了隐私保护功能，但是开销较大，不适用于资源受限环境中。对外包数据的安全保护已经成为云计算中的一个非常具有挑战性和潜在的艰巨任务，许多研究人员使用远程数据审计（Remote Data Auditing，RDA）技术来实现云数据存储安全的公共审计。文献 [128] 对远程数据审计进行综述，按照安全需求、安全目标、审计模式、更新模式和性能指标等重要参数进行分类，如图 2-11 所示。RDA 的分类基于其重要参数，如安全需求、安全目标、审计模式、更新模式和性能指标等。安全需求属性是为提出一个安全的 RDA 方法而设置的属性，主要包括健壮性、公正性、数据可恢复性、可靠性、批量审核和数据隐私保护；安全目标属性指 RDA 方法能够确保哪种类型的安全组件，如完整性、机密性和隐私性；审计模式包括公共审计和私有审计，在公共审计模式中，外包数据的完整性是通过 TPA 来检查的，而在私有审计模式下，只能由数据所有者自己对数据进行审计；存储数据更新模式有静态模式、动态模式和半动态模式。RDA 的性能属性由一组重要的度量指标组成，包括计算成本、通信成本和存储成本，以及在设计 RDA 方法时需要优化的检测概率。

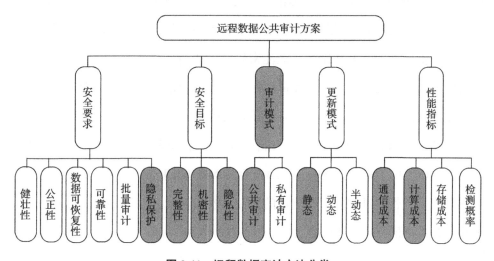

图 2-11 远程数据审计方法分类

除了上述提到的数据完整性验证方法以及分类属性之外，RDA 还应该支持可公开验证性、隐私保护性和数据的动态可验证性。此外，如果云存储服务器是不可信的，协议还应具有抵抗重放攻击、伪造攻击等功能。如何在不完全可信的云端借助 TPA 来实现云端数据的完整性验证具有重要的研究意义。本书主要关注的内容在图 2-11 中已有标记,除此之外,远程数据审计还应该确保存储的正确性等。

2.6　本章小结

本章首先介绍密码安全协议中的一些基础知识和基本工具,包括哈希函数、随机预言机模型、可证明安全理论、双线性对、Chebyshev 混沌映射以及复杂性困难问题假设、身份认证协议的 BAN 逻辑证明法以及模型检测法、网络安全等级保护概述等;其次阐述了混沌密码学,特别是 Chebyshev 混沌公钥密码的研究内容和进展,并将身份认证方案按照认证过程中使用的因子数进行分类,指出基于混沌映射的双因子身份认证是本书研究的主要内容之一;再次介绍了无证书签密机制和访问控制的研究内容和进展,指出基于无证书签密的访问控制是本书研究的主要内容之一,详细介绍了 ABE 访问控制内容;最后介绍了云存储数据完整性验证以及公共审计的研究内容和现状,指出支持隐私保护的公共审计是本书研究的主要内容之一。

第3章 身份认证研究

混沌理论为新形态的密码学技术注入了新的活力，混沌密码以常规密码学为基础，已被扩展应用到密码学的各个领域。移动医疗WBAN环境具有移动医疗的移动计算特点和医疗数据敏感的特点，同时WBAN中PAD终端存储资源和计算资源有限，因此传统身份认证模式不能直接应用到该环境中。

3.1 引言

身份认证技术能依据某种安全算法验证通信参与者的真实身份，是保障信息安全的重要机制，是实现信息系统机密性和完整性的重要手段。身份认证已经从单因素身份认证发展到多因素身份认证，从基于哈希函数的认证发展到基于复杂密码系统的认证。然而，在不同的应用环境中，针对不尽相同的参与实体，身份认证关系也会不同，并最终导致产生不同的安全和效率需求。移动医疗WBAN环境中用户身份认证可以通过传统公钥加密系统来实现，比如ECC算法、RSA算法等。但是基于ECC和RSA的算法需要复杂的密码学运算，而WBAN传感器和PDA存在特定资源和能力受限的自然约束，因此，开销较大的身份认证方案不能直接应用到移动医疗WBAN环境中。

近年来，混沌理论因其有效性、对初始条件的敏感性和参数不可预测性的优良属性被广泛应用到密码学研究中。与传统公钥密码系统相比，混沌密码系统既不需要模指数运算也无须寻求大素数，计算效率较高，因此，许多基于混沌映射的身份认证方案[129]被提出。Chebyshev混沌公钥密码也因其良好的单向性和半群属性被广泛应用到数字签名[130]、密钥协商[131]和身份认证等领域[132]。

2009年，滕森（Tseng）等人[133]提出第一个基于混沌映射的密钥协商协议（简称Tseng-Jan-Yang密钥协商协议），实现了用户和服务器之间无须验证表的匿名互认证，并在Petri网环境下对方案的安全性进行分析。2011年，牛（Niu）等人[134]发现滕森等人的方案不满足用户匿名性，不能抵抗内部人攻击和完美前向攻击，因此，对方案[78]进行改进并提出新的基于Chebyshev多项式的密钥协商协议。

随着基于智能卡双因子身份认证协议的深入研究，2013年，郭（Guo）等人[135]提出使用智能卡和密码的基于混沌映射的身份认证方案，分析表明，该方案具有较好的性能，能抵抗内部人攻击、重放攻击等，满足基本的安全需求，计算成本也较合理。同年，郝等人[136]指出，虽然郭等人的方案提高了安全性和效率，但是该方案不能保证用户的不可追踪性，同时还需要使用双密钥。为了提高效率、保护隐私，郝等人提出改进方案，并验证改进方案更适用于远程医疗信息系统中。同年，李（Lee）[137]发现郭等人的方案和郝等人的方案都存在恶意参与者可以预先确定会话密钥的缺点，即违背了密钥协商协议的均衡贡献属性（Contributory Property），使得恶意服务器可以控制会话密钥的值，从而使认证方案在实际应用（如电子商务交易）中失去公平性。为了解决这个问题，李使用混沌映射提出一个更安全更有效的基于智能卡的认证密钥协商方案（简称李认证和密钥协商方案）。此外，江（Jiang）等人[138]也指出郝等人方案不能抵抗丢失智能卡攻击，对其改进并提出新的基于混沌映射的身份认证方案。2014年，李等人[139]在李方案和江等人方案的基础上，避免了服务滥用攻击，提出一种新的基于智能卡和密码的混沌映射身份认证方案。同年，米拉什（Mishra）等人[140]在远程医疗信息系统环境中提出一种新的基于混沌映射的匿名身份认证方案（简称 Mishra-Srinivas-Mukhopadhyay 认证和密钥协商方案），该方案满足安全需求，在通信开销和计算开销方面也有一定的优势。此外，通过 BAN 逻辑也证明了米拉什等人方案的有效性。

在移动医疗 WBAN 环境中，刘等人[141,142]结合传统 PKI 和 IBC 的优点，提出一个无证书签名方案，并利用该签名方案分别设计了两种匿名身份认证方案。但研究发现，刘等人方案一[141]没有实现用户匿名性，因为传输信息中包含了身份信息常量值；刘等人方案二[142]容易遭受智能卡丢失攻击，因为每一应用程序提供者都保存验证表。此外，两个方案都需要双线性对运算，身份认证过程中，客户端必须先发送自己的账户信息给应用程序提供者，因此存在安全隐患且增加了存储和通信代价。2014年，赵（Zhao）等人[143]在医疗 WBAN 环境中提出使用 ECC 的基于身份的高效匿名认证方案，基于身份的认证方案解决了传统 PKI 中的证书管理问题。而且，该方案未使用复杂的双线性对操作，也不需要应用程序提供者保存验证表，所以减少了额外开销。但是该方案在注册阶段由网络管理器为客户端分发 n 个假名和对应的密钥，认证过程中用假名代替真实身份完成认证，假名的固定值使得攻击者可以根据它来对 WBAN 客户端进行追踪。

总而言之，基于混沌映射的身份认证方案具有开销低、安全等特点，而现有移动医疗 WBAN 环境中的身份认证方案又存在不足，所以，针对移动医疗 WBAN 环境中身份认证存在隐私保护缺陷和 PDA 资源受限的问题，提出基于混沌映射的匿名身份认证方案 CMBAAS（Chaotic Maps-Based Anonymous Authentication Scheme for Wireless Body Area Networks）[144]。

3.2　Tseng-Jan-Yang 密钥协商协议

Tseng-Jan-Yang 密钥协商协议改进了以往需要验证表来验证用户合法性的协议，由于验证表明显地增加了验证表被篡改的风险和管理验证表的成本，同时也容易遭受验证器被盗取的攻击，所以对其的改进很有必要。

3.2.1　协议设计

Tseng-Jan-Yang 密钥协商协议的具体构造如下：

Setup：服务器首先生成系统参数，包括私钥 K_S、Chebyshev 多项式、加密函数 $E(\cdot)$、解密函数 $D(\cdot)$ 和单向哈希函数 $H(\cdot)$ 等。

Registration：当用户 U 要与服务器 S 进行交互生成会话密钥时，U 必须先注册到服务器中，U可以通过如下步骤完成注册。用户U和服务器S的通信通过安全信道来进行。

Step R1：用户U的身份标识是ID_U，U随机选择口令PW，并通过安全信道向服务器S发送注册消息$\{\mathrm{ID}_U,H(\mathrm{PW})\}$。

Step R2：当收到注册消息$\{\mathrm{ID}_U,H(\mathrm{PW})\}$后，服务器$S$将$\mathrm{ID}_U$和$H(\mathrm{PW})$从左到右并置，作为待定消息，并且使用单向哈希函数$H(\cdot)$计算$H(\mathrm{ID}_U,H(\mathrm{PW}))$。然后服务器$S$计算注册消息Reg如下：

$$\mathrm{Reg} = H(\mathrm{ID}_U,H(\mathrm{PW})) \oplus H(K_S)$$

其中，K_S是服务器S的私钥，S将此注册消息通过安全信道传送给用户。

Step R3：用户U保密收到的注册消息Reg，完成注册。

图3-1所示是Tseng-Jan-Yang密钥协商协议在注册阶段的信息传输过程。

Key Agreement：用户U和服务器S通过如下步骤进行密钥协商，生成相应的会话密钥进行通信。

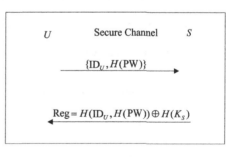

图 3-1 Tseng-Jan-Yang密钥协商协议的注册阶段

Step KA1：$U \rightarrow S:\{sn,R_U,C_1\}$

用户U首先选择三个随机数r_U,r,v，其中$r_U \in [-1,1]$是阶为r的Chebyshev多项式的种子x，v是不重数；然后，U计算$R_U = \mathrm{Reg} \oplus H(v)$和$K_U = H(\mathrm{ID}_U,H(\mathrm{PW})) \oplus H(v)$得到$(R_U,K_U)$对；再次，$U$使用自己的私钥$K_U$对$\mathrm{ID}_U,r_U$和$T_r(x)$进行加密，得到$C_1 = E_{K_U}(\mathrm{ID}_U,r_U,T_r(x))$；最后，$U$将$sn,R_U$和$C_1$发送给服务器，其中$sn$是会话编号。

Step KA2：$S \rightarrow U$: $\{ \text{sn}, \text{ID}_S, C_2, \text{AU}_S \}$

当接收到消息后，服务器 S 计算 $K_U = R_U \oplus H(K_S)$，并使用 K_U 从 C_1 中吸取出 ID_U, r_U 和 $T_r(x)$。服务器 S 首先检查 ID_U 的有效性，然后选择两个随机数 s 和 r_t，其中 s 是 Chebyshev 多项式的阶，r_t 是不重数。再次，S 计算 $C_2 = E_{K_U}(\text{ID}_S, r_t, T_s(x))$ 和 $\text{SK}_U = T_s(T_r(x)) = T_{rs}(x)$ 得到 (C_2, SK_U) 对；最后，S 计算认证值 $\text{AU}_S = H(\text{ID}_U, r_U, r_t, \text{SK}_U)$，并将 $\text{sn}, \text{ID}_S, C_2, \text{AU}_S$ 返回给用户 U。

Step KA3：$U \rightarrow S$: $\{ \text{sn}, \text{AU}_U \}$

当收到回复信息后，用户 U 使用 K_U 从 C_2 中吸取出 ID_S, r_t 和 $T_s(x)$ 的值。然后，U 计算 $\text{SK}_U = T_r(T_s(x)) = T_{rs}(x)$ 和 $\text{AU}_S' = H(\text{ID}_U, r_U, r_t, \text{SK}_U)$ 得到 $(\text{SK}_U, \text{AU}_S')$ 对。再次，U 验证 AU_S' 是否等于 AU_S，如果相等，服务器 S 的身份信息认证成功，U 计算 $\text{AU}_U = H(\text{ID}_S, r_U, r_t, \text{SK}_U)$。最后 U 发送 sn, AU_U 给服务器。

Step KA4：当收到消息 sn, AU_U 后，服务器计算 $\text{AU}_U' = H(\text{ID}_S, r_U, r_t, \text{SK}_U)$，然后验证 AU_U 和 AU_U' 是否相等。如果相等，用户 U 的身份信息被认证，否则，认证失败。

用户 U 和服务器 S 之间通过相互认证和密钥协商后，SK_U 作为共享会话密钥被使用。认证和密钥协商阶段的信息传输过程如图 3-2 所示。

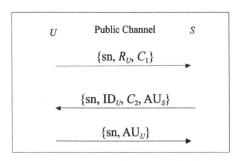

图 3-2 Tseng-Jan-Yang 密钥协商协议的认证阶段

3.2.2　安全分析与证明

下面分析 Tseng-Jan-Yang 密钥协商协议能抵抗重放攻击、伪造攻击和丢失验证表攻击，并且分析其满足的安全属性，如方案提供互认证功能、用户匿名性和已知密钥安全等。

3.2.2.1　抵抗重放攻击

假设攻击者 A 窃听到用户 U 发送的信息 $\{\text{sn}, R_U, C_1\}$ 和 $\{\text{sn}, \text{AU}_U\}$，并且在随后的会话中重放这些信息来登录系统。当服务器 S 接收到这些重放信息后，S 计算 $K_U = R_U \oplus H(K_S)$，并使用用户私钥 K_U 从 C_1 中提取出 ID_U, r_U 和 $T_r(x)$。服务器 S 首先检查用户身份信息 ID_U 的有效性，然后选择两个随机数 s^* 和 r_t^*，接着 S 计算 $C_2^* = E_{K_U}(\text{ID}_S, r_t^*, T_{s^*}(x))$ 和 $\text{SK}_U^* = T_{s^*}(T_r(x)) = T_{rs^*}(x)$ 得到 (C_2^*, SK_U^*) 对。最后，服务器计算认证值 $\text{AU}_S^* = H(\text{ID}_U, r_U, r_t^*, \text{SK}_U^*)$，并且发送 $\text{sn}, \text{ID}_S, C_2^*$ 和 AU_S^* 给攻击者 A。当攻击者 A 收到消息后，A 将 $\{\text{sn}, \text{AU}_U^*\}$ 传送给服务器 S。然而，攻击者 A 不能直接重放消息 AU_U，因为在 AU_U 中嵌套的随机数 r_t 和会话密钥 SK_U 和此次会话中的 r_t^* 和 SK_U^* 不相同。从在 Petri 网环境中的实验验证也能看出这一点。因此，攻击者 A 因为不知道 r_t^* 和 SK_U^* 的值而不能启动重放攻击。

3.2.2.2　抵抗伪造攻击

如果攻击者 A 想伪造用户 U，A 必须创建一个有效的认证信息 AU_U^*。假设攻击者 A 已经窃取了由用户 U 发送给服务器 S 的消息 $\{\text{sn}, R_U, C_1\}$，并且在随后的会话中使用此信息来登录系统。当服务器 S 接收到此登录消息后，S 计算 $K_U =$

$R_U \oplus H(K_S)$，并用 K_U 从 C_1 中吸取出 ID_U, r_U 和 $T_r(x)$ 的值。服务器 S 首先检查身份信息 ID_U 的有效性，然后选择两个随机数 s^* 和 r_t^*。接着 S 计算 $C_2^* = E_{K_U}(ID_S, r_t^*, T_{s'}(x))$ 和 $SK_U^* = T_{s'}(T_r(x)) = T_{rs'}(x)$ 从而得到 (C_2^*, SK_U^*) 对。最后，服务器 S 计算认证值 $AU_S^* = H(ID_U, r_U, r_t^*, SK_U^*)$，并且将 sn, ID_S, C_2^* 和 AU_S^* 返回给攻击者 A。然而，攻击者 A 无法计算正确的认证值 $AU_U^* = H(ID_S, r_U, r_t^*, SK_U^*)$，除非 A 能够获得 K_U 从而通过解密 C_1 得到 ID_U, r_U 和 $T_r(x)$ 的值、通用解密 C_2 得到 ID_S, r_t^* 和 $T_{s'}(x)$ 的值。基于计算离散对数问题（DLP）的困难性，要从 $T_r(x)$ 中计算出 r 在计算上是不可行的。从 Petri 网中的模拟也能得出，由于不知道 K_U 和 SK_U^* 的状态，所以攻击者 A 无法计算出有效的身份验证信息，因此无法发起伪造攻击。

3.2.2.3　抵抗窃取验证者攻击

窃取验证者攻击意味着攻击者从服务器窃取验证者口令，并且攻击者能够直接使用该口令来伪造成合法用户进行身份验证。在 Tseng-Jan-Yang 密钥协商方案中，由于服务器不需要任何验证表，所以可以抵抗窃取验证者攻击。

3.2.2.4　互认证性

会话密钥的安全性基于 DLP 问题和 DHP 问题的困难性，它们被认为在多项式时间内是不可解的。利用等式 $SK_U = T_r(T_s(x)) = T_{rs}(x) = T_s(T_r(x))$，建立服务器 S 和用户 U 之间的会话密钥。因此，服务器 S 和用户 U 可以在后续的通信中使用会话密钥 SK_U。

3.2.2.5　用户匿名性

即使攻击者 A 窃取了通信中传输的信息，但是 A 不能从加密信息 $C_1 = E_{K_U}(\mathrm{ID}_U, r_U, T_r(x))$ 中吸取出用户身份信息，因为 C_1 使用 K_U 进行了加密，而对攻击者 A 来说 K_U 是不可知的。此外，由于使用了不重数，所以每次会话提交给服务器 S 的消息都是不相同的。因此，攻击者 A 很难发现用户的身份信息 ID_U，显然，该协议可以提供用户匿名性。

3.2.2.6　已知密钥安全性

已知密钥安全性意味着对一个会话密钥的攻破不会导致其他密钥或会话密钥的进一步破坏。即使某一会话密钥 SK_U 暴露给攻击者 A，A 仍然不能根据此会话密钥派生出其他会话密钥，因为会话密钥是由随机数 r 和 s 生成的。因此，该协议可以提供已知密钥的安全性。

3.2.3　协议小结

将 Tseng-Jan-Yang 密钥协商协议和文献[145]、文献[146]进行性能比较，主要使用计算开销来度量评估密钥协商协议的性能。从比较结果看，三个协议的计算开销非常相似，不同之处在于：① Tseng-Jan-Yang 方案对服务器 S 和用户 U 都使用了较少的异或操作和哈希函数操作；②由于修正了其他两个文献的安全缺陷，所以 Tseng-Jan-Yang 密钥协商协议提供了用户匿名性。

总之，Tseng-Jan-Yang 提出的基于混沌映射的密钥协商协议不仅解决了现有混沌映射密钥协商协议的不足之处，而且旨在保护用户匿名性。Tseng-Jan-Yang 密钥协商协议的主要优点包括：① 实现了无验证表的服务器 S 和用户 U 之间的相互认证；② 允许用户 U 和服务器 S 进行匿名交互，并协商会话密钥；③服务器 S 和用户 U 可以协商生成会话密钥以进行后续通信。此外，在 Petri 网环境中对协议的安全性进行模拟和分析，结果表明，Tseng-Jan-Yang 密钥协商协议能够成功地抵抗重放攻击、伪造攻击和丢失验证表攻击等。

3.3　Lee 认证和密钥协商方案

远程医疗信息系统（Telecare Medicine Information Systems, TMIS）使病人在家中就可以和临床中心或家庭保健机构的医生进行远程沟通，提供一个安全、高效的信息交互平台，并且支持通过公共网络将远程医疗服务直接传送到病人家中。TMIS 中采用基于智能卡的认证和密钥协商方案，可以让病人、医生、护士以及健康访客使用智能卡安全登录医疗信息系统，从而使获得授权的用户通过公共网络有效地访问远程医疗信息系统提供的远程服务。分析已有方案，存在恶意参与者可以预先单独确定会话密钥的缺点，也即违反了密钥协商的贡献性属性，这个弱点可以使恶意服务器控制会话密钥的值，从而使得身份认证方案在许多现实生活应用（如电子商务）中失去公平性。李认证和密钥协商方案旨在解决密钥协商的贡献性属性，在 TMIS 环境中提出一种新的基于智能卡的认证和密钥协商方案，李方案增加了认证和密钥协商的安全性，并且提高了认证效率。

3.3.1　协议设计

李认证和密钥协商方案重新定义了会话密钥的格式，使得恶意参与者无法预先确定会话密钥的值。此外，李方案不需要对称加密/解密操作，计算成本较低。该方案由参数生成阶段、注册阶段、认证阶段和口令修改四个阶段构成，详细描述如下。

3.3.1.1　参数生成阶段（Parameter Generation Phase）

远程服务器 S 生成一随机数 mk 作为私钥，并且选择安全的对称加密/解密算法 $E_k(\cdot)/D_k(\cdot)$、单向哈希函数 $h(\cdot)$ 和 $H(\cdot)$。

3.3.1.2　注册阶段（Registration Phase）

用户 U 通过身份信息 ID 和口令 PW 注册到服务器 S，因此用户 U 成为合法用户，具体注册步骤如下：

Step R1：用户 U 选择自己的身份标识 ID、口令 PW 和一随机数 b，并且计算 $h(\mathrm{PW}\|b)$，然后 U 通过安全信道发送 ID 和 $h(\mathrm{PW}\|b)$ 给服务器 S。

Step R2：当接收到用户 U 发送的注册消息后，服务器 S 首先生成一个随机数 r，并且计算 $\mathrm{IM}_1=\mathrm{mk}\oplus r$、$\mathrm{IM}_2=h(\mathrm{mk}\|r)\oplus \mathrm{ID}$ 和 $D_1=h(\mathrm{ID}\|\mathrm{mk})\oplus h(\mathrm{PW}\|b)$。然后，$S$ 存储 $(\mathrm{IM}_1,\mathrm{IM}_2,D_1,h(\cdot))$ 到智能卡中，并且将智能卡通过安全通道发布给用户 U。

Step R3：当收到发布的智能卡后，用户 U 计算 $D_2=h(\mathrm{PW})\oplus b$，并且将 D_2 也存储到智能卡中，结束注册。

图 3-3 所示是李认证和密钥协商方案在注册阶段的信息传输过程。

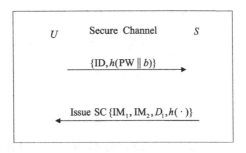

图 3-3　李认证和密钥协商方案的注册阶段

3.3.1.3　认证阶段（Authentication Phase）

在此阶段，用户 U 和服务器 S 通过执行下列步骤完成相互认证，认证和密钥协商阶段的信息传输过程如图 3-4 所示。

Step A1：用户 U 插入智能卡，输入口令 PW，计算 $b = h(\text{PW}) \oplus D_2$ 和 $K = D_1 \oplus h(\text{PW} \parallel b)$，选择随机数 u。然后，计算 $T_u(K)$ 和 $X_1 = h(K \parallel \text{IM}_1 \parallel \text{IM}_2 \parallel T_u(K) \parallel T_1)$，其中 T_1 是当前时间戳。最后，用户 U 发送请求 $M_1 = \{\text{IM}_1, \text{IM}_2, T_u(K), X_1, T_1\}$ 给服务器 S。

Step A2：收到用户 U 的请求信息 M_1 后，S 检查等式 $T_2 - T_1 \leqslant \Delta T$ 是否成立，其中 T_2 是当前时间戳。如果不成立，服务器 S 拒绝服务请求，并终止会话；否则，S 计算 $r' = \text{IM}_1 \oplus \text{mk}$、$\text{ID}' = \text{IM}_2 \oplus h(\text{mk} \parallel r')$ 和 $K' = h(\text{ID}' \parallel \text{mk})$，然后检查等式 $X_1 = h(K' \parallel \text{IM}_1 \parallel \text{IM}_2 \parallel T_u(K) \parallel T_1)$ 是否成立。如果不成立，服务器 S 拒绝服务请求，并终止会话；否则，S 生成随机数 r_{new} 和 v，计算 $\text{IM}_1^* = \text{mk} \oplus r_{\text{new}}$、$\text{IM}_2^* = h(\text{mk} \oplus r_{\text{new}}) \oplus \text{ID}'$、$T_v(K')$、$\text{sk} = H(T_u(K), T_v(K'), T_v(T_u(K)))$、$Y_1 = \text{IM}_1^* \oplus h(\text{sk} \parallel T_1)$、

$Y_2 = \mathrm{IM}_2^* \oplus h(\mathrm{sk} \parallel T_2)$ 和 $Y_3 = h(\mathrm{sk} \parallel \mathrm{IM}_1^* \parallel \mathrm{IM}_2^* \parallel T_v(K') \parallel T_2)$，并且 S 发送 $M_2 = \{Y_1, Y_2, Y_3, T_v(K'), T_2\}$ 给用户 U。

Step A3：当收到回复信息 M_2 后，用户 U 验证等式 $T'' - T_2' \leqslant \Delta T$ 是否成立，其中 T'' 是当前时间戳。如果不成立，用户 U 拒绝服务请求，并终止会话；否则，U 计算 $\mathrm{sk}' = H(T_u(K), T_v(K'), T_u(T_v(K')))$、$\mathrm{IM}_{1\,new}^* = Y_1 \oplus h(\mathrm{sk}' \parallel T_1)$、$\mathrm{IM}_{2\,new}^* = Y_2 \oplus h(\mathrm{sk}' \parallel T_2)$，然后验证等式 $Y_1 = h(\mathrm{sk}' \parallel \mathrm{IM}_{1\,new}^* \parallel \mathrm{M}_{2\,new}^* \parallel T_v(K') \parallel T_2)$ 是否成立。如果不成立，用户 U 仍然拒绝服务请求，终止会话；否则，U 用 $\mathrm{IM}_{1\,new}^*$ 替换 IM_1，用 $\mathrm{IM}_{2\,new}^*$ 替换 IM_2，以便下次登录使用。

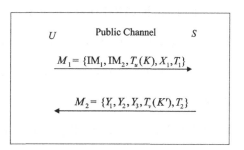

图 3-4　李认证和密钥协商方案的认证阶段

3.3.1.4　口令修改阶段（Password Change Phase）

Step P1：用户 U 将智能卡插入读卡器中，输入自己的原始口令 PW 和新口令 PW'。

Step P2：智能卡计算 $b = D_2 \oplus h(\mathrm{PW})$、$D'_1 = D_1 \oplus h(\mathrm{PW} \parallel b) \oplus h(\mathrm{PW}' \parallel b)$ 和 $D'_2 = h(\mathrm{PW}') \oplus b$。

Step P3：智能卡用 D'_1 替换 D_1，用 D'_2 替换 D_2，口令修改完毕。

3.3.2　安全分析与证明

下面分析李认证和密钥协商方案的安全性，主要包括方案可提供互认证性、会话密钥的安全性、用户匿名性以及密钥的共享属性，并且分析协议可抵抗特权内部人攻击、口令猜测攻击、伪造攻击、丢失验证表攻击、重放攻击以及中间人攻击。

3.3.2.1 互认证性

在 Lee 认证和密钥协商方案中，服务器 S 和用户 U 通过计算 $r' = \mathrm{IM}_1 \oplus \mathrm{mk}$、$\mathrm{ID}' = \mathrm{IM}_2 \oplus h(\mathrm{mk} \| r')$ 和 $K' = h(\mathrm{ID}' \| \mathrm{mk})$ 的值，并在 Step A2 中验证等式 $X_1 = h(K' \| \mathrm{IM}_1 \| \mathrm{IM}_2 \| T_u(K) \| T_1)$ 是否成立。此外，用户 U 通过计算 $\mathrm{sk}' = H(T_u(K), T_v(K'), T_u(T_v(K')))$、$\mathrm{IM}_{1\,\mathrm{new}}^* = Y_1 \oplus h(\mathrm{sk}' \| T_1)$ 和 $\mathrm{IM}_{2\,\mathrm{new}}^* = Y_2 \oplus h(\mathrm{sk}' \| T_2)$ 的值，并且验证等式 $Y_1 = h(\mathrm{sk}' \| \mathrm{IM}_{1\,\mathrm{new}}^* \| M_{2\,\mathrm{new}}^* \| T_v(K') \| T_2)$ 是否成立来对服务器 S 进行认证。所以，李方案提供互认证性。

3.3.2.2 会话密钥的安全性

给定 $T(\cdot)$、$T_u(K)$ 和 $T_v(K)$ 的值，并且有 $T_{uv}(K) = T_u(T_v(K)) = T_{vu}(K)$，如果不知道 u, v 和 K 的值，那么根据 DHP 困难问题，会话密钥 $\mathrm{sk} = H(T_u(K), T_v(K), T_{uv}(K))$ 的值无法计算得到。此外，给定 Y_1、Y_2、Y_3、IM_1^*、IM_2^*、$T_v(K)$、T_2 和哈希函数 $h(\cdot)$，因为哈希函数的单向性，sk 不能被计算得到。因此，会话密钥不能从公共网络中传输的信息推导出。

3.3.2.3 用户匿名性

在李认证和密钥协商方案中，消息 IM_2、X_1、M_1 和 K 中隐式地涉及用户身份信息 ID，其中 $\mathrm{IM}_2 = h(\mathrm{mk} \| r) \oplus \mathrm{ID}$、$X_1 = h(K' \| \mathrm{IM}_1 \| \mathrm{IM}_2 \| T_u(K) \| T_1)$、$M_1 =$

$\{IM_1, IM_2, T_u(K), X_1, T_1\}$ 和 $K = h(ID \parallel mk)$。因为 mk 是服务器 S 的主密钥，是保密值，而且随机数 r 使用 mk 来加密，所以攻击者无法从 IM_2 中获取到 ID。哈希函数的单向性也阻止了攻击者从 X_1 获取 ID。值得注意的是，消息 M_1 在每次执行中是独立且不相同的，因为 u 是随机选择的，而 T_1 是每次执行的时间戳，因此，李方案提供了用户匿名性。

3.3.2.4　密钥协商的贡献性

密钥协商的贡献性表现为：密钥协商中的组成员贡献各自的私钥信息，最终合作生成共享的组密钥。在组密钥生成之前，任何组成员都无法预先获知准确的组密钥值。李方案将会话密钥 sk 细化为 $H(T_u(K), T_v(K), T_w(K))$。然而，即使 S 可以使用文献[147]中描述的方法来获得 u^* 和 v^* 的值，使得 u^* 和 v^* 满足 $T_{u^*}(K) = T_u(K)$ 和 $T_{v^*}(T_u(K)) = T_{\bar{v}}(T_{\bar{u}}(K)) = T_{u_0 v_0}(K)$，其中 $T_{u_0 v_0}(K)$ 是以前的参数。S 仍然无法提前选择会话密钥，因为 sk 包含 $T_u(K)$，其中 u 是一个由用户 U 生成的随机数，并且是独立执行的。由于用户 U 和服务器 S 不能单独确定会话密钥，因此李方案满足密钥协商的贡献性属性。

3.3.2.5　抵抗特权内部人攻击

在注册阶段，用户 U 发送 $h(PW \parallel b)$ 而不是 PW 给服务器 S，在此，用户口令 PW 由随机数 b 进行保护，因此，服务器端的特权内部人不能直接获得口令 PW，因为口令隐藏在哈希函数 h 和随机数 b 中，这使得协议能够抵抗特权内部人攻击。

3.3.2.6 抵抗离线口令猜测攻击

李认证和密钥协商方案不能从泄露消息中验证口令的准确性，可能的泄露消息有 $M_1 = \{IM_1, IM_2, T_u(K), X_1, T_1\}$ 和 $M_2 = \{Y_1, Y_2, Y_3, T_v(K'), T_2\}$，其中 $IM_1 = mk \oplus r$、$IM_2 = h(mk \| r) \oplus ID$、$X_1 = h(K \| IM_1 \| IM_2 \| T_1)$、$K = h(ID \| mk)$、$Y_1 = IM_1^* \oplus h(sk \| T_1)$、$Y_2 = IM_2^* \oplus h(sk \| T_2)$、$Y_3 = h(sk \| IM_1^* \| IM_2^* \| T_v(K') \| T_2)$、$IM_1^* = mk \oplus r_{new}$、$IM_2^* = h(mk \| r_{new}) \oplus ID$ 和 $sk = H(T_u(K), T_v(K), T_u(T_v(K)))$。因此，离线口令猜测攻击对李方案无效。

3.3.2.7 抵抗在线口令猜测攻击

在李认证和密钥协商方案中，暴露的消息 $M_1 = \{IM_1, IM_2, T_u(K), X_1, T_1\}$ 和 $M_2 = \{Y_1, Y_2, Y_3, T_v(K'), T_2\}$ 中没有关于用户口令的信息。由于攻击者很难在在线事务中猜测口令，因此李方案能够抵抗无法检测到的在线口令猜测攻击。

3.3.2.8 抵抗丢失验证表攻击

在李认证和密钥协商方案中，服务器 S 必须维护自己的主密钥 mk，而不是用户 U 的验证表。因此，李方案可以抵抗丢失验证表攻击。

3.3.2.9 抵抗丢失智能卡攻击

攻击者窃取了用户智能卡 U 并且获得信息 $(IM_1, IM_2, D_1, D_2, h(\cdot), x)$，但是攻击者仍然无法计算 $b = h(PW) \oplus D_2$，$K = D_1 \oplus h(PW \| b)$ 和 $X_1 = h(K \| IM_1 \| IM_2 \| T_u(K) \| T_1)$ 的值，其中 T_1 是当前时间戳。攻击者在没有正确密码 PW 的情况下，

在 Step A1 认证阶段发送消息 $M_1 = (\mathrm{IM}_1, \mathrm{IM}_2, T_u(K), X_1, T_1)$。那么，在 Step A2 认证阶段就会检测到一个失败的登录，因此，在李认证和密钥协商方案将无法继续认证过程，即该方案可以抵抗丢失智能卡攻击。

3.3.3　协议小结

将李认证和密钥协商方案和其他几个相关方案进行性能比较，主要包括单向哈希函数的执行时间、对称加密/解密操作的执行时间、Chebyshev 混沌映射操作的执行时间、椭圆曲线标量点乘的执行时间等。比较结果分别从注册阶段、认证阶段以及口令修改阶段中函数操作的执行时间总和进行分析，结果表明李方案不仅比其他几个方案效率更高，而且还提供了更多的安全功能。

总之，李认证和密钥协商方案解决了已有方案存在的弱点，即违反了密钥协商的贡献性属性，贡献性属性的缺失使得恶意服务器能够预先确定会话密钥。李方案在远程医疗信息系统环境中，提出了一种使用智能卡的基于混沌映射的认证和密钥协商方案，该方案改进了会话密钥的生成过程，不需要对称的加密/解密操作，因此，恶意参与者无法预先确定会话密钥的值。与相关方案相比，李方案具有较低的计算成本，因此该方案更适用于终端资源有限的远程医疗信息系统中。

3.4 Mishra-Srinivas-Mukhopadhyay 认证和密钥协商方案

随着网络技术的不断发展进步，从技术上远程医疗信息系统（TMIS）为病人进行治疗和护理提供了新的途径。因为 TMIS 提供服务的过程是在公共网络中完成的，所以 TMIS 经常面临各种网络攻击。近年来，已有在 TMIS 环境中的基于混沌映射的身份认证方案，这些身份认证方案具有成本低、会话密钥一致等优点，通过抵抗各类攻击来增强系统的安全性。在 Mishra-Srinivas-Mukhopadhyay 认证和密钥协商方案中通过分析已有方案存在否定服务攻击，以及在口令修改阶段存储缺陷等问题，提出一种新的基于混沌映射的匿名身份认证方案。Mishra-Srinivas-Mukhopadhyay 认证和密钥协商方案能抵抗多种已知攻击，在通信开销和计算开销方面也具有一定优势，并且通过 BAN（Burrows, Abadi, and Needham）逻辑证明了方案的有效性。

3.4.1 协议设计

Mishra-Srinivas-Mukhopadhyay 方案包括四个阶段，分别是注册阶段、登录阶段、认证密钥协商阶段和口令修改阶段，各阶段详细描述如下。

3.4.1.1 注册阶段（Registration Phase）

用户 U 通过身份信息 ID 和口令 PW 注册到服务器 S，S 完成用户注册，并将有效的智能卡返回给用户，具体注册步骤如下：

Step R1：用户 U 选择自己的身份标识 ID、口令 PW 和一随机数 b，并且计算 $h(\text{ID}\parallel\text{PW})\oplus b$，然后 U 通过安全信道发送 ID 和 $h(\text{ID}\parallel\text{PW})\oplus b$ 给服务器 S。

Step R2：当接收到用户 U 发送的注册消息后，服务器 S 计算 $X_U=h(\text{ID}\parallel\text{mk})$ 和 $Y=X_U\oplus h(\text{ID}\parallel\text{PW})\oplus b$。然后，$S$ 存储 $(h(\cdot),x,T_{\text{mk}}(x),Y)$ 到智能卡中，并且将智能卡通过安全通道发布给用户 U。

Step R3：当收到服务器发布的智能卡后，用户 U 计算 $Y_U=Y\oplus b$，并且用 Y_U 替换 Y 的值，结束注册。

图 3-5 所示是 Mishra-Srinivas-Muk-hopadhyay 认证和密钥协商方案在注册阶段的信息传输过程。

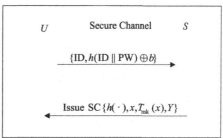

图 3-5　**Mishra-Srinivas-Mukhopadhyay 认证和密钥协商方案的注册阶段**

3.4.1.2　认证阶段（Authentication Phase）

持有有效智能卡的用户可以和服务器建立安全、授权的会话，在此过程中，用户 U 和服务器 S 首先进行相互认证，然后协商出会话密钥以便用户后续的数据传输。认证密钥协商阶段描述如下。

Step A1：用户 U 将智能卡插入读卡器中，然后输入身份标识 ID 和口令 PW。U 计算 $X_U=Y\oplus h(\text{ID}\parallel\text{PW})$，选择一随机数 u，并计算 $T_u(x)$，$\text{KA}=T_u(T_{\text{mk}}(x))$，$DID=\text{ID}\oplus h(\text{KA})$，$sk=h(\text{ID}\parallel X_U\parallel\text{KA}\parallel T_1)$ 和 $B_U=h(\text{ID}\parallel sk\parallel T_1\parallel T_u(x))$，其中 T_1 是当前时间戳。最后，用户 U 发送登录请求 $M_1=\{DID,T_u(x),B_U,T_1\}$ 给服务器 S。

Step A2：当在 T_2 时刻收到用户 U 的请求信息 M_1 后，S 检查等式 $T_2 -$ $T_1 \leqslant \Delta T$ 是否成立。如果不成立，说明消息传输过程中的时间延迟无效，服务器 S 拒绝服务请求，并终止会话；否则，S 计算 KA $= T_{mk}(T_u(x))$、ID $=$ $DID \oplus h(KA)$、$X_U = h(ID \| mk)$ 和 sk $= h(ID \| X_U \| KA \| T_1)$，然后 S 检查等式 $B_U = h(ID\|sk\|T_1\|T_u(x))$ 是否成立。如果不成立，服务器 S 拒绝服务请求，并终止会话；否则，S 计算 $B_S = h(ID \| sk \| T_1 \| T_3)$，其中 T_3 是当前时间戳。最后，S 发送反馈消息 $M_2 = \{B_S, T_3\}$ 给用户 U。

Step A3：当在 T_4 时刻收到回复信息 M_2 后，用户 U 验证等式 $T_4 - T_3 \leqslant \Delta T$ 是否成立。如果不成立，说明消息传输过程中的时间延迟无效，用户 U 拒绝服务请求，并终止会话；否则，U 验证等式 $B_S = h(ID \| sk \| T_1 \| T_3)$ 是否成立，如果成立，说明服务器 S 已经被认证，会话密钥 sk 已建立。

Mishra-Srinivas-Mukhopadhyay 方案认证和密钥协商阶段的信息传输过程如图 3-6 所示。

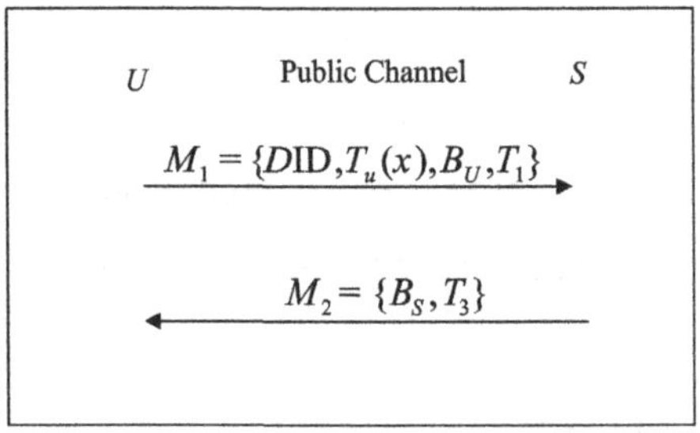

图 3-6　Mishra-Srinivas-Mukhopadhyay 认证和密钥协商方案的认证阶段

3.4.1.3　口令修改阶段（Password Change Phase）

持有有效智能卡的用户 U 可以通过如下步骤修改智能卡口令：

Step P1：用户 U 将智能卡插入读卡器中，输入自己的身份标识 ID 和原始口令 PW。

Step P2：为了验证输入信息的正确性，用户 U 和服务器 S 首先建立授权会话，建立步骤同在认证阶段讨论的那样，通过建立授权会话确保用户输入正确的身份标识 ID 和口令 PW。如果通过认证，则用户 U 输入新的密码 PW_{new}。

Step P3：智能卡计算 $Y_{new} = X_U \oplus h(ID \parallel PW_{new})$，并用 Y_{new} 替换 Y_U，口令修改完毕。

3.4.2 安全分析与证明

下面分析 Mishra-Srinivas-Mukhopadhyay 方案的安全属性，主要包括方案可提供互认证性、完美前向安全性、用户匿名性以及不可链接性，并且在用户和服务器之间建立一个安全通道。此外，Mishra-Srinivas-Mukhopadhyay 方案还能抵抗多种攻击，包括检测不到的在线口令猜测攻击、离线口令猜测攻击、特权内部人攻击、丢失验证表攻击、重放攻击、中间人攻击、用户伪造攻击以及服务器伪造攻击。

3.4.2.1 匿名性和不可链接性

登录请求信息 $M_1 = \{DID, T_u(x), B_U, T_1\}$ 包括动态身份标识 $DID = ID \oplus h(KA)$ 而不是用户身份标识 ID，其中 $KA = T_u(T_{mk}(x))$。因此，攻击者必须计算 KA 的值，从而从 DID 中恢复出 ID 的值。由于从 $T_u(x)$ 和 $T_{mk}(x)$ 中计算出 $KA = T_u(T_{mk}(x))$ 在计算上是不可行的，所以敌手无法从 DID 中恢复出 ID 的值。此外，每个会话输出的 KA 是不相同的，因为用户为每个会话随机选择 u。这也确保了不同的会话有不同的 DID。$B_U = h(ID \parallel sk \parallel T_1 \parallel T_u(x))$ 的值在每个会话中也是不相同的，因为它包含了 $T_u(x)$。因此，敌手不能在任意两个登录消息之间链接。换句话说，随机数 u 的选择保证了不可链接性。这也表明 Mishra-Srinivas-Mukho-padhyay 认证和密钥协商方案具有不可链接性和匿名性。

3.4.2.2　特权内部人攻击

在服务器系统中，恶意内部人可以试图获取用户的口令。然而，在 Mishra-Srinivas-Mukhopadhyay 认证和密钥协商方案中用户提交给服务器的不是用户原始口令 PW，用户用 $h(\mathrm{PW}\parallel b)$ 替代 PW 提交给服务器。因此，恶意内部人无法知道用户的原始口令 PW，因为哈希函数的单向性保证了无法从 $h(\mathrm{PW}\parallel b)$ 中恢复出 PW。此外，由于用户未向服务器提供 b 的值，所以攻击者也不能进行密码猜测攻击。

3.4.2.3　有效的口令更改阶段

智能卡首先与服务器建立一个授权会话，用以验证用户身份和口令的正确性。只有当用户输入正确的身份信息和口令时，才能建立起授权会话。一旦建立了会话，智能卡就会请求新的口令，并启动口令更改步骤。结果表明，该方案能有效地检测输入错误。

3.4.2.4　丢失智能卡攻击

当智能卡被敌手拿到后，敌手可以从智能卡中的信息检索出参数 Y_U，并尝试使用智能卡生成有效的登录消息。但是，要构造有效的登录消息 $M_1 = \{DID, T_u(x), B_U, T_1\}$，需要用户密钥 X_U 和身份信息 ID_U，并求出 $B_U = h(\mathrm{ID}\parallel sk\parallel T_1\parallel T_u(x))$，其中 $sk = h(\mathrm{ID}\parallel X_U\parallel \mathrm{KA}\parallel T_1)$。由于 X_U 被密码 PW_U 保

护，所以敌手无法获得X_U。这也表明敌手不能使用拿到的智能卡来生成有效的登录消息M_1。

3.4.2.5 离线口令猜测攻击

为验证猜测密码的条件$B_U = h(\text{ID}\|\text{sk}\|T_1\|T_u(x))$，其中$\text{sk} = h(\text{ID}\|X_U\|\text{KA}\|T_1)$，需要用户身份标识ID和$\text{KA} = T_u(T_{\text{mk}}(x))$。但是ID并没有像$DID = \text{ID}\oplus h(\text{KA})$那样存储在智能卡中并与传输的消息相关联，因此，对敌手来说要验证用户密码必须计算KA。而要从$T_u(x)$和$T_{\text{mk}}(x)$中计算出$\text{KA} = T_u(T_{\text{mk}}(x))$在计算上又是不可行的。所以，敌手试图这样做是不可行的。由此可见，Mishra-Srinivas-Mukhopadhyay方案能够抵抗离线口令猜测攻击。

3.4.2.6 重放攻击

重放攻击是认证过程中最常见的攻击，常用的对策是借助时间戳和随机数来预防。在Mishra-Srinivas-Mukhopadhyay方案中，传输的登录消息$M_1 = \{DID, T_u(x), B_U, T_1\}$包含时间戳，服务器的响应消息$M_2 = \{B_S, T_3\}$也包括时间戳。此外，如果想替换传输消息$M_1$和$M_2$中的时间戳，敌手必须分别计算并替换$B_U$和$B_S$的值。在计算$B_U$和$B_S$的值时，需要用户私钥$X_U$，然而用户私钥$X_U$已使用口令进行保护，因此无法计算得到。所以Mishra-Srinivas-Mukhopadhyay方案能够抵抗重放攻击。

3.4.2.7 用户伪造攻击

敌手可以伪造成合法用户登录到服务器，但是Mishra-Srinivas-Mukhopadhyay方案可以通过如下具体描述抵抗这种攻击：

（1）敌手可以尝试使用重放攻击登录服务器。从前面的分析我们已经知道 Mishra-Srinivas-Mukhopadhyay方案可以抵抗重放攻击。

（2）敌手可以尝试使用随机值 u_E 和当前时间戳 T_E 生成有效的登录消息 $M_1 = \{DID^*, T_{u_E}(x), B_U^*, T_E\}$，其中 $B_U^* = h(ID \| X_U \| T_E \| T_{u_E}(x))$。为计算 B_U^*，敌手需要 X_U 和 ID 的值。然而，在 Mishra-Srinivas-Mukhopadhyay方案中 X_U 和 ID 都受到保护，无法获得。

通过上述论证，可以看出 Mishra-Srinivas-Mukhopadhyay方案能够抵抗用户伪造攻击。

3.4.2.8　服务器伪造攻击

敌手可以伪装成服务器，并尝试用有效的消息来响应用户。当用户 U 发送登录请求消息 $M_1 = \{DID, T_u(x), B_U, T_1\}$ 给服务器 S 时，敌手可以拦截信息并尝试使用有效的消息进行响应。然而，敌手不能成功地冒充合法用户，详细描述如下：

（1）敌手可以尝试向用户重放之前发送的消息 $M_2 = \{B_S, T_3\}$。但是，时间戳机制使得这种尝试不可能成功。

（2）敌手可以尝试响应消息 $M_E = \{B_E, T_E\}$，其中 $B_E = h(ID \| sk \| T_1 \| T_E)$ 和 $sk = h(ID \| X_U \| KA \| T_E)$。要计算 B_E 的值，敌手必须计算 sk 的值，而计算 sk 的值又需要 ID 和 X_U 的值。然而，ID 和 X_U 的值在 Mishra-Srinivas-Mukhopadhyay方案中是受保护的，无法获得。

通过上述论证，可以看出 Mishra-Srinivas-Mukhopadhyay方案能够抵抗服务器伪造攻击。

3.4.2.9　抵抗中间人攻击

敌手可以试图与服务器和用户分别建立相对独立的链接。但是，要修改或重新生成登录和响应信息，需要用户身份信息和密钥信息，如抵抗重放攻击和抵抗伪造攻击中所讨论的那样，这两个值在 Mishra-Srinivas-Mukhopadhyay 认证和密钥协商方案中都受到保护。因此，Mishra-Srinivas-Mukhopadhyay 认证和密钥协商方案能够抵抗中间人攻击。

3.4.2.10　抵抗已知密钥攻击

由于会话密钥是用户长期密钥、随机值以及时间戳的哈希值输出，所以敌手无法从任何泄露的会话密钥中获得或猜测出任何秘密，即 $sk = h(\text{ID} \| X_U \| \text{KA} \| T_E)$。此外，会话密钥包括时间戳，这确保了每个会话密钥的唯一性。这些事实表明，对某一会话密钥的破坏不会导致其他会话密钥的破坏。

3.4.2.11　抵抗前向攻击

如果用户的长期密钥 X_U 被破坏，敌手可以尝试计算会话密钥 $sk = h(\text{ID} \| X_U \| \text{KA} \| T_E)$，计算 sk 需要先计算 KA 的值。然而，要从 $T_u(x)$ 和 $T_{mk}(x)$ 中计算出 $\text{KA} = T_u(T_{mk}(x))$ 的值在计算上又是不可行的。因此，Mishra-Srinivas-Mukhopadhyay 认证和密钥协商方案抵抗前向攻击。

3.4.2.12　提供密钥的新鲜性属性

每个会话密钥包括随机数和时间戳，并且每个会话的随机数和时间戳都是不同的。这些值的唯一性保证了每个会话密钥的唯一性，每个会话的独特密钥结构确保了密钥的新鲜性属性。

3.4.2.13　提供互认证功能

服务器通过判断等式 $B_U = h(\text{ID} \| \text{sk} \| T_1 \| T_u(x))$ 是否成立来认证用户，其中 $\text{sk} = h(\text{ID} \| X_U \| \text{KA} \| T_1)$。为计算 B_U 的值，需要先知道 ID 和 X_U 的值。用户验证服务器的真实性，验证条件为等式 $B_S = h(\text{ID} \| \text{sk} \| T_1 \| T_3)$ 是否成立，其中 $\text{sk} = h(\text{ID} \| X_U \| \text{KA} \| T_1)$。为计算 sk，同样需要 ID 的值和 X_U 的值。因为 ID 和 X_U 是秘密值，真实用户和真实服务器拥有相应的值，所以用户和服务器可以正确地验证彼此的真实性，即 Mishra-Srinivas-Mukhopadhyay 方案提供互认证功能。

3.4.3　基于 BAN 逻辑的证明

本节利用 BAN 逻辑对 Mishra-Srinivas-Mukhopadhyay 方案的认证过程进行形式化定义和证明，证明结果表明 Mishra-Srinivas-Mukhopadhyay 方案实现了预定的安全目标。

3.4.3.1　安全目标

根据 BAN 逻辑的分析步骤，给出 Mishra-Srinivas-Mukhopadhyay 方案在认证过程中需要满足的安全目标：

$G1.\ U| \equiv U \overset{\text{SK}}{\leftrightarrow} S,$

$G2.\ S| \equiv U \overset{\text{SK}}{\leftrightarrow} S。$

3.4.3.2　消息转换

将 Mishra-Srinivas-Mukhopadhyay 方案在认证过程中传送的消息用 BAN 逻辑形式化表示如下。

协议的一般形式：

$M1.\quad U \to S{:}DID, T_u(x), h(\text{ID} \parallel h(\text{ID} \parallel h(\text{ID} \parallel X_U \parallel \text{KA} \parallel T_1) \parallel T_1 \parallel T_u(x)), T_1,$

$M2.\quad S \to U{:}h(\text{ID} \parallel h(\text{ID} \parallel X_U \parallel \text{KA} \parallel T_1) \parallel T_1 \parallel T_3), T_3。$

协议的理想化形式：

$M1.\quad U \to S{:} < \text{ID}_U >_{T_s(T_{ak}(x))}, T_u(x), (\text{ID}, T_1, T_u(x))_{X_U}, T_1,$

$M2.\quad S \to U{:}(\text{ID}_U, T_1, T_3)_{X_U}, T_3。$

3.4.3.3　初始化假设

设定方案认证阶段的初始化假设：

$A1.\quad U| \equiv \#(T_1),$

$A2.\quad S| \equiv \#(T_3),$

$A3.\quad U| \equiv U \overset{X_U}{\leftrightarrow} S,$

$A4.\quad S| \equiv U \overset{X_U}{\leftrightarrow} S,$

$A5.\quad U| \equiv S| \equiv (U \overset{X_U}{\leftrightarrow} S),$

$A6.\quad S| \equiv U| \equiv (U \overset{X_U}{\leftrightarrow} S)。$

3.4.3.4 逻辑证明

根据上述假设和BAN逻辑消息规则，Mishra-Srinivas-Mukhopadhyay方案的详细证明过程如下：

$M1.$ $U \to S{:}DID, T_u\{x\}, h(ID\|h(ID\|h(ID\|X_U\|KA\|T_1)\|T_1\|T_u(x)), T_1,$

根据 $M1$ 可知，S 收到的消息 $M1$ 可表示为

$S1.$ $S \triangleleft (ID_U, T_u(x), T_1)_{X_v}, T_u(x), T_1$

根据假设 $A4$，应用消息意义规则，可推导出

$S2.$ $S| \equiv U|\sim T_1,$

根据假设 $A1$，应用新鲜性规则，可推导出

$S3.$ $S| \equiv \#(ID_U, T_u(x), T_1)_{X_v},$

根据 $S2$ 和 $S3$，应用随机数验证规则，可推导出

$S4.$ $S| \equiv U| \equiv (ID_U, T_u(x), T_1)_{X_v}$

根据假设 $A4$ 和 $S4$，应用管辖规则，可推导出

$S5.$ $S| \equiv T_1,$

根据 $sk = h(ID\|X_U\|T_u(T_{mk}(x))\|T_1)$、$S5$ 和 $A2$，可推导出

$S6.$ $S| \equiv (U \overset{SK}{\leftrightarrow} S)$，实现 $G2$，

根据消息 $M2$，可得到

$S7.$ $U \triangleleft (ID_U, T_1, T_3)_{X_v}, T_3,$

根据假设 $A3$，应用消息意义规则，可推导出

$S8.$ $U| \equiv S|\sim T_3,$

根据假设 $A2$，应用新鲜性规则，可推导出

*S*9. *U*| ≡ #(ID$_U$, T_1, T_3)$_{X_v}$，

根据 *S*8 和 *S*9，应用随机数验证规则，可推导出

*S*10. *U*| ≡ *S*| ≡ (ID$_U$, T_1, T_3)$_{X_v}$，

根据假设 *A*3 和 *S*10，应用管辖规则，可推导出

*S*11. *U*| ≡ T_3，

根据 sk = h(ID ‖ X_U ‖ T_u (T_{mk} (x)) ‖ T_1)、*S*11 和 *A*1，可推导出

*S*12. *U*| ≡ *U* $\overset{SK}{\leftrightarrow}$ *S*，实现 *G*1。

从逻辑证明过程可以看到，Mishra-Srinivas-Mukhopadhyay 方案分别在 *S*6 和 *S*12 达到预订的安全目标。所以，Mishra-Srinivas-Mukhopadhyay 方案的身份认证过程是安全的，同时提供了用户 *U* 和服务器 *S* 之间的互认证。

3.4.4　协议小结

一般来说，远程医疗信息系统（TMIS）用户端通常是低能耗的医疗设备，这些设备存储空间和计算能力有限，因此，在低能耗设备中，由于资源的限制，认证协议应该优先考虑效率。将 Mishra-Srinivas-Mukhopadhyay 认证和密钥协商方案与相关在 TMIS 环境中的身份认证方案进行比较，首先，进行效率分析，分别考虑对称加密/对称解密、哈希函数、模指数运算、Chebyshev 运算和椭圆曲线点乘运算，分析结果表明 Mishra-Srinivas-Mukhopadhyay 认证和密钥协商方案与其他相关方案具有可比性；其次，从安全性方面考虑，Mishra-Srinivas-Mukhopadhyay 认证和密钥协商方案满足理想的安全属性，而其他在 TMIS 环境

中的相关认证方案都不太理想。因此，Mishra-Srinivas-Mukhopadhyay 认证和密钥协商方案与其他方案相比，具有较高的安全性，而且效率更优。

3.5　基于混沌映射的匿名身份认证

我们针对移动医疗 WBAN 环境中用户身份认证存在隐私保护缺陷和 PDA 资源受限的问题，提出基于 CMBAAS。首先，对 CMBAAS 的系统模型和参与实体进行描述。采用基于智能卡的双因子认证模式，利用 Chebyshev 多项式的属性，实现客户端和应用程序提供者之间的互认证。CMBAAS 提供用户匿名性以保护用户隐私，并且可抵抗重放攻击、完美前向攻击、特权内部人攻击等多种攻击。身份认证前无须建立公钥密码系统，身份认证过程中，避免使用开销较大的密码学运算，节约身份认证成本。其次，分别从安全属性、安全性证明和 BAN 逻辑证明三个方面分析 CMBAAS 的安全性。最后，AVISPA 仿真实验和性能分析表明，与已有方案相比，CMBAAS 提供用户匿名性以保护用户隐私，满足更多的安全属性，而且所需计算开销更少，适用于移动医疗 WBAN 环境中。

3.5.1　CMBAAS 描述

本节介绍 CMBAAS 的系统模型，并对方案的具体实现细节和过程进行描述。

3.5.1.1　CMBAAS 系统模型

CMBAAS 包括三类参与实体：WBAN 客户端（Client）、网络管理器（Network Manager, NM）和应用程序提供者（Application Provider, AP），其系统模型如图 3-7 所示。身份认证在 WBAN 通信层次的第三层执行。

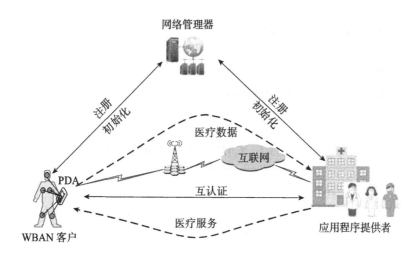

图 3-7　CMBAAS 的系统模型

（1）WBAN 客户端。

客户可以是一位病人，能够通过 WBAN 的 PDA 从应用程序提供者获得服务。客户需要注册到 NM 中，并且需预先加载公共参数。

（2）应用程序提供者。

应用程序提供者可能是一家医院、一个诊所或一名医生，为客户提供医疗服务。

（3）网络管理器。

网络管理器充当密钥生成中心，负责客户和应用程序提供者的注册和初始化。网络管理器不一定是可信第三方，因为它只对合法用户的部分私钥进行处理，而这部分私钥不足以使攻击者伪装成合法用户。在实际应用中网络管理器可能是一个商业组织，用于管理系统注册。

3.5.1.2　CMBAAS 描述

CMBAAS 由四个阶段组成，分别是初始化阶段、注册阶段、认证阶段和口令修改阶段。CMBAAS 中用到的符号及含义见表3-1。

表3-1　CMBAAS 中的符号说明

符号	含义
U	移动用户
ID	U 的身份标识
PW	U 的口令
AP	应用程序提供者
mk	用户和服务器的共享私钥
sk	U 和 AP 的会话密钥
SC	智能卡
U_A	U 的主密钥
ΔT	时间阈
$h(\cdot)$	安全单向哈希函数
$\oplus$	按位异或运算
$\parallel$	字符串连接运算
$T_k(x)$	参数 x 的 k 阶 Chebyshev 多项式

（1）初始化阶段（Initialization Phase）。

初始化阶段也称为参数生成阶段，由 NM 来执行。NM 首先创建系统参数，包括私钥 mk、随机数 $x \in (-\infty, +\infty)$ 和安全单向哈希函数 $h(\cdot)$ 等。

（2）注册阶段（Registration Phase）。

当 WBAN 客户端病人 U 要成为合法用户时，必须先注册到 NM 中，U 可以通过如下步骤完成注册。U 和 NM 的通信是通过安全信道进行的。

Step R1：U 选择身份标识 ID、口令 PW 和随机数 b，计算 $RPW = h(PW) \oplus b$，并通过安全信道向 NM 发送注册消息 $\{ID, RPW\}$。

Step R2：当收到注册消息 $\{ID, RPW\}$ 后，NM 首先检查 ID 的合法性。若该身份标识已经存在，NM 通知 U 重新选择身份标识 ID 的值。否则 NM 选择随机数 p，并计算 $X_U = h(ID\|mk)$ 和 $Y = X_U \oplus h(RPW)$，然后将参数 $\{X_U, Y, h(\cdot), x$ 存储到智能卡 SC 中，最后把智能卡 SC 发布给 U。

Step R3：U 收到智能卡 SC 后，将随机数 b 也存储到 SC 中，完成注册。

图 3-8 所示是 CMBAAS 注册阶段的信息传输过程。

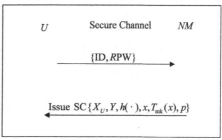

图 3-8 CMBAAS 的注册阶段

（3）认证阶段（Authentication Phase）。

当 U 需要 AP 为其提供服务时，假设 AP 为医生，U 为病人，U 需要 AP 为其进行病情诊断。U 和 AP 通过如下步骤进行相互认证，生成相应的会话密钥进行通信。

Step A1：U 选择随机数 u，并计算 $C_1 = T_u(x) \bmod p$，$KA = T_u(T_{mk}(x)) \bmod p$，

$X_U = Y \oplus h(RPW)$ 和 $DID = ID \oplus h(KA)$，然后创建信息 $M_{us} = h(ID\|DID\|X_U\|C_1\|KA)$，最后发送请求 $M_1 = \{C_1, DID, M_{us} \| T_1\}$ 给 AP，其中 T_1 是当前时间戳。

Step A2：收到请求 M_1 后，AP 检查等式 $T_2 - T_1 \leqslant \Delta T$ 是否成立，其中 T_2 是当前时间戳。如果不成立，终止会话；否则，计算 $KA' = T_{mk}(C_1) \bmod p$、$ID' = DID \oplus h(KA')$ 和 $X_U' = h(ID' \| mk)$，然后检查等式 $h(ID'\|DID\|X_U'\|C_1\|KA') = M_{us}$ 是否成立。如果不成立，终止会话；否则，AP 生成随机数 r，计算 $C_2 = T_r(x) \bmod p$ 和 $sk = T_r(C_1) \bmod p$，然后创建信息 $M_{su} = h(ID'\|C_2\|KA'\|sk)$。最后，AP 发送 $M_2 = \{C_2, M_{su} \| T_3\}$ 给 U，其中 T_3 是当前时间戳。

Step A3：当收到回复信息 M_2 后，U 验证等式 $T_4 - T_3 \leqslant \Delta T$ 是否成立，其中 T_4 是当前时间戳。如果不成立，终止会话。否则，U 计算 $sk' = T_u(C_2) \bmod p$，然后验证等式 $h(ID\|C_2\|KA\|sk') = M_{su}$ 是否成立。如果不成立，终止会话；否则，U 创建信息 $M_{sk} = h(KA\|sk')$。最后，U 发送 $M_3 = \{M_{sk}\}$ 给 AP。

Step A4：当 AP 收到信息 M_3 后，验证等式 $h(KA'\|sk) = M_{sk}$ 是否成立。如果成立，U 和 AP 的会话密钥 sk 建立；否则，互认证失败。

图 3-9 所示是 CMBAAS 认证阶段的信息传输过程。

（4）口令修改阶段（Password Change Phase）。

注册到 NM 中的用户可以通过如下步骤进行口令修改。

Step P1：U 输入自己的身份标识 ID 和口令 PW。

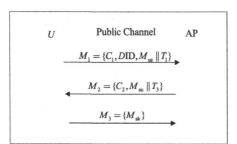

图 3-9 CMBAAS 的认证阶段

Step P2：U 和 NM 执行互认证步骤，如果认证成功，则说明 U 输入了正确的 ID 和原口令 PW，转到 Step P3。否则，口令修改阶段立刻终止。

Step P3：智能卡 SC 允许用户 U 输入新口令 PW_{new}，计算 $Y_{new} = X_U \oplus h(PW_{new})$，并用 Y_{new} 替换 Y，口令修改完毕。

3.5.2　CMBAAS安全性分析

下面从非形式化的安全属性分析、形式化的安全性证明和基于BAN逻辑的证明三个方面对CMBAAS的安全性进行分析。

3.5.2.1　安全性证明

在随机预言机模型中，基于阿伯戴拉（Abdalla）和旁特尚沃（Pointcheval）[148]的攻击定义，并结合文献[149]和文献[150]的安全模型，对CMBAAS进行安全性证明。

（1）参与成员。

认证协议的参与者要么是用户 $U = \{U_1, U_2, \cdots, U_i, \cdots, U_n\}$，要么是应用程序提供者AP。规定，在认证中用户 U 的第 i 个实例表示为 Π_U^i，AP的实例表示为 Π_{AP}。

（2）安全模型。

假设通信网络已经彻底被敌手 A 掌控，A 有能力窃取、阻塞、感染、移动和篡改公共信道中传输的任何信息，A 可以随意访问以下查询。

Execute（Π_U^i, Π_{AP}）：模拟被动攻击。输出用户 Π_U^i 和应用程序提供者 Π_{AP} 之间诚实交互的信息。

Send(Π_c^k, M)：模拟主动攻击。敌手A可以通过随机预言机Π_c^k发送信息M，其中$c \in (U, \text{AP})$，然后Π_c^k将使用CMBAAS得到的结果返回给敌手A。

Reveal(Π_c^k)：模拟滥用会话密钥。敌手A能从随机预言机模型Π_c^k中获得会话密钥。如果预言机Π_c^k已经被接受，那么将会话密钥返回给A。否则，Π_c^k将空值返回给A。

Corrupt(U)：模拟敌手A腐蚀协议参与者U。比如，A得到U的私钥。

Test(Π_c^k)：度量会话密钥sk的语法安全。为了对Test()查询进行应答，预言机Π_c^k选择一个随机数$b \in \{0, 1\}$。如果$b = 1$，那么Π_c^k将会话密钥sk返回。否则，返回随机值。敌手A至少会执行一个Test(Π_c^k)查询，并将结果返回给Π_c^k。

$h(m_i)$：敌手A对信息m_i进行$h(m_i)$查询时，Π_c^k返回随机数r_i，并将(m_i, r_i)添加到列表L_h中。列表初始为空。

（3）安全证明。

定理3-1　在随机预言机模型中，假设敌手A能以不可忽略的优势攻破CMBAAS，那么存在算法F可以利用A解决CMDHP问题。其中A对用户Π_U^i执行q_u次查询，对应用程序提供者Π_{AP}执行q_s次查询，对$h(\cdot)$执行q_h次查询。

证明　假定敌手A是与应用程序提供者AP进行通信的伪造用户，现构造算法F解决CMDHP问题。给定三元组$\{x, T_u(x) \bmod p, T_r(x) \bmod p\}$作为挑战实例，CMDHP的目标是计算$T_{ur}(x) \bmod p$，其中$u, r \in Z_N$。

算法F模拟初始化阶段和注册阶段，为敌手A生成参数$\{x, T_u(x) \bmod p, T_r(x) \bmod p\}$。$F$和$A$可以执行如下操作：

$h(\cdot)$查询：F维护列表L_h:(str_i, h_i)，当A在列表L_h上执行$h(\cdot)$询问时，F响应如下：

①如果 str_i 在列表 L_h 中存在，F 将 h_i 返回给 A。

②否则，F 选择满足 $(*, h_i) \notin L_h$ 条件的随机数 h_i，将 h_i 返回给 A，并将 (str_i, h_i) 添加到列表 L_h 中。

$\mathrm{Reveal}(\cdot)$ 查询：当敌手 A 执行 $\mathrm{Reveal}(\Pi_c^k)$ 询问时，F 响应如下：

①如果 Π_c^k 不被接受，F 返回空值给 A。

②否则，F 检查列表 L_h 并返回相应的 h_i 给 A。

$\mathrm{Send}(\cdot)$ 查询：当敌手 A 发起 $\mathrm{Send}(\Pi_c^k, \text{"start"})$ 询问时，F 响应如下：

①如果 $\Pi_c^u = \Pi_U^u$，F 执行 CMBAAS 规定的步骤。

②否则，F 生成一随机数 $\mathrm{mk}^* \in Z_N$，计算 $T_{\mathrm{mk}^*}(x)$，并用 $T_{\mathrm{mk}^*}(x)$ 替换 $T_{\mathrm{mk}}(x)$。A 使用 $T_{\mathrm{mk}^*}(x)$ 完成后面的认证步骤，最后 F 返回 $\{C_1, DID^*, M_{US^*}\}$ 消息。在此，A 无法获得用户身份标识 ID 和口令 PW，所以也无法区别消息 $\{C_1, DID^*, M_{US^*}\}$ 的正确性，所以算法 F 能够模拟成功。

当敌手 A 发起 $\mathrm{Send}(\Pi_c^k(C_1, DID^*, M_{us^*}))$ 查询时，F 响应如下：

①如果 $\Pi_c^u = \Pi_U^u$，F 终止游戏。

②否则，F 用 mk^* 计算 KA'、X' 和 ID'，验证等式 $h(\mathrm{ID}', DID^*, X_u', C_1, \mathrm{KA}') = M_{us^*}$ 是否成立。如果等式成立，F 计算 $C_2 = T_r(x) \bmod p$ 和 $\mathrm{sk} = T_r(T_u(x)) \bmod p$，根据 CMBAAS 将消息 $\{C_2, M_{us^*}\}$ 返回给 A。

当敌手 A 发起 $\mathrm{Send}(\Pi_c^u(C_2, M_{su^*}))$ 查询时，F 响应如下：

①如果 $\Pi_c^u = \Pi_U^u$，F 终止游戏。

②否则，F 计算 $\mathrm{sk}^* = T_r(T_u(x)) \bmod p$。

如果 A 能够成功伪造用户 U 与应用程序提供者 AP 进行互认证，则意味着 A 可以从三元组 $\{x, T_u(x) \bmod p, T_r(x) \bmod p\}$ 中求解出 sk=$T_r(T_u(x)) \bmod p$。所以，如果攻击者 A 完成与应用程序提供者的认证，那么 F 一定能以不可忽略的优势解决 CMDHP 问题。推出矛盾，即证。

3.5.2.2　非形式化安全属性分析

下面对 CMBAAS 的用户隐私保护状况进行分析，同时针对不同类型攻击，对 CMBAAS 的安全属性进行非形式化分析。

（1）用户匿名性。

用户匿名性指的是攻击者 A 不能从网络中传输的消息发现任何有关用户 U 的身份信息。假设攻击者 A 截获到 U 向应用程序提供者发送的登录请求 $M_1 = \{C_1, DID, M_{us}\|T_1\}$，登录请求包含动态 $DID = \text{ID} \oplus h(\text{KA})$ （KA $= T_u(T_{mk}(x)) \bmod p$），而不是用户的真实身份信息 ID，因此，如果攻击者 A 想获得 U 的身份信息 ID，A 必须计算 KA 的值，并从 DID 中推演出 ID。计算 KA 有两种可能的方法：①截获得到 $C_1=T_u(x) \bmod p$ 和 $T_{mk}(x) \bmod p$，但是根据 CMDHP 假设，无法直接从 $C_1=T_u(x) \bmod p$ 和 $T_{mk}(x) \bmod p$ 中计算出 KA。②截获得 $T_{mk}(x) \bmod p$，通过 u 和 $T_{mk}(x) \bmod p$ 计算出 KA 的值。但是攻击者 A 无法得到 u 的值，因为 u 是随机选择的，并且每次会话时都会更新，所以攻击者无法通过 i 次攻击解线性方程组的方式得到 u。此外，每次会话时 u 都会更新，致使 KA 也不同，所以 DID 以及登录请求 $M_1 = \{C_1, DID, M_{us}\|T_1\}$ 在每个会话中都是独立的、不相同的，无法通过已知信息破译出用户身份标识 ID。总之，攻击者 A 无法从截获的信息推导出用户的真实身份，CMBAAS 提供用户匿名性以保护用户隐私。

（2）抵抗重放攻击。

重放攻击指攻击者通过之前捕获的信息来欺骗系统进行登录，这些信息是在协议运行前或运行中被捕获的。在身份验证过程中，不管是 U 的请求信息 M_1，还是应用程序提供者的响应信息 M_2 都包含有时间戳，消息的有效性受到时间戳的保护。即使攻击者截获了传输的信息并伪装成合法用户，也可以通过检查时间戳的新鲜度来检测出异常情况，终止认证。因此，CMBAAS 可以抵抗重放攻击。

（3）抵抗完美前向攻击。

完美前向攻击是指即使应用程序提供者和 U 的长期私钥被公开，之前声明的会话密钥仍然是安全的。在 CMBAAS 中，即使当前会话密钥被破坏了，先前建立的会话密钥 $sk=T_u(T_r(x)) \bmod p$ 也是安全的，因为不同的会话有不同的随机数 u 和 r。此外，若想通过 $T_u(T_r(x)) \bmod p$ 和 $T_r(x) \bmod p$ 直接计算会话密钥 $sk=T_u(T_r(x)) \bmod p$，根据 CMDHP 假设又是不可行的。

（4）抵抗中间人攻击。

中间人攻击指的是攻击者将自己伪装成合法通信者，从而使另一个通信终端认为他们是通过秘密连接进行直接对话。在认证过程中传输的消息有 $M_1 = \{C_1, DID, M_{us}\|T_1\}$，$M_2 = \{C_2, M_{su}\|T_3\}$ 和 $M_3 = \{M_{sk}\}$，攻击者 A 想伪装成合法用户，就需知道 u, x, mk, RPW 这些变量的初始值。u 是随机数，靠随机猜测无法完成，如果想从截获的 $C_1=T_u(x) \bmod p$ 和 x 的值计算出 u 的值，根据 CMDLP 假设，在多项式时间内找到 u 是不可行的，所以无法获得 u。此外，M_{us} 中的 $X_U = Y \oplus h(PW)$ 与随机数 b、私钥 mk 和用户经过运算的口令 $RPW = h(PW) \oplus b$ 相关，攻击者 A 无法得到 X_U 的值。而且，A 也无法计算出 KA 的值，分析方法同用户匿

名性中无法计算出 KA 的值相同。总之，攻击者 A 不能将自己伪装成合法用户，即 CMBAAS 可抵制中间人攻击。

（5）抵抗特权内部人攻击。

特权内部人攻击指拥有特定权限人员误用或泄露用户隐私信息，从而使系统遭受伪装攻击。在 CMBAAS 的注册阶段，用户 U 发送 {ID, RPW} 到 NM 而不是原始口令 PW，在此 $RPW = h(PW) \oplus b$。由于哈希函数的单向性，特权内部人即使窃取到 RPW 的值也不能因此计算出用户的原始口令 PW。因此，NM 中的恶意特权内部人不能获取合法用户 U 的口令，CMBAAS 可抵抗特权内部人攻击。

（6）抵抗丢失智能卡攻击。

假设攻击者提取出合法用户智能卡中的信息 $\{X_u, y, h(\cdot), x, T_{mk}(x), p, b\}$，并猜测口令 RPW^*。但是，攻击者 A 无法获得传输信息 $M_1 = \{C_1, DID, M_{us} \| T_1\}$ 来验证 RPW^* 的正确性。因为在 M_1 中，$C_1 = T_u(x) \bmod p$、$DID = ID \oplus h(KA)$、$KA = T_u(T_{mk}(x)) \bmod p$，其中，$u$ 是为每个会话临时生成的随机数，而且不同的会话有不同的随机数。因此，CMBAAS 可以抵抗丢失智能卡攻击。

除了可以对用户身份信息进行隐私保护、抵抗多种攻击之外，CMBAAS 还提供了用户之间的互认证和会话密钥验证功能。

（7）互认证性。

互认证意味着用户 U 和应用程序提供者 AP 可以进行相互认证，在访问数据之前完成认证并生成会话密钥。在 CMBAAS 中，只有合法用户才能将认证请求 M_1 和 M_3 发送到应用程序提供者，只有被授权的应用程序提供者才能认证用户 U，并且将认证信息 M_2 反馈给用户。因此，CMBAAS 可以在 U 和应用程序提供者之间实现互认证。

（8）会话密钥验证。

在身份认证阶段的 Step A3 和 Step A4 中，用户 U 向应用程序提供者发送消息 $M_3=\{M_{sk}\}$，并且在应用程序提供者接收到 M_3 时，应用程序提供者验证等式 $h(KA'\|sk)=M_{sk}$ 是否成立。如果验证成功，那么会话密钥被建立并得到验证。因此，CMBAAS 实现了会话密钥验证功能。

3.5.2.3　基于 BAN 逻辑的证明

下面使用形式逻辑分析方法——BAN 逻辑法对 CMBAAS 的认证过程进行形式化证明。

（1）消息转换。

将 CMBAAS 认证过程中传送的消息用 BAN 逻辑形式化表示如下：

$M1$. $U \rightarrow AP : DID, \{X\}_u, h(DID, \{X\}_u, \{X\}_{u \cdot mk})$，

$M2$. $AP \rightarrow U : \{X\}_r, h(\{X\}_r, \{X\}_{mk \cdot u}, U \overset{sk}{\leftrightarrow} AP)$，

$M3$. $U \rightarrow AP : h(\{X\}_{u \cdot mk}, U \overset{sk}{\leftrightarrow} AP)$。

（2）安全目标。

给出 CMBAAS 在认证过程中需满足的安全目标。根据 BAN 逻辑的分析过程，CMBAAS 有如下四个安全目标：

$G1$. $U \models U \overset{sk}{\leftrightarrow} AP$，

$G2$. $AP \models U \overset{sk}{\leftrightarrow} AP$，

$G3$. $U \models AP \models U \overset{sk}{\leftrightarrow} AP$，

$G4.$ $\text{AP} |\equiv U |\equiv U \overset{sk}{\leftrightarrow} \text{AP}$。

（3）初始化假设。

设定 CMBAAS 在认证阶段的初始化假设：

$A1.$ $U |\equiv \#(u)$，

$A2.$ $\text{AP} |\equiv \#(r)$，

$A3.$ $U |\equiv U \overset{mk}{\leftrightarrow} \text{AP}$，

$A4.$ $\text{AP} |\equiv U \overset{mk}{\leftrightarrow} \text{AP}$，

$A5.$ $U |\equiv \text{AP} |\equiv U \overset{mk}{\leftrightarrow} \text{AP}$，

$A6.$ $\text{AP} |\equiv U |\equiv U \overset{mk}{\leftrightarrow} \text{AP}$，

$A7.$ $U |\equiv \text{AP} |\Rightarrow U \overset{sk}{\leftrightarrow} \text{AP}$，

$A8.$ $\text{AP} |\equiv U \overset{sk}{\leftrightarrow} \text{AP}$。

（4）逻辑证明。

根据上述假设和 BAN 逻辑消息规则，CMBAAS 的详细证明过程如下：

$M1.$ $U \rightarrow \text{AP} : DID, \{X\}_u, h(DID, \{X\}_u, \{X\}_{u \cdot mk})$，

根据 $M1$ 可知，AP 收到消息 $M1$ 可表示为

$S1.$ $\text{AP} \lhd DID, \{X\}_u, h(DID, \{X\}_u, \{X\}_{u \cdot mk})$，

根据 $A4$，$S1$，Rule 1 和 Rule 5，可推导出

$S2.$ $\text{AP} |\equiv U |\sim \{X\}_u$，

应用程序提供者计算会话密钥 $U \overset{sk}{\leftrightarrow} \text{AP} : \{X\}_{r \cdot u}$，

$M2.$ $\text{AP} \rightarrow U : \{X\}_r, h(\{X\}_r, \{X\}_{mk \cdot u}, U \overset{sk}{\leftrightarrow} \text{AP})$，

根据 $M2$ 可知，U 收到消息 $M2$ 可表示为

$S3.$ $\mathrm{AP} \triangleleft h\left(\{X\}_r, \{X\}_{\mathrm{mk} \cdot u}, U \overset{\mathrm{sk}}{\leftrightarrow} \mathrm{AP}\right), \{X\}_r,$

根据 $A3$，Rule 1 和 Rule 5 可推导出

$S4.$ $U|{\equiv}\mathrm{AP}|{\sim}\left(\{X\}_r, \{X\}_{\mathrm{mk} \cdot u}, U \overset{\mathrm{sk}}{\leftrightarrow} \mathrm{AP}\right),$

根据 $A1$，$S4$ 和 Rule 2 可推导出

$S5.$ $U|{\equiv}\mathrm{AP}|{\equiv}\left(\{X\}_r, \{X\}_{\mathrm{mk} \cdot u}, U \overset{\mathrm{sk}}{\leftrightarrow} \mathrm{AP}\right),$

根据 $S5$ 和 Rule 5 可推导出

$S6.$ $U|{\equiv}\mathrm{AP}|{\equiv}\left(U \overset{\mathrm{sk}}{\leftrightarrow} \mathrm{AP}\right)$，实现 $G3$，

根据 $A7$，$S5$ 和 Rule 3 可推导出

$S7.$ $U|{\equiv}\left(U \overset{\mathrm{sk}}{\leftrightarrow} \mathrm{AP}\right)$，实现 $G1$，

$M3.$ $U \rightarrow \mathrm{AP} : h\left(\{X\}_{u \cdot \mathrm{mk}}, U \overset{\mathrm{sk}}{\leftrightarrow} \mathrm{AP}\right),$

根据 $M3$ 可知，AP 收到消息 $M3$ 可表示为

$S8.$ $\mathrm{AP} \triangleleft h\left(\{X\}_{u \cdot \mathrm{mk}}, U \overset{\mathrm{sk}}{\leftrightarrow} \mathrm{AP}\right)$

根据 $A1$ 和 Rule 4 可推导出

$S9.$ $\mathrm{AP}|{\equiv}\#\left(U \overset{\mathrm{sk}}{\leftrightarrow} \mathrm{AP}\right),$

根据 $A8$，Rule 1 和 Rule5 可推导出

$S10.$ $\mathrm{AP}|{\equiv}U|{\sim}\left(U \overset{\mathrm{sk}}{\leftrightarrow} \mathrm{AP}\right),$

根据 $S9$，$S10$ 和 Rule 2 可推导出

$S11.$ $\mathrm{AP}|{\equiv}U|{\equiv}\left(U \overset{\mathrm{sk}}{\leftrightarrow} \mathrm{AP}\right)$，实现 $G4$。

从逻辑证明过程可以看到，CMBAAS 分别在 $S7$、$A8$、$S6$ 和 $S11$ 达到预定的安全目标。所以，CMBAAS 的身份认证过程是安全的，同时提供了 U 和应用程序提供者之间的互认证。

3.5.3　CMBAAS 性能分析

本节对 CMBAAS 进行 AVISPA 仿真实验，并与同类方案进行性能对比。

3.5.3.1　用 AVISPA 仿真实验

本小节采用 AVISPA（Automated Validation of Internet Security Protocol and Application）工具对 CMBAAS 进行仿真实验。AVISPA 提供的后端分析工具有基于 IF 语言的 OFMC（On-the-Fly Model-Checker）模型检测器、基于 CL 逻辑的 CL-AtSe（Constraint-Logic-based Attack Searcher）攻击扫描器等四种。四种后端分析工具的侧重点不同，下面主要采用 OFMC 和 CL-AtSe 后端分析工具对方案进行检测。

首先，用 HLPSL 语言对 CMBAAS 的用户 U 和应用程序提供者应用程序提供者进行角色规范，图 3-10 所示为用户 U 的 HLPSL 角色规范。U 向应用程序提供者发出消息 $M_1=\{C_1, DID, M_{us}||T_1\}$，等待应用程序提供者发回确认信息 $M_2=\{C_2, M_{us}||T_3\}$，U 根据 M_2 确认应用程序提供者是否通过认证，若通过验证，再将消息 $M_3=\{M_{sk}\}$ 发送给应用程序提供者。

```
role user_U (U, AP: agent,
                    H,T: hash_func,
                    MK: symmetric_key,
                    Snd, Rcv: channel(dy) )
played_by U
def=
     local State: nat,
     RPW, PW, MK, B, X, Xu,Yu,ID,C1,KA,DID,C2,SK: text
     MuAP, M1, MAPu, M2, Msk, M3: message
     const U_AP_t1, AP_U_t3,
     subs1,subs2,subs3: protocol_id
init State := 0
transition
1. State = 0 ∧ Rcv(start) =|>
   State' :=1 ∧ B':=new()
                     ∧ X':=new()
                     ∧ RPW':=xor(H(PW), B')
                     ∧ snd(ID, RPW')
                     ∧ secret({PW, B}, subs1, U)
                     ∧ secret(MK, subs2, AP)
                     ∧ secret(ID, subs3, {U,AP})
2. State =1 ∧ Rcv(H({ID}_MK).
                  xor(xor(H({ID}_MK,H(RPW)), B').
                  X'. T(MK, X'). P)=|>
   State' := 2∧ T1':=new()
                     ∧ U':=new()
                     ∧ C1':=T(U',X)
                     ∧ KA':=T(U',T(MK,X))
                     ∧ Xu':=xor(Y,H(RPW))
                     ∧ DID':=xor(ID,H(KA'))
                     ∧ snd(C1', DID',H(ID, DID', Xu', C1', KA'))
                     ∧ witness(U,AP,U_AP_t1, T1')
                     ∧ witness(U,AP,U_AP_u, U')
3. State = 2 ∧ Rcv(T(R,X). H(ID, T(R,X)). T(MK,T(U,X)))
        =|>
   State' := 3∧ request(AP,U,AP_U_t3, T3')
                ∧ request(AP,U,AP_U_R, R')
                ∧ snd(H(KA',T(U',T(R',X)))
end role
```

图 3-10　CMBAAS 中用户 *U* 的角色规范

图 3-11 所示为应用程序提供者的 HLPSL 角色规范说明。应用程序提供者收到 U 的登录请求消息 $\{C_1, DID, M_{us}||T_1\}$ 后，进入认证阶段。

```
role server_AP (U, AP: agent,
                    H,T: hash_func,
                    MK: symmetric_key,
                    Snd, Rcv: channel(dy) )
played_by AP
def=
    local State: nat,
    RPW, PW, MK, B, X, Xu,Yu,ID,C1,KA,DID,C2,SK:  text
    MuAP, M1, MAPu, M2, Msk: message
    const U_AP_t1, AP_U_t3,
    subs1,subs2,subs3: protocol_id
init State := 0
transition
1. State =0 ∧ Rcv(ID. xor(H(PW),B)) =|>
  State' :=1 ∧ secret(MK, subs2, AP)
            ∧ secret(ID, subs3,{U, AP})
            ∧ P':=new()
            ∧ snd(H({ID}_MK). xor(H({ID}_MK,H(PW)).
              X. T(MK, X). P)=|>
2. State = 1∧ Rcv(T(U,X). xor(ID,H(T(U,T(MK,X)))).
              H(ID, xor(ID,H(T(U,T(MK,X)))). xor(Y,H(RPW)).
              T(U,X). T(U,T(MK,X))) =|>
  State' := 2∧ R':=new()
            ∧ C2':=T(R',X)
            ∧ SK:=T(R', T(U,X))
            ∧ snd(C2'. H(ID, T(R',X)), T(MK,T(U,X)), T(R,T(U,X)))
            ∧ witness(U,AP, AP-U_t3, T3')
            ∧ witness(U,AP, AP-U_R, R')
end role
```

图 3-11　CMBAAS 中应用程序提供者的角色规范

图 3-12 和图 3-13 是采用 AVISPA 后端分析工具对 CMBAAS 方案的分析测试结果。

```
%OFMC
%Version of 2006/02/13
SUMMARY
 SAFE
DETAILS
 BOUNDED_NUMBER_OF_SESSIONS
PROTOCOL
 /home/span/span/testsuite/results/auth.if
GOAL
 as_specified
BACKEND
 OFMC
COMMENTS
STATISTICS
 parseTime: 0.00s
 searchTime:0.52s
 visitedNodes: 64nodes
 depth: 4 plies
```

图 3-12　CMBAAS 的 OFMC 分析结果

```
SUMMARY
 SAFE
DETAILS
BOUNDED_NUMBER_OF_SESSIONS
TYPED_MODEL
PROTOCOL
 /home/span/span/testsuite/results/auth.if
GOAL
 as_specified
BACKEND
 CL_AtSe
STATISTICS
 Analysed: 55 states
 Reachable: 17 states
 Translation: 0.43 seconds
 Computation: 0.00 seconds
```

图 3-13　CMBAAS 的 CL-AtSe 分析结果

在 OFMC 和 CL-AtSe 后端的仿真（实验硬件环境：Intel(R) core（TM）Duo CPU E7500@2.93GHz, RAN 2.0GB）分析结果表明，CMBAAS 的检测结果均为"安全"，可完全抵抗主动和被动攻击，实现了预定的安全目标。

3.5.3.2　Chebyshev 多项式的实现

CMBAAS 软件实现的核心是解决 Chebyshev 多项式 $T_s(x)$ 的快速计算问题。如果直接使用 Chebyshev 多项式的定义或递归数列计算，那么需要计算 n 次，而且多项式阶数 n 非常高时误差将会很大，计算量也会随之增加，计算效率很低。CMBAAS 利用 Chebyshev 多项式的半群属性采用如下快速计算方法。

设 Chebyshev 多项式的阶数为 s，那么 s 可分解为

$$s = \underbrace{s_1 \cdots s_1}_{k_1} \underbrace{s_2 \cdots s_2}_{k_2} \cdots \underbrace{s_i \cdots s_i}_{k_i} = s_1^{k_1} s_2^{k_2} \cdots s_i^{k_i} \tag{3-1}$$

根据 Chebyshev 多项式的半群属性，可以得到 $T_s(x)$ 的计算为

$$T_s(x) = \underbrace{T_{s_1}(\cdots T_{s_1}}_{k_1} \cdots \underbrace{T_{s_i}(\cdots T_{s_i}}_{k_i}(x))) = T_{s_1}^{k_1}(T_{s_2}^{k_2}(\cdots(T_{s_i}^{k_i}(x)))) \tag{3-2}$$

因此，计算 $T_s(x)$ 只需要迭代 $(s_1-1) \times k_1 + (s_2-1) \times k_2 + \cdots + (s_i-1) \times k_i$ 次 Chebyshev 映射，远远小于 Chebyshev 多项式的阶数 s，并且当 s 的分解因子越大，其计算效率会越高。例如：若 $s = 2^5 \times 3^3 \times 11 = 9504$，则只需要迭代 $(2-1) \times 5 + (3-1) \times 3 + (11-1) \times 1 = 21$ 次。

利用现有的高精度库可以解决有限精度算法中数值算法分解的正确性，在 CMBAAS 的实际应用环境中，协议的安全性并不完全依赖于高阶多项式数

学难题，因此，协议设计中可以不使用超大数 u 和 r，同样能够实现协议的安全性。

3.5.3.3　CMBAAS 性能对比

（1）与使用智能卡基于混沌映射身份认证方案的对比。

将 CMBAAS 与典型的基于混沌映射身份认证方案进行对比，见表 3-2。

对比结果表明，从功能方面来说 CMBAAS 方案支持所有功能，可以抵抗多种安全威胁，且能提供有效的口令修改功能。从性能方面看，在认证阶段，CMBAAS 方案使用 Chebyshev 混沌映射的数量和江等人方案相等，但是 CMBAAS 方案不需要加减密操作。CMBAAS 方案比李等人方案多使用一个 Chebyshev 多项式运算，但保证了通信双方的互认证，安全性更高。而且 CMBAAS 方案支持会话密钥验证和有效的口令修改功能，而方案 [136-139] 不能提供有效的口令修改功能，它们在口令修改阶段采用插入智能卡，然后进行口令修改的步骤，这样存在口令被恶意修改的可能。CMBAAS 方案和米拉什等人方案的口令修改采用先认证后修改的步骤，所以保证了口令修改是由合法用户来完成。此外，其他几个方案缺少会话密钥验证功能。从密码学方案设计以安全性为第一前提的角度出发，CMBAAS 方案满足表中所有功能，可以达到理想的安全要求，在性能方面具有一定优势。

（2）与移动医疗 WBAN 环境中的身份认证方案进行对比。

将 CMBAAS 方案与其他三个移动医疗 WBAN 环境中的身份认证方案进行对比，见表 3-3，刘等人方案一在信息传输过程中包含身份信息常量值，所以身份认证过程中无法提供用户匿名性。CMBAAS 方案不仅满足了刘等人方案和

表 3-2　CMBAAS 方案与基于混沌映射身份认证方案之间的性能对比

阶段 / 方案		CMBAAS[144]	郭等人方案[135]	郝等人方案[136]	李方案[137]	江等人方案[138]	李等人方案[139]	米拉什等人方案[140]
注册阶段	U	$1H$	$1H$	$1H$	$1H$	$1H$	$2H$	$1H$
	AP	$1H+1T$	$1H+1T$	$1H+1S$	$2H$	$1T+1S$	$3H$	$2H+1T$
认证阶段	U	$4H+3T$	$3H+2T+2S$	$3H+2T+2S$	$7H+2T$	$2H+3T+1S$	$8H+2T$	$5H+1T$
	AP	$4H+3T$	$2H+3T+3S$	$2H+3T+3S$	$8H+2T$	$1H+3T+2S$	$9H+2T$	$5H+1T$
用户匿名性		√	✗	√	√	√	√	√
抵抗重放攻击		√	√	√	√	√	√	√
抵抗完美前向攻击		√	√	✗	✗	√	√	√
抵抗中间人攻击		√	√	√	√	√	√	√
抵抗特权内部人攻击		√	√	√	√	√	√	√
抵抗丢失智能卡攻击		√	√	√	√	√	√	√
互认证性		√	✗	✗	✗	✗	✗	✗
会话密钥认证		√	✗	✗	✗	✗	✗	✗
有效的口令修改功能		√	✗	✗	✗	✗	✗	√

注："√"表示具有这种安全属性；"✗"表示不具有这种安全属性；"H"表示 1 次哈希运算的时间，"S"表示 1 次加密 / 解密运算的时间，"T"表示 1 次 Chebyshev 多项式运算的时间。

Zhao 等人方案的现有安全属性，而且还可以提供会话密钥认证和有效的口令修改功能。

表 3-3　CMBAAS 方案与 WBAN 环境中身份认证方案之间的功能对比

方案 / 属性	CMBAAS[144]	刘等人方案一 [141]	刘等人方案二 [142]	赵等人方案 [143]
用户匿名性	√	×	√	√
抵抗重放攻击	√	√	√	√
抵抗完美前向攻击	√	×	×	√
抵抗中间人攻击	√	√	√	√
抵抗特权内部人攻击	√	√	√	√
抵抗智能卡丢失攻击	√	×	×	√
互认证性	√	√	√	√
会话密钥认证	√	×	×	×
有效的口令修改功能	√	×	×	×

注："√"表示具有这种安全属性；"×"表示不具有这种安全属性。

CMBAAS 方案在认证过程中利用 Chebyshev 多项式的半群属性验证认证消息的正确性，实现通信实体之间的互认证，并生成会话密钥。在身份认证开始前，认证方案不需要事先建立公钥密码系统，在身份验证过程中，消息验证避免使用椭圆曲线模指数运算和椭圆曲线点乘运算，因此，CMBAAS 方案节省了计算开销。

根据刘等人方案一和赵等人方案的实验环境和结果，表 3-4 展示了 CMBAAS 方案和其他三个移动医疗 WBAN 环境中身份认证方案之间的计算成本比较。从表 3-4 中可以看出，在 PDA 端，CMBAAS 方案比其他三个身份认证方案所需时间少。在应用程序提供端，CMBAAS 方案和其他三个身份认证方案基本相同。移动医疗 WBAN 环境中，PDA 所需的计算开销较少符合资源受限环境的要求。而且，CMBAAS 方案提供用户匿名以保护用户隐私，能够抵抗更多的攻击。从实际应用的角度看，密码协议的安全性是重中之重，因此，CMBAAS 方案具有较高的效率，适用于 PDA 资源受限的移动医疗 WBAN 环境中。

表 3-4　CMBAAS 方案与 WBAN 环境中身份认证方案之间的计算开销对比

实体 / 方案	CMBAAS[144]	刘等人方案一 [141]	刘等人方案二 [142]	赵等人方案 [143]
Client/PDA(s)	≈ 0.06853	≈ 0.18619	≈ 0.18619	≈ 0.09201
AP(s)	≈ 0.03623	≈ 0.03983	≈ 0.03983	≈ 0.03829

3.6　本章小结

本章首先分析了 Tseng-Jan-Yang 密钥协商协议、李认证和密钥协商方案和 Mishra-Srinivas-Mukhopadhyay 认证和密钥协商方案的协议设计和安全分析与证明过程。其次，重点介绍了 CMBAAS。CMBAAS 针对移动医疗 WBAN 环境中身份认证存在隐私保护缺陷和 PDA 资源受限的问题而设计，通过对 CMBAAS 的系统模型和参与实体进行描述，同时，引入混沌密码学，采用基于智能卡的双因子认证模式，实现了客户端和应用程序提供者之间的互认证。CMBAAS 充分利用 Chebyshev 多项式的半群属性，在身份认证前无须建立公钥密码系统，在身份认证过程中，避免使用开销较大的密码学运算，从而减少身份认证成本。方案提供用户匿名性以保护用户隐私，可以抵抗重放攻击、完美前向攻击、中间人攻击、特权内部人攻击以及丢失智能卡攻击，并且提供会话密钥认证和有效的口令修改功能。数据传输过程中使用时间戳来保证认证请求的新鲜性。此外，非形式化分析了 CMBAAS 满足的安全属性，基于 CMDHP 假设证明了方案的可证明安全性，用 BAN 形式逻辑分析法推理和论证了方案的安全性。最后，在 AVISPA 模型检测工具中仿真验证了方案达到预定的安全目标，性能分析表明，CMBAAS 实现了用户隐私保护，计算开销较少，适用于移动医疗 WBAN 环境中。

第 4 章　访问控制研究

无证书公钥密码体制避免了传统公钥密码体制中的密钥管理问题和基于身份密码体制中的密钥托管问题，效率更高。签密在一个逻辑步骤中同时完成了签名和加密两项功能，减少了运算时间和预算开销。访问控制作为信息安全的另一道防线，有效地保护信息资源能够被授权用户访问。基于 WBAN 的移动医疗监护网络由于保存、传输数据的敏感性以及 PDA 资源的受限性，所以需要高安全性、低开销的访问控制方案。

4.1　引言

在移动医疗监护网络中，病人可以自由活动，通过可穿戴设备持续地感知个人健康信息（PHI），并周期性地将收集到的 PHI 数据通过蓝牙等网络传送到个人智能终端，最后通过 3G/4G/5G 或互联网传送到远程医疗健康服务中心。本书提到的移动医疗监护网络特指移动智能终端为 WBAN 控制端 PDA 的特定应用场景，简称为基于 WBAN 的移动医疗监护网络。将 WBAN 用于远程医疗监护，不仅满足了人们对医疗保健服务的需求，还可以节省部分医疗资源，缓解就诊压力。WBAN 传感器收集的 PHI 数据包括病人的敏感隐私信息，只能被授权的医生或医疗服务机构访问。由于 PHI 的敏感性和 PDA 资源的受限性，基于 WBAN 的移动医疗监护网络环境中访问控制方案应具有高安全性、低计算开销和低通信开销 [151] 的特点。

关于无证书公钥密码系统已经有很多研究，如无证书加密方案 [152]、无证书签密方案以及无证书访问控制方案 [153] 等。2011 年，卡盖拉班（Cagalaban）等人 [154] 使用基于身份的签密方法为医疗信息系统设计了一种安全的数据访问控制方案（简称 Cagalaban-Kim 访问控制方案），采用签密机制对用户身份进行验证，同时保护用户请求信息。方案有效地解决了传统公钥密码系统的单点失效问题，而且在没有预先定义网络信任关系的情况下，提供了密钥生成和密钥管理服务。然而，由于卡盖拉班等人方案是基于身份的访问控制方案，所以存在密钥托管问题。2013 年，胡（Hu）等人 [155] 提出一种基于模糊锁的属性签密方法，该方法合理权衡了安全性和灵活性的关系，在 WBAN 环境中将数字签密和公钥加密有效结合来保护数据安全，签密方法支持保密性、认证性、不可伪造性和抗合谋性。2014 年，马（Ma）等人 [156] 使用签密技术为无线传感器网络设计了一个数据访问控制方案（简称 Ma-Xue-Hong 访问控制方案），该方案既可以对用户身份进行验证，又能以较低的成本保护查询消息。2016 年，李等人 [157] 通过使用公共验证和密文认证的 CLSC 方法为基于 WBAN 的移动医疗监护网络设计了一个高效的 CLSC 访问控制方案（简称 Li-Hong 访问控制方案），该方案解决了公钥证书管理和密钥托管问题，PDA 可以在解密前验证密文的有效性。2018 年，李和韩等人[158]提出一个新的 CLSC 方法，并在医疗 WBAN 环境中提出性价比高、匿名的数据访问控制方案。分析表明所提出的方案能抵抗多种攻击，并且 PDA 的计算成本和总能耗较低。

上述基于 CLSC 的方案都使用了双线性对操作，根据文献 [159] 可知，双线性对运算的计算成本是点乘运算计算成本的 20 倍。根据塞尔维（Selvi）等人的文献 [74] 可知，签密比"签名＋加密"的方法在通信上节省 40% 的成本，在计算上节省 58% 的成本。不使用双线性映射的无证书签密方案与使用双线性映射的签密方案相比，减少了双线性对运算的开销，效率更优。因此，不使用双线性映射的无证书签密方法相对于传统方法将更适用于资源受限环境中。本章针对基于 WBAN 的移动医疗监护网络中 PDA 资源受限的问题，重点介绍高效的基于无证书签密的访问控制方案 EACS-CLSC（Efficient Access Control Scheme with Certificateless Signcryption for Wireless Body Area Networks）[160]。

4.2　Cagalaban-Kim 访问控制方案

即时医疗保健系统（Ubiquitous Healthcare Systems）使慢性病病人、需康复病人、术后恢复病人以及老年人等可以在家中生活治疗的同时，还能够方便地测量身体信息并监控身体状态，进而能够即刻得到关于健康状态的专家服务。即时医疗保健系统基于有线或无线通信基础设施，这种技术有望通过日常的健康管理、慢性病管理从而缓解人口老龄化给医疗行业带来的巨大压力，进而弥补医疗专业人员不足并提高医疗服务效率。

在即时医疗保健系统中，由于病人的信息资源在网络中存取与共享，所以可能面临诸多安全挑战。为了有效地处理即时医疗保健系统的通信安全问题，需要考虑医疗数据访问控制的安全性。在大型网络中，有效的访问控制和可扩展的密钥交换是数据安全传输和通信的重要要求之一。人们对密钥创建管理的方案已进行了大量研究，以期满足安全性、身份认证性和隐私保护性等特点。安全方案建立在一个秘密组密钥的基础上，该密钥在有特权的用户之间共享，但是非组成员不知道。通常可以通过使用组密钥对组通信进行加密来实现访问控制，然后，由于组成员关系的动态变化，对组通信密钥的管理非常困难。每次向组中添加或删除成员，组控制中心必须将组密钥更新，以避免前向、后向安全性，这同时存在单点失效问题，一旦组控制中心被攻击，可能带来不可估量的后果。

卡盖拉班和金（Kim）在即时医疗保健系统中提出一种新的有效的访问控制方案，以增加系统的访问安全特性，如认证性、机密性、完整性和不可否认性。在通信过程中，采用基于身份签密的概念，通过无须事前定义网络设备之间的信任关系而提供密钥生成和密钥管理服务，有效地解决了传统公钥基础设施系统中的单点失效问题。将基于身份信息的单向加密与消息完整性和签名验证相结合，实现了基于身份签密的访问控制，在此访问控制中，即使消息是无状态的，也只有由发送方确定的预定成员可以使用自己的秘密密钥获取消息，并且可以使用发送方的公共身份来确信消息的真实性。

4.2.1 系统模型和安全需求

4.2.1.1 系统模型

即时医疗保健系统通过网络计算系统提供记录和访问病人医疗数据的功能，将即时计算技术作为一种使能技术，允许使用移动传感器持续监视病人情况。随着病人移动性的增加和医疗信息系统结构的变化，病人的医疗信息数据在不同时间、地点被采集。医疗数据在不同数据源之间共享，以便为内部用户以及外部请求、支付者等提供信息，系统模型如图 4-1 所示。

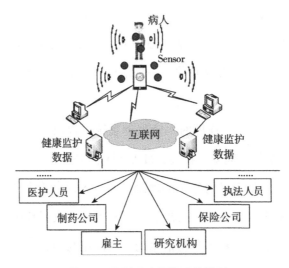

图 4-1　即时医疗保健系统模型

医疗保健数据可以通过支持一个或多个组织的远程工作站和复杂网络访问，而且也可能在网络基础设施中被访问。地域分散通过广域网以支持受限协作中的医疗保健系统对数据的安全访问控制提出了一系列要求，尽管即时医疗系统保证了效率、准确性和可用性等，但是潜在的安全威胁随时可能出现，例如侵犯隐私、特殊歧视甚至威胁生命等。此外，即时医疗保健系统的安全问题也可概括为即时监视、即时访问、即时治疗以及即时传感器数据等。

4.2.1.2　安全需求

即时医疗保健系统通信的主要安全问题是保密性和真实性，具体来说，安全需求可描述为数据机密性、签名的不可抵赖性、密文的认证性和密文的匿名性。分别描述如下：

（1）数据机密性（Data Confidentiality）。

数据机密性对于阻止外部人员或非组成员解密传输的数据至关重要，允许通信各方对其共享的数据保密。加密的不可区分性被认为是自适应选择密文攻击下发生的公钥加密的机密性。

（2）签名的不可抵赖性（Signature Non-Repudiation）。

签名的不可抵赖性用于防止签名数据的发送方对自己行为的否认，也可以仅由签密的数据接收方来进行行为的验证。签名的不可抵赖性被认为是自适应选择消息攻击下的不可伪造性，也即密文的认证性和完整性。

（3）密文的认证性（Ciphertext Authentication）。

从某种意义上来说，密文的认证性是对不可链接性的补充。密文的认证性要求合法的接收方能够确定密文确实来自签密方，即签密方之外的人无法在整个传输过程中重新加密发送方的签密数据，这也意味着密文的完整性。

（4）密文的匿名性（Ciphertext Anonymity）。

密文的匿名性使得密文看起来是匿名的，安全机制将发送方和接收方的身份信息进行隐藏，使得不拥有接收方解密密钥的任何人无法得知双方身份。也就是说，密文必须不包含任何明确表示数据发送方和接收方身份的信息。

4.2.2　基于身份签密的访问控制方案

4.2.2.1　基于身份的签密方法

基于身份的签密方法一般包括四种算法，分别是设置算法、提取算法、签密算法和解签密算法。介绍如下：

（1）设置算法（Setup）。

该算法首先给定安全参数 k，然后，在此基础上生成全局公共参数 globalparams、主密钥 s 和公钥 pk。

（2）提取算法（Extract）。

该算法根据给定的主密钥和用户公钥生成相应的私钥。

（3）签密算法（Signcrypt）。

假设 Alice 希望发送消息 m 给 Bob。通过该签密算法，Alice 用自己的私钥对消息 m 进行签密生成签密文 σ，然后 Alice 发送签密文 σ 给 Bob。

（4）解签密算法（Unsigncrypt）。

假设 Bob 接收到 Alice 发送的签密文 σ，通过该解签密算法，Bob 使用自己的私钥对签密文 σ 进行解签密得到消息 m。

4.2.2.2　Cagalaban-Kim 基于身份签密的访问控制方案

即时医疗保健系统中的数据访问控制方案旨在提供一种对数据进行加密和签密的方法，这种方法比使用签名＋加密方案更有效。具体的访问控制操作流程如图 4-2 所示。

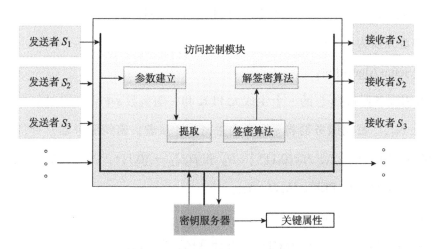

图 4-2　Cagalaban-Kim 访问控制操作流程

（1）假设条件。

假设即时医疗保健系统中有一个中心化密钥管理服务器和多个通信控制器，发送方作为通信控制对组进行组管理。密钥管理服务器为系统生成公共参数，为网络中的组发送方和用户生成私钥。Cagalaban-Kim 访问控制方案中所有使用的密钥都是在网络内以自组织的方式生成和维护，而不是借助于可信第三方。

我们假设 $C=\{\xi_1, \xi_2, \cdots, \xi_n\}$ 表示网络中的服务器集合，$U=\{\psi_1, \psi_1, \cdots, \psi_n\}$ 表

示全体用户集合，$S_j(S_j \in C)$ 表示发送方，$R_j(R_j \in U)$ 表示能够访问由 S_j 发送的服务 ξ_j 的成员集合。例如，一个成员 $\psi_1 \in R_1 \cap R_2$ 能够访问从 S_1 和 S_2 传输的广播服务。ID_U 表示用户 U 的身份信息，ID_{S_t} 和 ID_{R_j} 分别表示 S_t 和 R_j 的身份信息。

（2）访问控制方案构建。

基于上述假设，我们现在可以为基于身份签密的每一种算法构造安全访问控制方案，在此，定义该方案密码学中使用的双线性映射为：$\gamma:\xi_1 \times \xi_1 \to \xi_2$，其中 ξ_1 和 ξ_2 是阶为 π 的群。

① Setup Algorithm。

密钥服务器选择 ξ_1 的一个生成元 PLK 和一随机数 $s \in N_\pi^*$，并计算公钥为 $PLK_P \leftarrow S_{PLK}$。密钥服务器将 s 保存为主密钥。接着，密钥服务器选择加密散列函数 $H_1:\{0,1\}^* \to \xi_1$，$H_2:\{0,1\}^* \to N_\pi^*$ 和 $H_3:\xi_2 \to \{0,1\}^*$，并且发布系统参数 globalparams={PLK, PLK_P, H_1, H_2, H_3}。

② Extract algorithm。

密钥服务器提取 $T_{S_j} \leftarrow H_1(ID_{S_j})$，并计算私钥为 $PVK_{S_j} \leftarrow sT_{S_j}$，$S_j \in C$。以同样的方式，密钥服务器提取 $T_{R_j} \leftarrow H_1(ID_{R_j})$，并计算私钥为 $PVK_{R_j} \leftarrow sT_{R_j}$，$R_j \in C$。然后，密钥服务器发送私钥 PVK_{S_j} 和 PVK_{R_j} 给 S_j。每个发送者 S_j 为 $i=1,\cdots,n$ 选择 n 个合格的对 (x_i', x_i)，其中 $n = |R_j|$，并计算 $x=x_1'x_2'\cdots x_n'$。然后，对任意 $\forall \psi_1 \in R_j$，发送者为 $i=1,2,\cdots,n$ 计算私钥 $PVK_{\psi_1} \leftarrow x_iPVK_{R_j}$，并发布 PVK_{ψ_1} 给 ψ_1。

③ Signcrypt algorithm。

发送者 S_j 首先选择 $r \in N_\pi^*$ 和签密消息 m，并计算 $U \leftarrow r_XT_{S_j}$ 和 $\sigma \leftarrow (r_X+H_2(U\|m))PVK_{S_j}$，生成签名 (U, σ)。然后，发送者 S_j 使用 (r, U, σ) 加密消息 m，为其组成员 R_j 计算 $T_{R_j} \leftarrow H_1(ID_{R_j})$、$X \leftarrow \gamma(PVK_{S_j}, xT_{R_j})$ r 和

$W \leftarrow (\sigma||D_{S_j}||m) \oplus H_3(X)$。然后，$S_j$ 发送签密文 (U, W) 给相应的接收者。

④ Unsigncrypt algorithm。

接收者 $\psi_1 \in R_j$ 解密从 S_j 收到的密文 (U, W)，并计算 $Y \leftarrow \gamma(U, \text{PVK}_{\psi_1})$ 和 $\sigma||\text{ID}_{S_j}||m \leftarrow W \oplus H_3(Y)$。然后 ψ_1 计算 $T_{S_j} \leftarrow H_1(\text{ID}_{S_j})$ 和 $N \leftarrow H_2(U||m)$ 来验证消息 m 上签名 (U, σ) 的正确性。

（3）主密钥的生成。

Cagalaban-Kim 访问控制方案与其他方案不同，它专门设置了主密钥生成机制，所以使得即时医疗保健系统不需要可信第三方的支持来计算主密钥，将主密钥分解成多个部分，并将它们分发给各自的接收者。相反，主密钥对是由初始网络设备协作计算而得到，所以不需要在任何单个节点上来构造主私钥。在方案中，每个设备 S_j 随机选择一个 π 阶密钥 $\text{PVK}_{S_j} \leftarrow sT_{S_j}$，$S_j$ 计算 $U \leftarrow r_x T_{S_j}$，并通过安全渠道发送 (U, W) 给 R_j。然后，S_j 可以计算其共享的主私钥。

（4）私钥的生成。

在 Cagalaban-Kim 访问控制方案中，获取公钥 / 私钥对并且向网络中注册的方法是与至少 n 个邻居节点联系，提供其身份标识并且请求 PKG 服务，控制主密钥共享的节点可以是 PKG 服务节点。在 Cagalaban-Kim 访问控制方案中，所有网络节点共享主私钥，因此每个节点都可以是 PKG 的服务节点。n 个节点协同工作，为请求节点发出公钥 / 私钥对。通过使用基于身份的密码系统，使得公钥可以是任意字符串，并且是由发送方的身份来决定。

4.2.3 协议小结

即时医疗保健系统是"互联网+"医疗的一个典型应用，可以将医疗服务从医疗机构扩展到个人和家庭，借助人体传感器对病人进行 24 小时的监护，从而提高医疗服务质量，这是现有医疗服务模式质的飞跃。虽然即时医疗保健系统给人们带来极大便利，但是由于网络环境和恶意破坏的可能，即时医疗保健系统也存在安全风险。

Cagalaban-Kim 访问控制方案对即时医疗保健系统的安全和隐私进行了重新思考，指出已有解决方案的不足，并指出未来应实现的安全目标，提出一种新的基于身份签密的访问控制方案。Cagalaban-Kim 访问控制方案利用基于身份签密的方法来解决发送方和接收方数据认证的问题，保证了选择密文攻击下的安全性，同时在通信、计算和存储方面要求更少的计算开销。在组通信中，组成员可以通过无状态方式接收信息。基于身份签密的机制，不仅能够在一个步骤内提供端到端的真实性和保密性，而且能够节省无线设备的网络带宽和计算能力。

4.3 Ma-Xue-Hong 访问控制方案

访问控制对保护传感器数据不被恶意用户利用起着重要的作用，关于无线传感器网络（Wireless Sensor Networks）的访问控制已有大量研究，但是这些研究很少关注用户隐私保护，因此，具有隐私保护的访问控制方案是迫切需要解决的问题。Ma-Xue-Hong 等人提出两种具有不同隐私保护特性的无线传感器网络访问控制方案，能够自适应地满足传感器网络用户的需求。

4.3.1　系统模型

Ma-Xue-Hong 访问控制方案主要关注单拥有者的多用户传感器网络，网络模型如图 4-3 所示，其中有四类参与实体，分别是网络所有者、传感器、网络用户和可信第三方（TTP）。详细介绍如下：

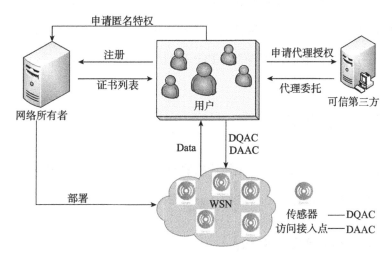

图 4-3　Ma-Xue-Hong 方案的网络模型

（1）网络所有者（Network Owner）。

网络所有者部署由多个传感器组成的传感器网络，这些传感器感知周围的事件，并不断为网络所有者和网络用户生成数据。网络所有者将根据公钥信息和用户身份信息为用户生成一个注册证书，并将访问权限（即显示可访问传感器的身份和公钥的列表）分配给用户。

（2）传感器（Sensor）。

传感器用于搜集数据，也可作为网络接入点，直接将数据传输给网络用户。

（3）网络用户（Network User）。

网络用户想要访问无线传感器网络资源时，必须是已经注册到网络中的用户。传感器网络用户可以在注册后向网络所有者申请匿名特权。

（4）可信第三方（Trusted Third Party，TTP）。

当网络用户向网络所有者发起匿名申请特权后，如果网络所有者同意，则将生成关于匿名特权的凭证并将其发送给网络用户。然后，这个可验证凭证用于向可信第三方 TTP 申请代理授权，TTP 受到所有其他网络实体的信任。

4.3.2　签密方法

Ma-Xue-Hong 的签密方法是无线传感器网络隐私保护访问控制方案的基础，签密过程主要包括三种算法：参数建立、签密算法和解签密算法。

4.3.2.1　参数建立（Setup）

通过运行 Setup 算法来初始化设置系统参数，包括密钥对和两个强单向哈希函数等。签密者和解签密者的密钥对分别是 (x_{Sc}, y_{Sc}) 和 (x_{Us}, y_{Us})。两个哈希函数为 $H_1: G_0 \rightarrow \{0,1\}^n$ 和 $H_2: \{0,1\}^n \times \{0,1\}^n \rightarrow Z_q^*$。系统安全参数（即椭圆曲线密钥长度和随机数的长度）用 K_0 表示。其他参数不一一列出。

4.3.2.2 签密（Signcrypt）

为了对消息进行签密，签密者首先选择输入 (m, r, x_{Sc}, y_{Us})，其中 m 是被签密的消息，$r(r \in Z_q^*)$ 是一个随机值，x_{Sc} 是签密者的私钥，y_{Us} 是解签密者的公钥。签密算法如下所示：

（1）签密者计算 $R=rP$ 和 $K=ry_{Us}$，并计算会话密钥为 $k=H_1(K)$。

（2）使用会话密钥 k，签密者加密消息 m 为 $c=m \oplus k$。

（3）此外，签密者为消息计算签名信息 σ，记为 $\sigma=x_{Sc}-\sigma_0 r$，其中 $\sigma_0=H_2(c, H_1(R))$。

（4）签密算法的输出是 (c, R, σ)，然后，签密者发送输出信息 (c, R, σ) 给解签密者。

4.3.2.3 解签密（Unsigncrypt）

当收到签密者发送的信息 (c, R, σ) 后，以 $(c, R, \sigma, x_{Us}, y_{Sc})$ 作为输入，其中 x_{Us} 是解签密者的私钥，y_{Sc} 是签密者的公钥。解签密算法如下所示：

（1）解签密者计算会话密钥 k' 为 $k'=H_1(K')=H_1(x_{Us}R)$。

（2）根据会话密钥 k'，解签密者解密消息 c 得到 $m'=c \oplus k'$。

（3）接着，解签密者计算 $\sigma_0'=H_2(c, H_1(R))$。

（4）如果 $\sigma P+\sigma_0'R=y_{Sc}$ 成立，输出 "Success"，表示会话密钥正确，而且接受解密消息。否则，输出 "⊥"，表示解签密失败。

4.3.3　DQAC 访问控制方案

Ma-Xue-Hong 基于上述签密方案，提出一种分布式查询保护访问控制（Distributed Query-protected Access Control，DQAC）方案，DQAC 方案能够保护用户在访问控制过程中对感兴趣的数据类型的隐私。DQAC 方案包括四个阶段：初始化阶段、授权阶段、身份认证阶段和撤销阶段。图 4-4 是 DQAC 方案的基本流程示意图。

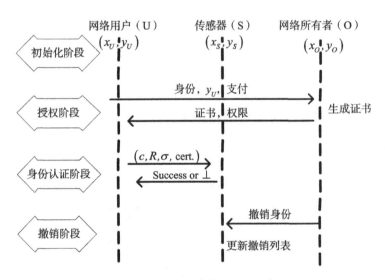

图 4-4　DQAC 方案基本流程示意图

4.3.3.1　DQAC 方案中的初始化阶段（Initialization）

系统参数在此阶段被初始化。初始化阶段运行签密算法的 Setup 算法，此外，TTP、网络所有者和网络用户分别选择他们的密钥对 (x_T, y_T)、(x_O, y_O) 和 (x_U, y_U)。

网络所有者为传感器分配一个密钥对 (x_S, y_S)，特别地，$x_{I(I=T, O, S, U)} \in Z_q^*$ 表示椭圆曲线的私钥，$y_I = x_I P \in G_0$ 表示椭圆曲线公钥，y_O 和 y_T 与认证中心颁发的证书是一致的。它们可以被其他实体访问和验证，并存储在传感器的内存中。用户向网络所有者注册后，y_U 与网络所有者签发的注册证书具有约束力，y_S 也可以与证书绑定。

4.3.3.2　DQAC 方案中的授权阶段（Authorization）

在授权阶段，网络用户向网络所有者注册，申请访问权限，并从网络所有者处获得注册证书。网络用户首先向网络所有者注册，在注册过程中，用户将用户公钥 y_U、身份信息发送给网络所有者。我们假设每个网络用户都持有认证中心颁发的身份证书，并且该证书可以由网络所有者进行验证。当收到注册应用程序时，网络所有者首先检查用户的身份，如果身份有效，网络所有者将根据支付分配情况向用户分配访问权限。访问权限指的是可访问传感器的公钥列表和身份列表，这些公钥和身份标识可能随着实际使用的不同而不同。为简单起见，DQAC 方案不区分特权。网络所有者还将生成一个注册证书，该证书对用户公钥 y_U 和用户身份设置了有效日期。然后，网络所有者将证书和权限发送给用户。

4.3.3.3　DQAC 方案中的认证阶段（Authentication）

在身份认证阶段，接收方传感器对用户进行身份验证，并使用经过身份验证的用户构建安全通道。拥有了从网络所有者获得的注册证书，网络用户就可以访问传感器网络。在认证阶段包括两部分，即查询和验证。特别地，用户根据查询部分中的签密算法对查询消息进行加密和签名，接收方传感器对查询消息进行解密，并基于认证部分中的解签密算法对其签名进行验证。

（1）查询。为了访问传感器，网络用户将输入设置为 (m, r, x_U, y_S)，并运行签密算法。注意，这里 m 是查询消息，r 是新选择的随机数。然后，用户获得输出 (c, R, σ)，其中 c 表示加密的查询消息，R 表示会话密钥参数，σ 表示加密查询消息上的签密。然后，签密者将输出和注册证书一起传送给传感器。

（2）认证。当接收到用户的查询消息后，传感器首先检查注册证书是否有效，如果证书已过期或已被撤销，则传感器拒绝来自网络用户的访问要求。如果有效，则传感器从注册证书中提取用户的公钥，然后，传感器将输入设置为 (c, R, σ, x_S, y_U)，并根据签密方案运行解签密算法。如果输出是"Success"，传感器确认会话密钥并接受解签密消息，以后用户和传感器之间传输的数据由会话密钥 k' 保护，而且 $k' = k$。如果输出是"⊥"，则传感器拒绝用户的查询请求。

4.3.3.4 DQAC 方案中的撤销阶段（Revocation）

在撤销阶段，由于访问权限过期或用户的恶意行为，用户的访问权限被剥夺。典型的恶意行为之一是 DoS 攻击，可以通过监控网络流量来轻松识别。如果当前时间超过最后的访问期限时，注册证书过期。由于传感器拒绝对过期证书的用户进行身份验证，因此将自动撤销该用户的身份。但是，如果由于用户的 DoS 恶意行为等原因，在证书到期之前必须撤销用户的访问权限，则网络所有者应该将撤销的身份广播给传感器网络中的传感器。传感器保存一个已撤销身份的列表，以识别注册证书的有效性。撤销列表的长度不会无限地增加，因为与过期证书相关联的标识将从列表中删除。

4.3.4　DAAC 访问控制方案

网络用户可以通过对 DQAC 中的查询消息进行加密来保护目标数据类型的隐私性。然而，攻击者仍然可以跟踪用户并了解用户的访问行为，如访问时间和访问目标。更糟糕的是，如果敌手截获了传感器和用户之间交换的历史消息，就能够解密数据，从而通过捕获传感器侵犯用户的隐私。此外，如果网络所有者对用户的隐私感兴趣，他可以通过控制一些传感器轻松地了解用户的访问信息。为了进一步保护网络用户的隐私，在 DQAC 方案的基础上，Ma-Xue-Hong 引入代理签名从而实现了用户身份的匿名，并提出一种分布式匿名访问控制（Distributed Anonymous Access Control，DAAC）方案，DAAC 方案可以保护用户访问行为的隐私。图 4-5 是 DAAC 方案的基本流程示意图。

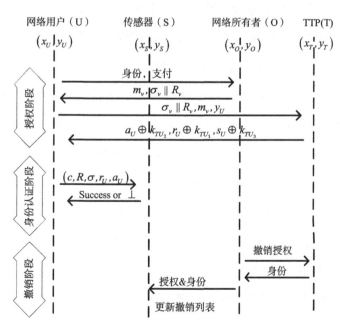

图 4-5　DAAC 方案基本流程示意图

4.3.4.1 DAAC 方案中的授权阶段（Authorization）

由于在 DAAC 方案中的网络用户已经获得了访问权限和注册证书，所以在授权阶段只包括匿名权限申请和代理委托，分别在申请（Apply）部分和委托（Delegate）部分完成。

（1）申请。成功获得网络所有者匿名权限的注册用户将从网络所有者处获得匿名权限 m_v 和相应的凭证 $\sigma_v \| R_v$，凭证由网络所有者根据 $R_v = r_v P$ 和 $\sigma_v = x_O - H_2(m_v, H_1(R_v))r_v$ 生成，其中 r_v 是网络所有者选择的随机值。

（2）委托。当要向 TTP 申请代理委托时，网络用户需要向 TTP 出示其申请信息、凭证以及注册证书，TTP 通过比较 $\sigma_v P + H_2(m_v, H_1(R_v))R_v$ 和 y_O 来验证用户权限的合法性。当两个结果相等时，验证成功。然后，TTP 随机选择一个值 $k_U (k_U \in Z_q^*)$，并为用户创建一个代理委托 (a_U, r_U, s_U)，其中 a_U 是代理保证，用来表示代理委托的有效日期，$r_U = k_U P$ 是代理委托的公共部分，而 $s_U = x_T H_2(a_U, H_1(r_U)) + k_U$ 是代理委托的私密部分。例如，a_U 的值为 24/6/18/12，这就意味着代表 r_U 公共部分的代理委托将在 2012 年 6 月 18 日 24 时到期。此外，因为 k_U 是随机选择的，所以 a_U, r_U, s_U 都是唯一的。为了安全地将代理委托发送给用户，TTP 根据 $k_{TU_1} = x_T y_U$、$k_{TU_2} = H_1(k_{TU_1})$ 和 $k_{TU_3} = H_2(a_U, k_{TU_2})$ 分别计算密钥 k_{TU_1}、k_{TU_2} 和 k_{TU_3}。然后，代理委托将 $(a_U \oplus k_{TU_2}, r_U \oplus k_{TU_1}, s_U \oplus k_{TU_3})$，发送给用户。当获得代理委托后，用户首先计算 $k'_{TU_1} = x_U y_T$、$k'_{TU_2} = H_1(k'_{TU_1})$ 和 $k'_{TU_3} = H_2(a_U, k'_{TU_2})$，然后，用户根据 $a'_U = a_U \oplus k_{TU_2} \oplus k'_{TU_2}$、$r'_U = r_U \oplus k_{TU_1} \oplus k'_{TU_1}$ 和 $s'_U = s_U \oplus k_{TU_3} \oplus k'_{TU_3}$ 解密代理委托。此外，用户检查 $s'_U P = y_T H_2(a'_U, H_1(r'_U)) + r'_U$ 是否成立，如果等式成立，则用户确认解密结果正确，代理签名有效，并生成 PKP 为 (x_P, y_P)，其中

$x_P=s_U$, $y_P=x_PP=y_TH_2(a_U, H_1(r_U))+r_U$。否则，用户应该为代理委托执行另一个应用程序。

4.3.4.2　DAAC 方案中的认证阶段（Authenticaion）

在此阶段，传感器对向其发送查询消息的网络用户进行身份验证。具体来说，用户使用查询（Query）部分中的代理私钥对查询消息进行加密和签名。接收方传感器对查询消息进行解密，并验证其中的签名，以便在认证（Authenticate）部分对用户进行身份验证。网络用户的隐私将被保留，因为认证不需要身份信息。

（1）查询。当访问传感器网络时，网络用户将输入设置为 (m, r, x_P, y_S)，并运行签密方案中定义的签密算法。然后，用户获得输出 (c, R, σ)，并发送输出 (c, R, σ) 以及 r_U、a_U 到接收传感器。

（2）认证。当收到来自用户的消息时，传感器首先检查代理拥有的有效日期。如果当前时间超过了截止日期，则传感器将认为代理委托已过期，并将忽略查询。否则，传感器初步认为该权限有效，并根据 $y_P=y_TH_2(a_U, H_1(r_U))+r_U$ 来计算 y_P 的值。然后，传感器设置 (c, R, σ, x_S, y_P) 为输入值，并运行签密方案中的解签密算法。如果输出为"Success"，则传感器确认会话密钥并接受解密的查询消息，以后用户和传感器之间传输的数据由会话密钥 k' 来保护，且 $k'=k$。如果输出为"⊥"，则表示传感器拒绝用户的查询请求。

4.3.4.3　DAAC 方案中的撤销（Revocation）

如果当前时间超过代理委托中显示的有效日期时，代理委托将被动终止。然后，撤销操作将自动执行，因为传感器拒绝验证代理授权委托已过期的用户的身份。但是，当用户必须在代理委托到期之前被排除在传感器网络之外时，网络所有者应该向传感器网络中的传感器广播已撤销的代理委托。因此，传感器应保留一份已撤销的代理委托权限列表，以识别委托权限的有效性。撤销清单的长度不会无限制地增加，因为过期的委托权限可以从清单中删除。但是，即使匿名权限被撤销，如果相应的 ECC 证书没有被撤销，用户仍然可以访问传感器网络。用户可以通过采用 DQAC 方案或向 TTP 申请另一个代理委托来访问网络。为了避免这种情况的发生，网络所有者要求 TTP 公开与已撤销代理授权连接的标识，并进一步撤销用户的证书。撤销证书的过程与 DQAC 方案中撤销阶段的过程相同。

4.3.5　协议小结

在 DQAC 方案中，网络用户应先向网络拥有者登记信息，以取得访问权限，并向网络拥有者申请进入传感器网络的注册证书。发送给传感器的查询消息遵循格式 $(c, R, \sigma, \text{cert.})$，在访问过程中，DQAC 方案可提供查询的机密性和完整性，因此，网络用户对其他用户保持目标数据类型私有。在 DAAC 方案中，用户对网络所有者保持了匿名特权，并从 TTP 获得代理授权，发送给传感器的消息遵循格式 (c, R, σ, r_U, a_U)。通过隐藏用户的身份信息，完全保护了网络用户的访问行为。由于两种方案之间的转换仅依赖于代理委托，因此网络所有者可以方便地升级其隐私保护机制。此外，当需要将网络用户排除在传感器网络之外时，可以通过广播已撤销用户的身份信息和授权委托书到传感器中。

通过正确性和安全性分析可知，DQAC 方案和 DAAC 方案在认证阶段提供了对查询消息的保密性、完整性、前向安全性、用户认证性和会话密钥协商的安全性。此外，DAAC 访问控制方案还提供了用户匿名性。在脱机授权阶段，TTP 通过验证网络所有者创建的凭证来检查应用程序信息，这些信息展现了网络用户的匿名特权。这个阶段是安全的，因为没有向网络所有者注册的网络用户不能伪造有效的注册凭证，安全凭证可以从认证阶段中的认证证据中继承。此外，TTP 还可以通过保护建立在 TTP 和用户之间的会话密钥，将代理委托安全地发送给特定的网络用户。安全凭证还可以从认证阶段的会话密钥协商安全证明中继承。因此，DQAC 方案和 DAAC 方案在常见的安全攻击下是安全的。通过计算成本和通信成本来评估 Ma-Xue-Hong 方案的性能，性能分析表明 DQAC 方案和 DAAC 方案在不增加传感器消耗的情况下，具有良好的隐私保护性。

4.4　Li-Hong 访问控制方案

WBAN 在医疗健康检测和即时医疗保健系统方面发挥着重要作用，由于 WBAN 收集的数据用于医学诊断和治疗，只有授权用户才可访问这些医疗数据，因此，设计具有授权、验证和撤销功能的访问控制方案对 WBAN 至关重要。Li-Hong 首先给出了一种有效的无证书签密方案，然后利用给出的签密方案设计了 WBAN 中的访问控制方案，Li-Hong 访问控制方案实现了机密性、完整性、认证性、不可否认性、公开可验证性和密文的真实性等安全特性。与已有的三种使用签密的访问控制方案相比，Li-Hong 访问控制方案对控制的计算成本和能量消耗最少。另外，由于访问控制方案基于无证书公钥密码系统，既避免了密钥托管的问题，也解决了公钥证书管理的问题。

4.4.1 网络模型

Li-Hong 访问控制方案的网络模型主要包括三类实体，分别是 WBAN 病人、服务提供者（Service Provider，SP）和网络用户（如护士、医生、政府机构或保险公司），如图 4-6 所示。WBAN 由多个传感器节点和一个控制中心组成，传感器节点和控制中心进行通信，控制中心既可以和传感器通信也可以和互联网通信。SP 部署 WBAN 来检测病人的生命体征和环境参数。如果用户需要访问 WBAN 数据，那么他必须得到 SP 的授权。SP 负责为用户和 WBAN 病人注册，并为用户和 WBAN 病人生成部分私钥。也就是说，SP 在无证书公钥密码体制中扮演密钥生成中心（KGC）的角色。在此，我们假设 SP 是诚实且好奇的，即 SP 遵循规则，但是又希望知道传输的消息内容。而在实际中，我们也不需要完全信任 SP，因为 SP 只知道用户的部分私钥。这也是无证书公钥密码系统的一个重要优势。

当用户希望访问 WBAN 的监控数据时，用户首先向 WBAN 发送一条查询消息，然后控制中心检查用户是否已被授权访问 WBAN 资源。如果已授权，则控制中心以安全的方式将收集到的数据发送给用户，否则，控制中心拒绝查询请求。

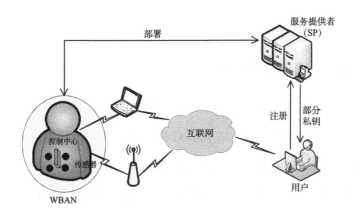

图 4-6 Li-Hong 访问控制方案的网络模型

当用户和控制中心之间进行通信时，至少应该满足四个安全特性，即机密性、身份验证性、完整性和不可抵赖性。机密性使得查询消息对除了用户和控制中心之外的其他人保密。身份验证确保只有授权用户才能访问 WBAN 数据。完整性保证了来自用户的查询消息没有被某些未经授权的实体更改。不可抵赖性防止拒绝用户之前提交的查询，也就是说，如果用户向 WBAN 提交了查询消息，WBAN 就不能拒绝用户的操作。此外，用户和控制中心之间的通信还应该满足公开可验证性和密文的真实性。公开可验证性意味着第三方可以在不知道控制中心私钥的情况下验证密文的有效性。密文的真实性意味着第三方可以在不解密的情况下验证密文的有效性。

4.4.2 无证书签密方案

Li-Hong 无证书签密方案（Certificateless Signcryption Scheme，CLSC）包

括九个算法，详细描述如下。

4.4.2.1 参数建立（Setup）

给定安全参数 k，KGC 选择一个加法群 G_1 和乘法群 G_2，G_1 和 G_2 的阶相同，都是 P。P 是 G_1 的一个生成元，双线性映射为 $e : G_1 \times G_1 \to G_2$，四个哈希函数分别为 $H_1 : G_2^2 \times \{0,1\}^* \to Z_p^*$、$H_2 : G_2 \times \{0,1\}^* \to Z_p^*$、$H_3 : G_2 \to \{0,1\}^n$ 和 $H_4 : (G_2 \times \{0,1\}^*)^3 \to Z_p^*$，其中，$n$ 是要发送消息的比特数。KGC 随机选择主密钥 $s \in Z_p^*$，并计算相应的公钥 $P_{pub} = sP$。KGC 发布系统参数 $\{G_1, G_2, p, e, n, P, P_{pub}, g, H_1, H_2, H_3, H_4\}$，并保密 s，在此，$g = e(P, P)$ 是 G_2 的一个生成元。

4.4.2.2 设置秘密值（Set Secret Value）

具有身份标识为 ID_U 的用户选择一个随机数 $x_U \in Z_p^*$，并将 x_U 作为秘密值。

4.4.2.3 设置公共值（Set Public Value）

给定一个秘密值 x_U，该算法返回公共值 $y_U = g^{x_U}$。

4.4.2.4 部分私钥提取（Partial Private Key Extract）

用户向 KGC 提交其身份标识 ID_U 和公共值 y_U，KGC 计算部分私钥为

$$D_U = \frac{1}{H_2(y_U, ID_U) + s} P$$，并且 KGC 将部分私钥 D_U 发送给用户。

4.4.2.5 设置私钥（Set Private Key）

给定一部分私钥 D_U 和一个秘密值 x_U，该算法返回完整私钥 $S_U = (x_U, D_U)$。

4.4.2.6 设置公钥（Set Public Key）

给定一完整私钥和一个公共值，用户执行以下步骤完成公钥设置：

（1）随机选择值 $\alpha \in Z_p^*$。

（2）计算 $r_U = g^\alpha$。

（3）计算 $h_U = H_1(r_U, y_U, \mathrm{ID}_U)$。

（4）计算 $T_U = (\alpha - x_U h_U) D_U$。

（5）输出完整公钥 (y_U, h_U, T_U)。

4.4.2.7 验证公钥的有效性（Public Key Validate）

给定完整公钥 (y_U, h_U, T_U)，通过如下步骤验证 y_U 的阶是 p。

（1）计算 $r_U = e\,(H_2(y_U, \mathrm{ID}_U)\,P + P_{\mathrm{pub}},\, T_U)\,y_U^{h_U}$。

（2）计算 $h'_U = H_1(r_U, y_U, \mathrm{ID}_U)$。

（3）当且仅当等式 $h'_U = h_U$ 成立，则接受公钥。

4.4.2.8 签密（Signcrypt）

给定消息 m，发送者秘密值 x_A、身份标识 ID_A 和公共值 y_A，接收者身份标识 ID_B 和公共值 y_B，签密算法如下：

（1）随机选择值 $\beta \in Z_p^*$。

（2）计算 $t = g^\beta$ 和 $r = y_B^\beta$。

（3）计算 $c = m \oplus H_3(r)$。

（4）计算 $h = H_4(t, c, y_A, \mathrm{ID}_A, y_B, \mathrm{ID}_B)$。

（5）计算 $z = \beta / (h + x_A) \bmod p$。

（6）输出签密文 $\sigma = (c, h, z)$。

4.4.2.9　解签密（Unsigncrypt）

给定一个密文 $\sigma = (c, h, z)$，发送者的身份标识 ID_A 和公共值 y_A，接收者的秘密值 x_B、身份标识 ID_B 和公共值 y_B，解签密算法如下：

（1）计算 $t = y_A{}^z g^{hz}$。

（2）计算 $h' = H_4(t, c, y_A, ID_A, y_B, ID_B)$。

（3）验证等式 $h' = h$ 是否成立，如果成立，则执行步骤（4），否则，输出错误符号 $\bot$。

（4）计算 $r = t^{x_B}$，并恢复 $m = c \oplus H_3(r)$。

该无证书签密方案具有公开可验证性和密文的真实性，任何第三方可以在不知道消息 m 的情况下验证密文 σ 的有效性，通过解签密算法的前三步可以验证接收者的秘密值 x_B。如果签密文 σ 是无效的，则接收者可以不进行解密而直接停止。如果签密文 σ 是有效的，则接收者执行解签密算法的第四步恢复出消息 m。

4.4.3　无证书访问控制方案

本节设计一种有效的 WBAN 环境中的无证书访问控制方案，该方案采用将访问权限与特定用户关联起来的基于身份的访问控制模型，使用具有公开可验证性和密文真实性的 Li-Hong CLSC。这种设计具有以下优点：①既没有密钥托管问题，也没有公钥证书管理问题；②允许用户在不解密的情况下查询消息的有效性。这种设计节省了计算成本和能源开销。Li-Hong 访问控制方案由初始化阶段、注册阶段、认证授权阶段和撤销阶段四部分组成，图 4-7 是 Li-Hong 无证书访问控制方案的基本流程示意图。

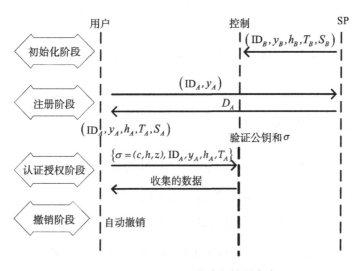

图 4-7　Li-Hong 无证书访问控制方案

4.4.3.1　初始化阶段

在初始化阶段，SP 运行 Setup 算法，并部署 WBAN。WBAN 控制器被分配一个身份标识 ID_B、公钥 (y_B, h_B, T_B) 和私钥 (x_B, D_B)。此外 SP 可以运行设置秘密值算法、设置公共值算法、部分私钥提取算法、设置私钥算法和设置公钥算法。

4.4.3.2　注册阶段

用户需要在 SP 中注册才能获得对 WBAN 的访问权限。用户首先提交其身

份标识 ID_A 和公共值 y_A 给 SP，然后，SP 检查用户身份 ID_A 的有效性，如果无效，SP 拒绝注册申请。否则，SP 设定用户访问数据的有效日期 ED，并运行部分私钥提取算法生成部分私钥 $D_A = \dfrac{1}{H_2(y_A, ID_A \| ED) + s} P$，其中 $\|$ 是连接符号。当收到 SP 发送的部分私钥 D_A 后，用户运行设置秘密值算法、设置公共值算法、设置私钥算法和设置公钥算法以得到完整私钥 $S_A = (x_A, D_A)$ 和完整公钥 $PK_A = (y_A, h_A, T_A)$。

4.4.3.3 认证授权阶段

当身份标识是 ID_A 的用户希望访问 WBAN 的监控数据资源时，用户需要首先生成一个访问请求 m，并运行签密算法生成签密文 $\sigma = (c, h, z)$。为抵抗重放攻击，我们可以将访问请求和时间戳连接起来，以形成新的访问请求消息。然后，用户发送签密消息 σ、身份标识 ID_A 和完整公钥 (y_A, h_A, T_A) 给控制器。如果公钥无效，则控制器立即拒绝访问请求。否则，控制器进一步计算 $t = y_A^z g^{hz}$ 和 $h' = H_4(t, c, y_A, ID_A, y_B, ID_B)$，并验证等式 $h' = h$ 是否成立。如果等式不成立，则控制器立即拒绝访问请求。否则，用户将被授权访问 WBAN 数据资源。在这种情况下，控制器计算 $r = t^{x_B}$，并恢复出消息 $m = c \oplus H_3(r)$。然后，控制器根据查询请求 m，使用会话密钥 $H_3(r)$ 采用对称加密的方式对采集到的医疗数据进行加密。该会话密钥已在控制器和用户之间建立。由于会话密钥只有控制器和用户知道，因此实现了两方之间未来通信的机密性。

在访问过程中，机密性、完整性、认证性和不可抵赖性是同时实现的。另外，该方案的一个重要优点是实现了公开可验证性和密文的真实性。采用设计

的 CLSC 方案，可以实现完全不可抵赖性。此外，任何第三方可以在不知道控制器私钥和请求消息 m 的情况下验证签密文 σ 的有效性。最后，控制器可以放弃一些没有加密的无效签密文。也就是说，控制器不执行解签密算法的第四步，从而节省了计算成本和能源开销。如果需要，还可以通过在签密算法的第三步将用户的身份标识 ID_A 和完全公钥 (y_A, h_A, T_A) 与消息一起打乱来获得匿名性。也就是说，计算出 $c = (ID_A \| y_A \| h_A \| T_A \| m) \oplus H_3(r)$ 而不是 $c = m \oplus H_3(r)$。当然，还可以改变 H_3 的输出长度以适应加密消息的长度。这样的修改不会影响 Li-Hong 访问控制方案的安全性和效率。

4.4.3.4　用户撤销阶段

访问权限在有效日期到期时自动撤销，例如，如果到期日期是 "2019-12-31"，则用户只能在 2019 年 12 月 31 日之前访问 WBAN 的数据资源。也就是说，用户的完全私钥和完全公钥设在 2019 年 12 月 31 日后自动成为非法的。如果由于某些原因需要在到期日期之前撤销用户的访问权限，此时 SP 可以将需撤销用户的身份标识 ID_A 发送给控制器，控制器保存一个已撤销身份列表，以标识用户的有效性。

4.4.4　协议小结

将 Li-Hong 访问控制方案与其他访问控制方案进行性能和安全性比较，性能方面主要从方案的计算成本和通信开销进行对比。Li-Hong 访问控制方案在控制器端的计算时间和总能耗与其他三个方案相比都是最少的。从计算时间和

发送消息长度的关系，以及能量消耗与发送消息长度的关系比较可知，Li-Hong
访问控制方案计算时间和能量消耗随着发送消息的长度呈线性增加。但是，其
他比较方案对发送消息的长度影响不大。从方案的安全性方面来看，Li-Hong
访问控制方案不仅满足机密性、完整性、认证性、不可抵赖性、公开可验证性
和密文的认证性，同时避免了公钥密码体制中的证书管理问题和密钥托管问题。

总之，Li-Hong 访问控制方案满足公开可验证性和密文的真实性。通过使
用改进的无证书签密协议，设计了 WBAN 环境中的无证书访问控制方案，与其
他几种现有访问控制方案相比，Li-Hong 访问控制方案的计算时间和能量消耗
最少。另外，Li-Hong 访问控制方案基于 CLSC，既解决了密钥托管问题，又解
决了公钥证书管理问题。

4.5 基于无证书签密的访问控制 EACS-CLSC

我们针对基于 WBAN 的移动医疗监护网络中 PDA 资源受限问题，为提高
访问控制效率，提出高效的基于无证书签密的访问控制方案（Efficient Access
Control Scheme with Certificateless Signcryption for Wireless Body Area Networks，
EACS-CLSC）。首先，总结移动医疗监护网络环境中访问控制研究进展，介绍
已有的相关访问控制方案。其次，对 EACS-CLSC 方案进行详细介绍。包括
系统模型、安全模型和无证书签密方法的定义和描述；完成基于无证书公钥
密码体制和签密机制的无证书签密方案 CLSC，并将该 CLSC 方案应用到基于
WBAN 的移动医疗监护网络中，实现 EACS-CLSC 方案。EACS-CLSC 解决了

公钥证书管理和密钥托管问题，高效地同时完成数字签名和公钥加密两项功能。方案未使用双线性对运算，提高了计算效率，提供用户撤销功能，增强了系统安全性。再次，从密钥、密文和签密三个方面分析方案的正确性，在随机预言机模型中，形式化证明 EACS-CLSC 方案满足 IND-CLSC-CCA2 游戏下的机密性和 EUF-CLSC-CMA 游戏下的不可伪造性。最后，仿真模拟和性能分析表明，与同类方案相比，EACS-CLSC 方案在满足安全属性的前提下，计算能耗和通信能耗最低，效率更优，适用于基于 WBAN 的移动医疗监护网络中。

4.5.1　EACS–CLSC 系统模型与安全模型

本节介绍 EACS-CLSC 方案的系统模型，并对 CLSC 方案和安全模型进行定义。

4.5.1.1　系统模型

在基于 WBAN 的移动医疗监护网络中，访问控制方案 EACS-CLSC 主要包括三类参与实体：数据所有者（Data Owner，DO）、数据使用者（Data User，DU）和服务提供者，如图 4-8 所示。

（1）数据所有者。

DO 即病人，实际指 WBAN 的 PDA，WBAN 传感器收集病人的生理特征或环境位置等敏感信息，并将这些数据信息传输存储到 PDA 中。PDA 对数据具有完全的控制权，既可以和传感器节点通信又可以和外部网络通信，主要负责将收集的数据发送给互联网中的授权用户。

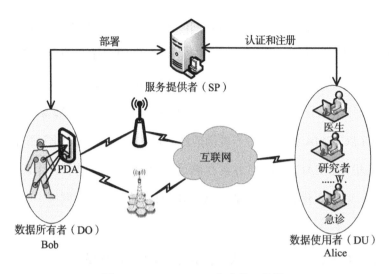

图 4-8　EACS-CLSC 方案的系统模型

（2）数据使用者。

DU 即用户，可以是医生、护士、研究人员、保险公司或急救大夫。只有当 DU 是被 SP 授权的合法用户时，才能访问基于 WBAN 的移动医疗监护网络中的数据。

（3）服务提供者。

SP 扮演 KGC 的角色，主要用于部署系统环境，分配注册用户身份以及为注册用户生成部分密钥。设 SP 满足 "Honest but Curious" 假定[161]。

4.5.1.2　CLSC 形式化模型

CLSC 方案有三个参与实体：密钥生成中心（KGC）、签密者 ID_i 和接收者 ID_j。一般地，CLSC 方案包括 7 个多项式时间算法，我们将 7 个多项式时间算法中的设置秘密值、设置公钥和设置私钥三个算法合并为密钥生成算法。所以，我们设计的 CLSC 方案包括五个算法，形式化定义如下：

（1）系统参数建立算法 Setup (1^k)。

输入安全参数 k，SP 执行该算法后输出系统参数 params 和主密钥 z，并保密 z，公开 params。

（2）部分密钥生成算法 PartialKeyGen $(ID_i, x_i) \rightarrow (d_i, R_i)$

输入用户身份标识 ID_i，SP 执行该算法后返回部分密钥 (d_i, R_i) 给用户。

（3）密钥生成算法 KeyGen $(d_i, R_i) \rightarrow (PK_i, SK_i)$。

输入部分密钥 (d_i, R_i)，输出用户的公钥 PK_i 和私钥 SK_i，并保密秘密值 x_i。

（4）签密算法 Sign $(m, ID_A, SK_A, ID_B, PK_B) \rightarrow \delta$。

输入明文消息 m，根据系统参数 params、签密者身份标识 ID_A 及其私钥 SK_A、接收者身份标识 ID_B 及其公钥 PK_B 输出签密文 δ。

（5）解签密算法 UnSign $(\delta, ID_A, PK_A, ID_B, SK_B) \rightarrow m$ or $\perp$。

收到签密文 δ 后，根据系统参数 params、接收者身份标识 ID_B 及其私钥 SK_B、签密者身份标识 ID_A 及其公钥 PK_A 输出明文消息 m 或 $\perp$。

上述多项式时间算法满足一致性要求，即对于密文 $\delta = $ Sign $(m, ID_A, SK_A, ID_B, PK_B)$，可以得到明文 $m = $ UnSign $(\delta, ID_A, PK_A, ID_B, SK_B)$。

4.5.1.3 安全模型

在 CL-PKC 中，不存在证书管理中心对用户公钥进行认证，所以第三方攻击者有能力用自己选定的值替换用户公钥。而且，密钥生成中心掌控系统主密钥，所以密钥生成中心有能力获取所有用户的部分私钥。因此，CLSC 方案面临两种类型具备不同能力的敌手攻击：

Type-Ⅰ类：A_1 类敌手是恶意用户，不能掌控系统主密钥，但可以随意替换用户公钥。

Type-Ⅱ类：A_2 类敌手是恶意 KGC，可掌控系统主密钥，但不能随意替换用户公钥。

安全的 CLSC 方案至少满足 IND-CLSC-CCA2 攻击（indistinguishability-certificateless signcryption-adaptive chosen ciphertext attacks）下的机密性和 EUF-CLSC-CMA 攻击（existential unforgeability-certificateless signcryption-chosen message attack）下的不可伪造性。针对这两种不同攻击能力的敌手 A_1 和 A_2，定义 CLSC 方案的安全模型及游戏，详见文献 [162]。

4.5.2　EACS–CLSC 方案描述

本节首先提出无双线性对运算的无证书签密方案 CLSC，然后将提出的 CLSC 方案应用到基于 WBAN 的移动医疗监护网络中，完成高效的基于无证书签密的访问控制方案 EACS-CLSC。

4.5.2.1　CLSC 方案

我们提出的 CLSC 方案 [163] 包括五个算法，详细描述如下：

（1）系统参数建立 Setup (1^k)。

SP 执行算法 4-1 完成系统参数的建立，并公开系统参数。

算法 4-1：系统参数建立算法 Setup (1^k)

1. 输入安全参数 k。
2. 选择阶为大素数 q 的循环群 G，P 是 G 的一个生成元。
3. 定义安全抗碰撞的哈希函数：$H_1:\{0,1\}^* \times G \to Z_q^*$，$H_2:\{0,1\}^* \to Z_q^*$ 和 $H_3:Z_q^* \to \{0,1\}^{l_0+|Z_q^*|}$，其中，$l_0$ 是传送的明文消息长度，$|Z_q^*|$ 是 Z_q^* 中元素的长度。
4. 随机选取系统主密钥 $z \in Z_q^*$，并计算 $y = z \cdot P$。
5. 公开系统参数 params $=(G, q, P, y, H_1, H_2, H_3)$，并保密主密钥 z

（2）部分密钥生成 PartialKeyGen $(\text{ID}_i) \to (d_i, R_i)$。

用户 ID_i 和 SP 交互完成部分密钥的生成，如算法 4-2 所示。

算法 4-2：部分密钥生成算法 PartialKeyGen (ID_i)

1. ID_i 发送身份标识给 SP。
2. SP 随机选取 $r_i \in Z_q^*$，并计算 $R_i = r_i \cdot P$ 和 $d_i = r_i + z \cdot H_1(\text{ID}_i, R_i)$。
3. SP 通过安全渠道将 (d_i, R_i) 发送给 ID_i。其中 d_i 是用户的部分私钥，R_i 是用户的部分公钥

（3）用户密钥生成 KeyGen $(d_i, R_i) \to (\text{PK}_i, \text{SK}_i)$。

用户 ID_i 收到 SP 发送的部分密钥 (d_i, R_i) 后，执行算法 4-3 来完成密钥的生成。

算法 4-3：用户密钥生成算法 KeyGen (d_i, R_i)

1. 随机选取秘密值 $x_i \in Z_q^*$，并计算 $X_i = x_i \cdot P$。
2. 设置 $\text{PK}_i = (R_i, X_i)$ 为用户公钥，设置 $\text{SK}_i = (d_i, x_i)$ 为用户私钥

假设签密发送者为 Alice，其身份标识是 ID_A，那么她的公钥为 $\text{PK}_A = (R_A, X_A)$，私钥为 $\text{SK}_A = (d_A, x_A)$。签密接收者为 Bob，其身份标识是 ID_B，那么他的公钥为 $\text{PK}_B = (R_B, X_B)$，私钥为 $\text{SK}_B = (d_B, x_B)$。

（4）签密算法 Sign $(m, \mathrm{ID}_A, \mathrm{SK}_A, \mathrm{ID}_B, \mathrm{PK}_B) \to \delta$。

当 Alice 要发送消息 m 给 Bob 时，Alice 根据接收者 Bob 的身份标识 ID_B 和公钥 $\mathrm{PK}_B = (R_B, X_B)$，并结合自己的私钥 $\mathrm{SK}_A = (d_A, x_A)$ 运行算法 4-4 生成签密文 δ。

算法 4-4：签密算法 Sign $(m, \mathrm{ID}_A, \mathrm{SK}_A, \mathrm{ID}_B, \mathrm{PK}_B)$

---

1. 随机选取 $\beta \in Z_q^*$，并计算 $T = \beta \cdot P$。
2. 计算 $V_A = \beta (X_B + R_B + h_1 \cdot y)$，其中 $h_1 = H_1(\mathrm{ID}_B, R_B)$。
3. 计算 $h = H_2(m \| T \| \mathrm{ID}_A \| \mathrm{ID}_B \| X_A \| X_B)$。
4. 计算 $s = (x_A + \beta)/(h + d_A + x_A)$。
5. 计算 $C = H_3(V_A) \oplus (m \| s)$。
6. Alice 将签密文 $\delta = (s, C, T)$ 发送给 Bob

（5）解签密 UnSign $(\delta, \mathrm{ID}_A, \mathrm{PK}_A, \mathrm{ID}_B, \mathrm{SK}_B) \to m$ or $\perp$。

当 Bob 收到 Alice 发送的签密文 δ 后，利用 Alice 的身份标识 ID_A 和公钥，并结合自己的私钥 $\mathrm{SK}_B = (d_B, x_B)$ 执行算法 4-5 进行验证。

算法 4-5：解签密算法 UnSign $(\delta, \mathrm{ID}_A, \mathrm{PK}_A, \mathrm{ID}_B, \mathrm{SK}_B)$

---

1. 计算 $V_B = (x_B + d_B)T$。
2. 恢复消息 $m \| s = H_3(V_3) \oplus C$。
3. 计算 $h = H_2(m \| T \| \mathrm{ID}_A \| \mathrm{ID}_B \| X_A \| X_B)$ 和 $h_1' = H_1(\mathrm{ID}_A, R_A)$。
4. 验证等式 $s(X_A + R_A + h_1' \cdot y + h \cdot P) = X_A + T$ 是否成立。若等式成立，则 Bob 接受消息 m；否则输出 $\perp$

4.5.2.2　EACS-CLSC 方案

本小节中，我们使用上面提出的 CLSC 方案，为基于 WBAN 的移动医疗监护网络设计一个高效的访问控制方案 EACS-CLSC。EACS-CLSC 方案包括四个阶段：初始化阶段、注册阶段、认证授权阶段以及用户撤销阶段。我们定义 ED 表示用户的有效日期，图 4-9 是 EACS-CLSC 方案的基本流程示意图。

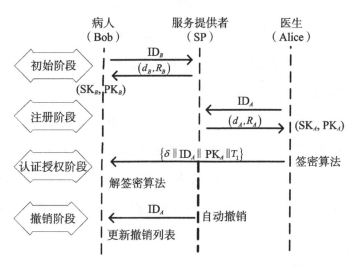

图 4-9 EACS-CLSC 方案基本流程示意图

（1）初始化阶段。

在初始化阶段，SP 运行 Setup 算法部署基于 WBAN 的移动医疗监护网络，并生成系统参数。此外 SP 可以运行 PartialKeyGen 算法和 KeyGen 算法为身份标识为 ID_B 的 Bob 生成公钥 $PK_B = (X_B, R_B)$ 和私钥 $SK_B = (x_B, d_B)$。

（2）注册阶段。

用户 Alice 向 SP 注册以获得基于 WBAN 的移动医疗监护网络的访问权限。首先，Alice 将其身份标识 ID_A 发送给 SP，然后 SP 检查 ID_A 是否有效。如果无效，SP 拒绝注册申请。否则 SP 设定 Alice 访问数据的有效日期 ED，并运行

PartialKeyGen 算法生成部分密钥 (d_A, R_A)。当收到 SP 发送的部分密钥 (d_A, R_A)，Alice 运行 KeyGen 算法得到完整私钥 $SK_A = (d_A, x_A)$ 和完整公钥 $PK_A = (R_A, X_A)$。

（3）认证授权阶段。

当 Alice 被 SP 授权访问 Bob 的监测数据时，Alice 首先生成访问请求 m，并运行 Sign 算法生成签密文 $\delta = (s, C, T)$。为抵抗重放攻击，Alice 将发送的签密文加一个时间戳形成新的消息，然后发送消息 $\{\delta \| ID_A \| PK_A \| T_1\}$ 给 Bob，其中 T_1 是当前时间戳。收到 Alice 的访问请求后，Bob 验证 $T_2-T_1 < \Delta T$ 是否成立，其中 T_2 是当前时间戳。如果等式不成立，说明超时，Bob 终止会话。否则，Bob 运行 UnSign 算法以获得 Alice 发送的访问请求。当 UnSign 算法的返回值为 $\perp$ 时，Bob 拒绝请求。否则，Alice 的请求有效，Bob 根据访问请求将相应的数据发送给 Alice。此时，会话密钥 $H_3(V_A)$ 或 $H_3(V_B)$ 已经建成，Alice 和 Bob 可以使用此会话密钥进行通信。

（4）用户撤销阶段。

如果 SP 设置 Alice 对 Bob 数据访问的有效日期是"2019-12-31"，那么 Alice 只能在 2019 年 12 月 31 日之前访问 Bob 的数据。若超过有效日期，SP 自动取消用户的访问权限。取消访问权限的本质是 SP 将 Alice 的部分私钥和部分公钥设为无效，这就使得在 2019 年 12 月 31 日之后 Alice 自动成为非授权用户。考虑另外一种情况，由于某些原因，需要在有效日期之前撤销 Alice 的访问权限，此时 SP 将把 Alice 的身份标识 ID_A 发送给 Bob，Bob 将添加 ID_A 到撤销身份列表中，因此 Alice 就成为非授权用户。

4.5.3　EACS–CLSC 安全性分析

本节对 EACS-CLSC 方案的正确性和安全性进行分析，正确性分析主要包括部分密钥、密文和签密的正确性证明。

4.5.3.1　正确性证明

（1）部分密钥的正确性。

Alice 可通过式（4-1）来验证 SP 为其生成的部分密钥的正确性。

$$
\begin{aligned}
R_A + H_1(\mathrm{ID}_A, R_A)y &= r_A P + zPH_1(\mathrm{ID}_A, R_A) \\
&= (r_A + zH_1(\mathrm{ID}_A, R_A))P \\
&= d_A P
\end{aligned} \tag{4-1}
$$

Bob 可通过式（4-2）来验证 SP 为其生成的部分密钥的正确性。

$$
\begin{aligned}
R_B + H_1(\mathrm{ID}_B, R_B)y &= r_B P + zPH_1(\mathrm{ID}_B, R_B) \\
&= (r_B + zH_1(\mathrm{ID}_B, R_B))P \\
&= d_B P
\end{aligned} \tag{4-2}
$$

（2）密文的正确性。

在 UnSign 算法中，密文的验证可通过式（4-3）和式（4-4）完成。首先计算 V_B 的值，

$$
\begin{aligned}
V_B &= (x_B + d_B)T \\
&= (x_B + r_B + zH_1(\mathrm{ID}_B, R_B))\beta P \\
&= \beta(X_B + R_B + yH_1(\mathrm{ID}_B, R_B)) \\
&= V_A
\end{aligned} \tag{4-3}
$$

根据 V_B 和 Alice 发送的密文，Bob 通过式（4-4）验证密文的正确性。

$$m \parallel s = H_3(V_B) \oplus C$$
$$= H_3(V_A) \oplus H_3(V_A) \oplus (m \parallel s) \tag{4-4}$$
$$= m \parallel s$$

（3）签密的正确性。

在 UnSign 算法中，签密的正确性可通过式（4-5）来验证。

$$s(X_A + R_A + h_1' y + hP)$$
$$= \frac{(x_A + \beta)}{h + d_A + x_A}(x_A P + r_A P + h_1' z P + hP)$$
$$= \frac{(x_A + \beta)P}{h + d_A + x_A}(x_A + (r_A + zH_1(\mathrm{ID}_A, R_A)) + h) \tag{4-5}$$
$$= \frac{(x_A + \beta)P}{h + d_A + x_A}(x_A + d_A + h)$$
$$= (x_A + \beta)P$$
$$= x_A P + \beta P$$
$$= X_A + T$$

4.5.3.2　安全性证明

基于困难性问题假设，在随机预言机模型中我们用定理 4-1 和定理 4-2 证明 EACS-CLSC 方案满足机密性，用定理 4-3 和定理 4-4 证明 EACS-CLSC 方案满足不可伪造性。

（1）EACS-CLSC 方案的机密性分析。

定理 4-1：A_1 类敌手的机密性　在随机预言机模型中，若敌手 A_1 能以不可忽略的优势 ε 赢得 IND-CLSC-CCA2 游戏，那么存在算法 F 利用 A_1 解决 CDH 问题的优势为：$\mathrm{Adv}_{A_1}^{\mathrm{IND\text{-}CLSC\text{-}CCA2}} \geqslant \dfrac{\varepsilon}{q_1^2 q_3}\left(1 - \dfrac{1}{q_s + 1}\right)^{q_s} \dfrac{1}{q_s + 1}$。其中，$A_1$ 至多执行 q_i

次 $H_{i(i=1,2,3)}$ 询问，q_s 次签密询问。

证明。假设算法 F 以三元组 (P, aP, bP) 为 CDH 问题的挑战实例，以 A_1 类敌手为攻击者，F 的目标是计算 abP。若敌手 A_1 能够以不可忽略的优势 ε 攻破 EACS-CLSC 方案，那么存在算法 F 能够利用敌手 A_1 解决 CDH 问题。游戏开始后，F 维护列表 $L_1, L_2, L_3, L_D, L_{SK}, L_{PK}, L_S, L_U$ 分别跟踪 A_1 对预言机 H_1, H_2, H_3，部分密钥生成，私钥生成，公钥生成，签密和解签密的询问。此外，F 维护列表 L_{rec} 来记录挑战者身份信息。各列表初始均为空。

①系统建立。F 运行 Setup 算法，并发送系统参数 params $= (G, q, P, y, H_1, H_2, H_3)$ 给 A_1。F 也可调用部分密钥生成、密钥生成、公钥查询、公钥替换、签密和解签密等算法。

②询问阶段。A_1 可执行多项式有界次的下列询问。

H_1 询问：当收到 A_1 的询问 $H_1(ID, R)$ 时，F 查询列表 L_1，若 (ID, R, h_1, c) 在列表 L_1 中存在，则返回 h_1 给 A_1。否则，F 以抛硬币的方式选择随机数 c [164]，此处 $c \in \{0,1\}$，而且 $\Pr[c=1]=\delta=1/(q_s+1)$。当 $c=0$ 时，F 选择满足 $(*, *, h_1, c) \notin L_1$ 条件的随机数 $h_1 \in Z_q^*$，将 h_1 返回给 A_1，并将 (ID, R, h_1, c) 添加到列表 L_1 中。当 $c=1$ 时，F 令 $h_1=k$，并将 k 返回给 A_1。

H_2 询问：当收到 A_1 的询问 $H_2(m, T, ID, ID_B, X_A, X_B)$ 时，F 查询列表 L_2，若询问值 $(m, T, ID, ID_B, X_A, X_B, h_2)$ 在列表 L_2 中存在，则返回 h_2 给 A_1。否则，F 选择满足条件 $(*, *, *, *, *, *, h_2) \notin L_2$ 的随机数 $h_2 \in Z_q^*$，将 h_2 返回给 A_1，并将 $(m, T, ID, ID_B, X_A, X_B, h_2)$ 添加到列表 L_2 中。

H_3 询问：当收到 A_1 的询问 $H_3(T)$ 时，F 查询列表 L_3，若 (T, h_3) 在列表 L_3 中存在，则返回 h_3 给 A_1。否则，F 选择满足 $(*, h_3) \notin L_3$ 条件的随机数 $h_3 \in Z_q^*$，将 h_3 返回

给 A_1，并将 (T, h_3) 添加到列表 L_3 中。

部分密钥生成询问：当收到 A_1 的请求 (ID, d, R) 时，$\mathcal{F}$ 查询列表 L_D，若 (ID, d, R) 在列表 L_D 中存在，则返回 (d, R) 给 A_1。否则，因为 $\mathcal{F}$ 不知道系统主密钥，所以 $\mathcal{F}$ 随机选择 $r, z \in Z_q^*$，计算部分私钥为 $d = r + zH_1(\text{ID}, R)$，将 (d, R) 返回给 A_1，并将 (ID, d, R) 添加到列表 L_D 中。

私钥生成询问：当收到 A_1 的请求 (ID, d, x) 时，$\mathcal{F}$ 查询列表 L_{SK}，若 (ID, d, x) 在列表 L_{SK} 中存在，则返回 (d, x) 给 A_1。否则，因为 $\mathcal{F}$ 通过部分密钥生成询问获得 d，然后随机选择 $x \in Z_q^*$，并计算 $X = xP$，$\mathcal{F}$ 将 (d, x) 返回给 A_1，并将 (ID, d, x) 添加到列表 L_{SK} 中。

公钥生成询问：当收到 A_1 的请求 (ID, d, x) 时，$\mathcal{F}$ 进行下述操作：

如果 (ID, R, X) 在列表 L_{PK} 中已经存在，则 $\mathcal{F}$ 将 (R, X) 返回给 A_1。

否则，$\mathcal{F}$ 查询列表 L_d 和 L_{SK}。如果存在关于 ID 的记录，$\mathcal{F}$ 从中获得 (R, x)，计算 $X = xP$，将 (ID, R, X) 添加到列表 L_{PK} 中并返回 (R, X) 给 A_1。若 L_d 和 L_{SK} 中不存在关于 ID 的记录，$\mathcal{F}$ 查询列表 L_1。如果 $c = 1$，$\mathcal{F}$ 随机选取 $r, x \in Z_q^*$，计算 $R = rP$ 和 $X = xP$，$\mathcal{F}$ 将 (R, X) 返回给 A_1，并添加 (ID, R, X) 到列表 L_{PK} 中。同时，$\mathcal{F}$ 将 (ID, r, x, c) 添加到列表 L_{rec} 中。

公钥替换询问：当收到 A_1 的替换请求 (ID, R', X') 时，$\mathcal{F}$ 将 (R', X') 替换现存的公钥 (R, X)。

签密询问：当收到 A_1 提供的 $(\text{ID}_A, \text{ID}_B)$ 和明文消息 m 时，$\mathcal{F}$ 在列表 L_1 中查询 (ID_A, R_A)，并执行下列操作：

如果 $c = 0$，$\mathcal{F}$ 根据 ID_A 和 ID_B 从列表 L_{SK} 和列表 L_{PK} 中分别获得 (ID_A, d_A, x_A) 和 (ID_B, R_B, X_B)，然后执行 Sign 算法完成签密，并将签密文 $\delta = (s, C, T)$ 发送给 A_1。

如果 $c=1$，F 失败并退出。

解签密询问：当收到 A_1 提供的 (ID_A, ID_B) 和签密文 $\delta=(s, C, T)$ 时，F 在列表 L_1 中查询 (ID_B, R_B)，并执行下列操作：

如果 $c=0$，F 根据 ID_A 和 ID_B 从列表 L_{PK} 和列表 L_{SK} 中分别获得 (ID_A, R_A, X_A) 和 (ID_B, d_B, x_B)，然后执行 UnSign 算法完成解签密，并将解签密得到的消息 m 发送给 A_1。

如果 $c=1$，F 遍历列表 L_3 中的所有记录。具体过程是，F 在列表 L_1 中查询 (ID_A, R_A, h'_1, c) 的值，找到相应的 h'_1，在列表 L_{PK} 中查询 (ID_A, R_A, X_A) 找到相应的 R_A, X_A，从列表 L_2 中查询 $(m, T, ID_A, ID_B, X_A, X_B, h_2)$ 找到相应的 h_2，令 $h=h_2$，然后算法 F 验证等式 $s (X_A+R_A+h'_1y+hP)=X_A+T$ 是否成立。若等式成立，F 输出 m，否则 F 跳到列表 L_3 中的下一条记录，重新执行上述步骤，直到输出 m。若 F 遍历了列表 L_3 中的所有记录，还没有 m 返回，则输出 $\perp$，失败并退出。

③挑战阶段。A_1 提交挑战者身份标识 (ID_A, ID_B) 和等长的挑战消息 m_0, m_1。F 在列表 L_1 中查询 (ID_B, R_B)，若 $c = 0$，F 结束。否则，F 执行公钥生成询问以确保 (x_B, r_B) 在列表 L_{rec} 中存在。然后 F 随机选择 $s^*, c^* \in Z_q^*$，并设 $T^* = \beta P$。F 发送挑战密文 $\delta^* = (s^*, C^*, T^*)$ 给 A_1。

④猜测阶段。A_1 执行多项式有界次询问后输出其猜测值 $c' \in \{0,1\}$。如果 $c' = c$，A_1 使用 $V' = \beta(X_B+R_B+h_1y)$ 进行 H_3 询问。此时，CDH 问题的备选答案已经存储在列表 L_3 中。F 忽略 A_1 的猜测值，从列表 L_3 中随机选择 V'，输出 $(V' - (x_B+r_B) T^*)/k$ 作为 CDH 问题的解，其中 $k = H_1(ID_A, R_A)$，x_B, r_B, T^*, V' 都是未知量。否则，F 没有解决 CDH 问题。

F 为 A_1 模拟了真实的攻击环境，在游戏过程中，A_1 为 ID_B 执行部分密钥生成询问、私钥生成询问的概率是 $1/q_1^2$。F 从列表 L_3 中成功选择出 V' 作为 CDH 问题候选答案的概率是 $1/q_3$。在询问阶段，A_1 未终止的概率是 $(1-\delta)^{q_s}$。在挑战阶段 A_1 未终止的概率是 δ。所以，如果游戏没有终止，而且 A_1 以优势 ε 赢得游戏。

那么 F 利用 A_1 解决 CDH 问题的优势为 $\mathrm{Adv}_{A_1}^{\text{IND-CLSC-CCA2}} \geqslant \dfrac{\varepsilon}{q_1^2 q_3}\left(1-\dfrac{1}{q_s+1}\right)^{q_s}\dfrac{1}{q_s+1}$。

定理 4-2：A_2 类敌手的机密性　在随机预言机模型中，若敌手 A_2 能以不可忽略的优势 ε 赢得 IND-CLSC-CCA2 游戏，那么存在算法 F 利用 A_2 解决 CDH 问题的优势为：$\mathrm{Adv}_{A_1}^{\text{IND-CLSC-CCA2}} \geqslant \dfrac{\varepsilon}{q_1^2 q_3}\left(1-\dfrac{1}{q_s+1}\right)^{q_s}\dfrac{1}{q_s+1}$。其中，$A_2$ 至多执行 q_i 次 $H_{i(i=1,2,3)}$ 询问，q_s 次签密询问。

证明　定理 4-2 的证明思路和方法与定理 4-1 类似，主要不同如下：

①敌手 A_2 可以替换系统主密钥 z。

②在公钥生成询问中，设置 $R=zP$ 而不是定理 4-1 中的 $R=rP$，将 $(\mathrm{ID}, -, x, c)$ 插入列表 L_{rec} 而不是 (ID, r, x, c)。

③在猜测阶段，F 输出 $(V'-(x_B+kz)T^*)/k$ 作为 CDH 问题的回答。

（2）EACS-CLSC 方案的不可伪造性分析。

定理 4-3：A_1 类敌手的不可伪造性　在随机预言机模型中，若敌手 A_1 能以不可忽略的优势 ε 赢得 EUF-CLSC-CMA 游戏，那么存在算法 F 利用 A_1 解决 DL 问题的优势为：$\mathrm{Adv}_{A_1}^{\text{EUF-CLSC-CMA}} \geqslant \dfrac{\varepsilon}{9q_1^2}\left(1-\dfrac{1}{q_s+1}\right)^{q_s}$。其中，$A_1$ 至多执行 q_i 次 $H_{i(i=1,2,3)}$ 询问，q_s 次签密询问。

证明。假设算法 F 以二元组 (P, uP) 为 DL 问题的挑战实例，以 A_1 类敌手为攻击者，F 的目标是计算 u。若敌手 A_1 能以不可忽略的优势 ε 攻破 EACS-

CLSC 方案，那么存在算法 F 能够利用 A_1 解决 DL 问题。游戏开始后，F 维护列表 $L_1, L_2, L_3, L_D, L_{SK}, L_{PK}, L_S, L_U$ 分别跟踪 A_1 对预言机 H_1, H_2, H_3, 部分密钥生成，私钥生成，公钥生成，签密和解签密的询问。此外，F 维护列表 L_{rec} 来记录挑战者身份信息。各列表初始均为空。

①系统建立。F 运行 Setup 算法，并发送系统参数 params = $(G, q, P, y, H_1, H_2, H_3)$ 给 A_1。F 设定 $y=up$，其他设置与定理 4-1 对 A_1 的设置相同。

②查询阶段。与定理 4-1 相同，敌手 A_1 可执行多项式有界次的询问。

③伪造阶段。A_1 以 ID_A 为发送者，ID_B 为接收者，经过多项式有界次询问后，输出消息 m 的一个伪造签密文 $\delta^*=(s^*, c^*, T^*)$。

F 首先查询列表 L_1，如果 $c=0$，F 终止并退出。否则，F 进行私钥生成询问，得到 ID_B 的私钥，并计算 $V_B^*=(x_B+d_B)T^*$，然后对 V_B^* 进行 H_3 询问获得 h_3^*。F 根据 h_3^* 恢复出 m^*, s^* 来验证签密文的合法性。如果 A_1 能够成功地伪造用户，那么根据分裂引理 (splitting lemma)[165]，F 利用预言机重放攻击技术可以得到两个合法的签名 $(m^*, ID_A, ID_B, T^*, h, s_1)$ 和 $(m^*, ID_A, ID_B, T^*, h', s_2)$，其中 $h \neq h'$。因此可得：

$$T^* = \beta P = (s_1(h+d_A+x_A)-x_A)P = (s_2(h'+d_A+x_A)-x_A)P$$

所以有 $s_1(h+d_A+x_A) = s_2(h'+d_A+x_A)$。

对 A_1 敌手来说，等式 $s_1(h+r_A+uk+x_A) = s_2(h'+r_A+uk+x_A)$ 成立，其中，$k=H_1(ID_A, R_A)$，在此等式中只有 u 是未知变量，所以 u 可以被计算出。

F 为 A_1 模拟了真实的攻击环境，在游戏过程中，A_1 为 ID_A 执行部分密钥生成询问、私钥生成询问的概率是 $1/q_1^2$。在询问阶段 F 未终止的概率是 $(1-\delta)^{q_S}$。用随机重放技术生成两个及两个以上有效密文失败的概率小于 $1/9$[166]。所以，如果游戏没有终止，而且 A_1 以优势 ε 赢得游戏。那么 F 利用 A_1 解决 DL 问题的

优势为 $\mathrm{Adv}_{A_1}^{\text{EUF-CLSC-CMA}} \geq \dfrac{\varepsilon}{9q_1^2}\left(1-\dfrac{1}{q_s+1}\right)^{q_s}$。

定理 4-4：A_2 类敌手的不可伪造性　在随机预言机模型中，若敌手 A_2 能以不可忽略的优势 ε 赢得 EUF-CLSC-CMA 游戏，那么存在算法 F 利用 A_2 解决 DL 问题的优势为：$\mathrm{Adv}_{A_2}^{\text{EUF-CLSC-CMA}} \geq \dfrac{\varepsilon}{9q_1^2}\left(1-\dfrac{1}{q_s+1}\right)^{q_s}$。其中，$A_2$ 至多执行了 q_i 次 $H_{i(i=1,2,3)}$ 询问，q_s 次签密询问。

证明。定理 4-4 的证明思路和方法与定理 4-3 类似，主要不同如下：

①在系统建立阶段，F 为敌手 A_2 设置 $y=zp$，其他设置与定理 4-2 对 A_2 的设置相同。敌手 A_2 可以任意替换用户公钥。

②在伪造阶段，F 根据分裂引理生成两个合法签名信息后，对 A_2 敌手来说验证等式是：$s_1(h+r_A+zk+x_A)=s_2(h'+r_A+zk+x_A)$，其中，$k=H_1(\mathrm{ID}_A, R_A)$。在此等式中只有 r_A 是未知量，所以 r_A 可以被计算出。而在公钥生成询问中，F 设置了 $R=r_A P=uP$，所以 u 也可以被计算出。

4.5.4　EACS–CLSC 性能分析

4.5.4.1　功能对比

EACS-CLSC 方案与其他几个同类访问控制方案之间的功能对比如表 4-1 所示。对比结果表明，EACS-CLSC 方案满足机密性、不可伪造性、认证性和不可否认性，使用无双线性对的无证书签密方式，减少了双线性对运算开销，解决了公钥证书管理和密钥托管问题。而其他五个方案都使用了双线性对操作，其中卡盖拉班等人的方案和胡等人的方案是基于身份的数据访问控制方案，存在密钥托管问题，马等人的方案基于公钥密码体制，存在证书管理问题和密钥托管问题。

表 4-1　EACS-CLSC 方案与同类方案之间的功能对比

功能 / 方案	EACS-CLSC 方案[160]	卡盖拉班等人 方案[154]	胡等人 方案[155]	马等人 方案[156]	李等人 方案[157]	李－韩等人 方案[158]
机密性	√	√	√	√	√	√
不可伪造性	√	√	√	√	√	√
认证性	√	√	√	√	√	√
不可否认性	√	√	√	√	√	√
无证书管理	√	√	√	×	√	√
无密钥托管	√	×	×	×	×	√
无双线性对	√	×	×	×	×	×

注："√"表示具有这种安全属性；"×"表示不具有这种安全属性。

4.5.4.2　理论分析

基于 WBAN 的移动医疗监护网络中 PDA 资源受限，计算开销和通信开销是影响移动医疗应用效率的两个主要因素。在 EACS-CLSC 访问控制方案中，计算开销主要由 Sign 算法和 UnSign 算法产生，计算开销主要取决于群上的指数运算和点乘运算，其他可提前准备的计算和开销较小的计算不做统计。通信开销主要取决于通信过程中接收或传输消息的长度。EACS-CLSC 方案与其他几个同类方案的性能对比见表 4-2。

表 4-2　EACS-CLSC 方案与同类方案之间的性能对比

方案	计算开销（Alice）	计算开销（Bob）	通信开销（Bob）
卡盖拉班等人方案[154]	$1P+3M$	$3P+M$	$2\|G_1\| + \|ID\| + \|m\|$
胡等人方案[155]	$5P+M$	$(2\|m\| + 5)M$	$4\|G_1\| + \|G_2\| + \|ID\|$
马等人方案[156]	$2M$	$5M$	$\|G_1\| + \|Z_p{}^*\| + \|cert\| + \|m\|$
李等人方案[157]	$2E$	$1P+1M+1E$	$\|G_1\| + \|G_2\| + 3\|Z_p{}^*\| + \|ID\| + \|m\|$
李－韩等人方案[158]	$1E+4M$	$2P+2M+1E$	$3\|G_1\| + \|ID\| + \|m\|$
EACS-CLSC 方案[160]	$3M$	$4M$	$5\|Z_p{}^*\| + \|ID\| + \|m\|$

注：" P "表示 1 次双线性对运算的时间，" E "表示 1 次椭圆曲线指数运算的时间，" M "表示 1 次椭圆曲线点乘运算的时间。|*| 表示元素的长度，例如，|G| 表示群 G 中元素的长度，|m| 表示明文消息的长度，|cert| 表示证书长度。

4.5.4.3　仿真模拟

利用 PBC（Pairing-Based Cryptography）库[167] 和 MIRACLE (Multiprecision Integer and RationalArithmetic C/C++ Library) 库[168] 来对所构造的 EACS-CLSC 方案进行仿真模拟。DO（Bob）端为低性能平台 Mica 2，Mica 2 的微控制器配置为 ATMega 128L 8bit，128KB ROM，4KB RAM。DU（Alice）端在 PC 机上，配置为 Intel Core i7 CPU 2.5GHz，4GB RAM 和 64 位 Win7 操作系统。实验数据为：从 UCI 机器学习数据库获得的数据集 "Postoperative Patient Data(PPD)"[169]。PPD 数据集包含了 90 名病人的 8 个生理属性及一个最终决策，包括体温、血氧饱和度、血压等体征。由于 Bob 端是资源受限环境，在此，主要考虑 Bob 端的计算开销和通信开销。本来采用文献 [170] 和文献 [171] 中所示的性能评估方法，具体地，采用阶为 160 比特的椭圆曲线，达到 80 位的安全等级，一个点乘操作的运算时间为 0.81 s。采用嵌入度为 4 的超奇异曲线 $y^2+y = x^3+x$，双线性对为 $\eta_T: E(F_{2^{271}}) \times E(F_{2^{271}}) \rightarrow F_{2^{4 \cdot 271}}$，同样达到 80 位的安全等级，一个双线性对的运算时间是 1.9 s，一个指数操作的运

算时间是 0.9 s。另外，Mica 2 的电源电压是 3.0 V，主动模式下的电流消耗是 8.0 mA，接收模式下的电流消耗是 10 mA。根据文献 [99] 和文献 [172] 的评估方法，主动模式下，一个双线性对运算的能量消耗是 $3.0 \times 8.0 \times 1.9 = 45.6$（mJ），一个点乘运算的能量消耗是 $3.0 \times 8.0 \times 0.81 = 19.44$（mJ），一个指数运算的能量消耗是 $3.0 \times 8.0 \times 0.9 = 21.6$（mJ）。EACS-CLSC 方案和同类方案在 Bob 端产生的计算时间和计算消耗如表 4-3 所示。

表 4-3 EACS-CLSC 方案与同类方案之间的计算开销对比

方案	计算时间 /s	计算能耗 /mJ
卡盖拉班等人方案	6.51	156.24
胡等人方案	36.45	874.8
马等人方案	4.05	97.2
李等人方案	3.61	86.64
李 – 韩等人方案	6.32	151.68
EACS-CLSC 方案	3.24	77.76

如果图 4-10 和图 4-11 分别描述了 Bob 端的计算时间和计算能耗。很明显，在几种方案中，EACS-CLSC 方案计算时间最短，能耗最低。

对于通信开销，假设 m 的长度是 160 位，ID 的长度是 80 位，哈希函数的长度是 160 位。根据马等人方案可知，使用二进制超奇异曲线 $F_{2^{271}}$，群 G_1 的阶是 252 位，通过标准压缩方法，群 G_1 中 542 位的信息可以压缩到 34 字节，群 G_2 中 1084 位的信息可以压缩到 136 字节。同样根据文献 [156] 和文献 [171] 可知，Bob 每接收一个字节的能量消耗是 $3 \times 10 \times 8/12400 = 0.019$（mJ），传输一个字节的能量消耗是 $3 \times 27 \times 8/12400 = 0.052$（mJ）。EACS-CLSC 方案与同类方案在 Bob 端通信字节数和通信能耗如表 4-4 所示。

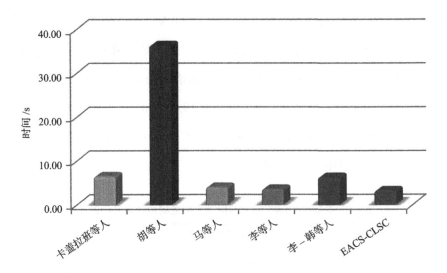

图 4-10 Bob 端的计算时间

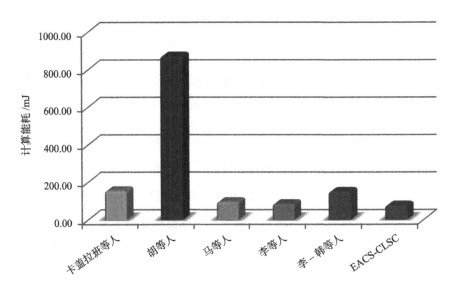

图 4-11 Bob 端的计算能耗

表 4-4　EACS-CLSC 方案与同类方案之间的通信开销对比

方案	接收 / 传输信息长度 / 字节	通信能耗 /mJ
卡盖拉班等人方案	98	1.86
胡等人方案	282	14.66
马等人方案	191	3.63
李等人方案	260	4.94
李 – 韩等人方案	132	2.51
EACS-CLSC 方案	130	2.47

为了更全面地分析 EACS-CLSC 方案的性能，表 4-5 给出 EACS-CLSC 方案和同类方案的总能耗对比。

表 4-5　EACS-CLSC 方案与同类方案之间的能耗对比

单位：mJ

方案	计算能耗	通信能耗	总能耗
卡盖拉班等人方案	156.24	1.86	158.1
胡等人方案	874.8	14.66	889.46
马等人方案	97.2	3.63	100.83
李等人方案	86.64	4.94	91.58
李 – 韩等人方案	151.68	2.51	154.19
EACS-CLSC 方案	77.76	2.47	80.23

从图 4-12 可以直观看出，EACS-CLSC 方案与其他五个方案相比，计算能耗、通信能耗以及总能耗（计算能耗＋通信能耗）都是最少，对于资源受限的 Bob 端，EACS-CLSC 方案在能耗开销方面要优于同类其他方案。因此，与同类方案相比，EACS-CLSC 方案在提供表 4-1 所示的所有功能需求的情况下，在性能方面也具有优势。

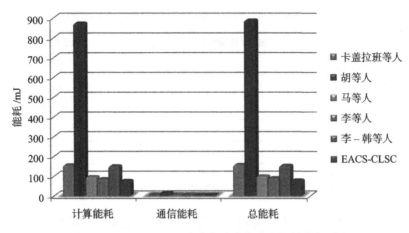

图 4-12 EACS-CLSC 方案与同类方案之间的能耗对比

4.6 基于 ABE 的访问控制 RBAC-ABE

基于属性的加密 ABE 是用属性集合作为公钥对数据进行加密，解密者只有具有相应属性集合才能对数据进行解密。访问控制是信息系统安全的一道防线。移动医疗 WBAN 环境中，为减少移动终端的负荷，可以将 WBAN 采集到的医疗数据外包存储于云端，外包存储会引起数据泄露，并导致隐私问题。我们扩展 CP-ABE 算法并与云存储环境相结合，重点介绍 WBAN 云存储中使用 ABE 技术的基于角色的访问控制方案（Role-Based Access Control for Body Area Networks Using Attribute-based Encryption in Cloud Storage，RBAC-ABE）[173]。RBAC-ABE 方案首先对医疗数据进行分类，为 ABE 访问策略提供依据；其次，将访问控制树分为两部分，一部分由病人管理，另一部分由云存储服务提供商管理，这样既节省了本地存储空间和计算开销，又保证了数据的安全性，即数据管理不完全由第三方控制；最后，我们考虑紧急情况的发生，在紧急情况出现时，急救人员可以向可信中心获得临时密钥来访问数据，保证病人在第一时间得到有效救治。

4.6.1　系统模型和访问树

4.6.1.1　系统模型

移动医疗云存储 WBAN 中，访问控制方案 RBAC-ABE 主要包括四类参与实体，病人（数据所有者）、用户、外包服务提供者和属性机构，RBAC-ABE 应实现数据机密性、灵活性和细粒度访问控制的安全目标。图 4-13 是 RBAC-ABE 的系统模型。

（1）病人。

病人对自己的医疗数据具有完全控制权，负责定义数据访问策略。病人将数据外包存储在外包服务提供者处。

（2）外包服务提供者。

外包服务提供者提供数据外包服务的第三方。

（3）用户。

用户是来自不同领域的人，需要访问病人数据。例如病人可以是医生、护士、医疗研究人员等。如果用户具有的属性能够满足访问策略，此用户就可以解密相应数据从而访问数据。

（4）属性机构。

一个属性集分配机构，它负责产生、分配、撤销及更新用户属性。

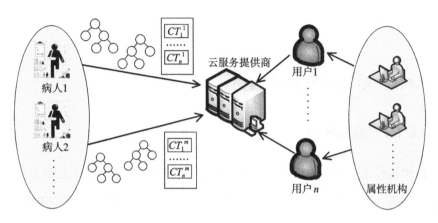

图 4-13　RBAC-ABE 系统模型

当用户需要访问病人医疗数据时，首先将其所具有的属性跟访问树相匹配，查看用户属性满足访问树的哪一部分，根据满足的部分访问相应的数据。假设 Alice 是医院的病人，她的医疗记录文件 M 被分成不同部分，包括个人信息、病例信息、体检记录以及敏感信息等。根据图 4-14 中对医疗数据的分类，Alice 将她的医疗记录文件 M 定义不同的访问控制策略以满足不同用户的访问需求。例如，医生可以访问所有医疗记录内容，医疗研究人员只能访问病例数据。同时，Alice 将急救密钥发送给属性机构，当出现紧急情况时，急救人员可以得到临时密钥来访问数据。

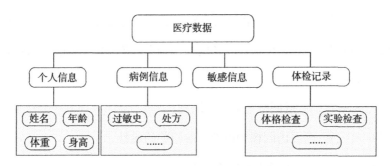

图4-14 医疗数据分类示例

4.6.1.2 访问树

RBAC-ABE 的访问树采用分层次的访问树方法，并且将访问树分为两部分：$T = T_{os} \wedge T_{ow}$，其中 T_{os} 由外包服务提供者管理，T_{ow} 由病人管理。为了减轻 WBAN 的计算负担，T_{ow} 中通常只保留少部分属性，而 T_{os} 中保存绝大部分属性。图4-15是一棵访问树示例。

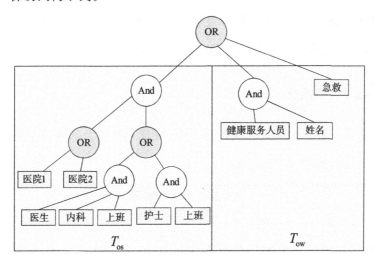

图4-15 访问树示例

访问树 T 由叶子结点和中间结点组成，定义了数据访问策略。叶子节点代表属性，中间节点代表逻辑关系（例如"与""或"），其他与访问树相关的函数定义如下：

（1）parent(x)：返回结点 x 的父结点；

（2）att(x)：返回访问树中叶结点 x 相关的属性；

（3）num(x)：返回结点 x 的子结点数量；

（4）index(x)：返回一个与结点 x 相关的数字；

（5）k_x：表示非叶结点 x 的门限值，定义秘密共享算法中多项式的度。当 x 为 and 时，$k_x = num_x - 1$，x 为 or 时，$k_x = 0$。

4.6.2　RBAC-ABE 方案描述

RBAC-ABE 方案由 5 个算法组成，分别是初始化算法、私钥生成算法、数据加密算法、数据解密算法和紧急情况。下面进行详细介绍。

4.6.2.1　初始化

数据所有者，即病人，执行算法 4-6 完成初始化，选择两个随机数作为输入，输出公钥 PK 和主密钥 MK。

算法 4-6：初始化

---

1. 构造阶为 p 双线性组 G，g 为其生成元。

2. 选择随机数 $\alpha, \beta \in Z_p$，公钥 PK 为 $\left\{ e(g,g)^{\alpha}, h = g^{\beta} \right\}$。

3. 主密钥 MK 为 $\{\alpha, \beta\}$

4.6.2.2 私钥生成

用户和可信中心交互完成私钥的生成。根据前面产生的系统公钥和主密钥，可信中心为用户生成私钥。在算法4-7中，根据用户角色，将具有的属性集合ATT作为输入，输出为识别该集合的私钥。

算法4-7：私钥生成

1.选择一个随机数 $\gamma \in Z_p$。

2.每一属性 $j \in$ ATT选择随机数 $\gamma_j \in Z_p$。

3.生成私钥：$D = g^{(\alpha+\gamma)/\beta}, \forall j \in \text{ATT}: D_j = g^\gamma \cdot H(j)^{\gamma_j}, D_j' = g^{\gamma_j}$

4.6.2.3 数据加密

数据外包存储前通过算法4-8进行加密，首先将数据 M 分为 N 部分，$M = \{M_1, M_2, \cdots, M_N\}$，针对每一不同部分分别进行加密，并构造不同的访问树。加密完成后，输出密文 $E = \{E_1, E_2, \cdots, E_N\}$，其中 $E_k(k = 1, 2, \cdots, N)$ 是密文的一部分，满足相应访问树的用户可以解密 E_k。

算法4-8：数据外包前加密

---

1. $T = T_{OS} \wedge T_{OW}$。

2.分别加密 T_{OS} 和 T_{OW} 部分。

3.一旦收到病人的数据，外包服务器产生如下密文

$$CT = \begin{cases} T_{OS} \wedge T_{DO}; \tilde{C} = Me(g,g)^{\alpha s}; C = h^s; \\ \forall y \in Y_{OS} \bigcup Y_{DO}: C_y = g^{q_y(0)}, C_y' = H(\text{ATT}(y))^{q_y(0)} \end{cases}$$

访问树 T_{OS} 和 T_{OW} 的加密过程如算法4-9所示。

算法4-9：T_{OS} 和 T_{OW} 的加密

---

1. 病人为树中每个结点 x（包括叶结点）选择一个多项式 q_x。

   （1）多项式从根结点开始，以从上至下的方式选择；

   （2）树中每个结点 x，设置度为 $d_x = k_x - 1$，k_x 是 x 的孩子结点数量；

   （3）从根结点 r 开始，选择随机数 $s \in Z_p$ 并设置 $q_r(0) = s$；

   （4）对于其他结点 x，设置 $q_x(0) = q_{\text{parent}(x)}(\text{index}(x))$ 并随机选择其他 d_x 结点来定义 q_x。

2. 用 T_{OW} 对数据加密得到密文 $CT_{OW} = \left\{ \forall y \in Y_2 : C_y = g^{q_y(0)}, C_y' = H(\text{ATT}(y))^{q_y(0)} \right\}$。

3. 计算 $\tilde{C} = Me(g,g)^{\alpha s}$ 及 $C = h^s$，其中 M 为明文数据。

4. 将 $CT_{OW}, \tilde{C}, C$ 发送至外包服务器

4.6.2.4　数据解密

当用户需要访问 CT_k 时，云服务器提供商首先检查用户属性是否满足访问树 CT_k，如果满足，云服务器提供商进行解密。用户向外包发送 SK_k 并且向云服务器提供商请求访问密文。递归过程如下：对于 x 中任意一个孩子结点 z，调用 $\text{DecryptNode}(CT,SK,z)$ 并将输出存储为 F_z，S_x 为结点 z 的任意分支孩子结点。数据解密如算法4-10所示。

解密算法从树根开始执行，当用户具有的属性满足访问树时，解密消息 M'。具体解密推导过程如式（4-6）所示。

算法4-10：数据解密

1. 当 x 为叶结点时，$i = \mathrm{ATT}(x)$ 并定义如下：

当 $i \in S$ 时，

$$\mathrm{DecryptNode}(\mathrm{CT},\mathrm{SK},x)$$

$$= \frac{e(D_i,C_x)}{e(D_i',C_x')}$$

$$= \frac{e(g^r \cdot H(i)^{r_i}, h^{q_x(0)})}{e(g^{r_i}, H(i)^{q_x(0)})}$$

$$= e(g,g)^{rq_x(0)}$$

当 $i \notin S$ 时，$\mathrm{DecryptNode}(\mathrm{CT},\mathrm{SK},x) = \perp$；

$$F_x = \prod_{z \in S_x} F_z^{\Delta_{i,S_x'}(0)}$$

$$= \prod_{z \in S_x} \left(e(g,g)^{r \cdot q_z(0)} \right)^{\Delta_{i,S_x'}(0)}$$

$$= \prod_{z \in S_x} \left(e(g,g)^{r \cdot q_{p(z)}(\mathrm{index}(z))} \right)^{\Delta_{i,S_x'}(0)}$$

$$= \prod_{z \in S_x} e(g,g)^{r \cdot q_x(i) \cdot \Delta_{i,S_x'}(0)}$$

$$= e(g,g)^{r \cdot q_x(0)}$$

其中，$i = \mathrm{index}(z)$，$S_x' = \left\{ \mathrm{index}(z) : z \in S_x \right\}$。

2. 递归算法返回 $A = e(g,g)^{rs}$

$$M' = \frac{C'}{e((C,D)/A)}$$

$$= \frac{Me(g,g)^{\alpha s}}{e(h^s, g^{(\alpha+\gamma)/\beta})/e(g,g)^{rs}}$$

$$= \frac{Me(g,g)^{\alpha s}}{e(g^\beta, g^{(\alpha+\gamma)/\beta})/e(g,g)^{rs}} \tag{4-6}$$

$$= \frac{Me(g,g)^{\alpha s}}{e(g,g)^{(\alpha+\gamma)}/e(g,g)^{\gamma s}}$$

$$= M$$

4.6.2.5　紧急情况

当病人出现紧急情况需要救治时，急救人员必须马上访问数据资源，此时，普通的访问策略不再适用，需要启动紧急授权密钥来访问数据。在 RBAC-ABE 方案中，病人将紧急密钥存放于紧急部门。当紧急情况发生时，医疗人员向紧急部门证明身份，请求病人的紧急密钥。当病人急救完成后，可以重新生成一紧急密钥。紧急情况算法如算法 4-11 所示。

算法 4-11：紧急情况

1.　为紧急属性选择一个随机数 $\eta \in Z_p$。

2.　利用主密钥生成私钥，$D = g^{(\alpha + \eta)/\beta}$

4.6.3　协议小结

RBAC-ABE 针对医疗数据外包存储到云服务提供商处而使得医疗数据不受病人控制的问题，提出云存储环境中的医疗数据 ABE 算法。RBAC-ABE 将医疗数据分为不同的部分，细化了用户访问的数据。服务提供商不完全可信，所以将访问树分为两部分，一部分由云服务提供商管理，另一部分由病人管理。通过拓展 CP-ABE 算法，对分类的医疗数据分别进行加密，将访问树也分成两部分管理。此外，RBAC-ABE 还设置了紧急情况，为突发事件提供了充分的准备。理论分析和原型验证结果表明该 RBAC-ABE 保证了用户访问的机密性，能够抵抗合谋攻击和选择性密文攻击，与现有方案相比，不仅在存储和计算性能具有优势，而且提高了加密解密的效率。

4.7 本章小结

本章首先分析了 Cagalaban-Kim 访问控制方案、Ma-Xue-Hong 访问控制方案和 Li-Hong 访问控制方案的内容和特点。其次，重点介绍了高效的基于无证书签密的访问控制方案 EACS-CLSC（Efficient Access Control Scheme with Certificateless Signcryption for Wireless Body Area Networks）。EACS-CLSC 针对基于 WBAN 的移动医疗监护网络中访问控制的执行效率展开研究。我们将无证书公钥密码体制和签密机制结合，提出一个新的 CLSC 方案，并将提出的 CLSC 方案应用到基于 WBAN 的移动医疗监护网络中，构造了高效的访问控制方案 EACS-CLSC。丰富了资源受限环境下数据访问控制的类型，同时也拓展了 CLSC 算法。对 EACS-CLSC 方案的系统模型、安全模型和无证书签密方法进行了定义和描述。EACS-CLSC 方案使用无双线性对映射的无证书签密机制，解决了公钥证书管理和密钥托管问题，通过避免使用双线性对运算，为资源受限的 PDA 节约开销；在访问控制过程中通过签密机制对访问请求信息进行保护，引入时间戳保证访问请求信息的新鲜性；提供用户撤销功能，增强系统的安全性。EACS-CLSC 方案提供了对部分密钥、密文以及签密文的正确性证明，并在随机预言机模型中，基于困难问题假设形式化证明了方案满足 IND-CLSC-CCA2 游戏下的机密性和 EUF-CLSC-CMA 游戏下的不可伪造性。仿真模拟和性能分析表明，与同类方案相比，EACS-CLSC 方案在满足安全属性的前提下，计算能耗和通信能耗最低，效率更优，适用于资源受限的基于 WBAN 的移动医疗监护网络中。最后，介绍了基于 ABE 的访问控制 RBAC-ABE，将拓展 CP-ABE 算法与医用医疗 WBAN 云存储结合，实现了云存储环境下的细粒度访问控制。

第5章 数据审计研究

无证书公钥密码体制避免了传统公钥密码体制中的密钥管理问题和基于身份密码体制中的密钥托管问题，效率更高。数据审计能够实时记录数据的活动状态，对数据内容是否遭受风险进行评判，并对攻击行为进行阻断。为保证云存储中的数据在使用时是完整和原始的数据，我们对数据完整性验证的公共审计方法展开研究。首先，总结云存储数据公共审计的研究进展，并对已有的几个公共审计方案进行论证。其次，针对移动医疗云存储WBAN环境中数据审计存在隐私保护缺陷和PDA资源受限的问题，重点介绍支持隐私保护的无证书公共审计方案。

5.1 引言

基于云的移动医疗系统将病人的个人健康信息（PHI）通过外包存储于云

服务器，以获得巨大的存储空间和高速的计算能力，解决病人智能终端资源受限的问题，提高医疗服务的质量与效率[174]。云存储是以存储数据和管理数据为核心的云计算系统，通常把数据存放在由第三方托管的虚拟服务器上，云服务提供商（CSP）将数据存储作为服务进行管理和运营。基于云存储的个人医疗记录系统正被广泛使用，如微软 Health Vault、Zebra Health 等。我们描述的移动医疗云存储环境特指用户智能终端为 WBAN 的 PDA 的特定应用场景，简称为移动医疗云存储 WBAN 环境。云存储给人们带来便利的同时，PHI 数据外包存储导致病人失去了对医疗数据的物理控制，可能面临来自恶意黑客、恶意 CSP 以及好奇 TPA 等的安全威胁。

为保证数据的机密性，数据拥有者可以利用加密技术将本地私有数据加密后存储到 CSP 中，而云端信息的完整性则需要新的协议来保障。关于云存储数据的完整性已有多种数据审计方案来保证，如数据持有性证明（PDP）、数据可恢复性证明（POR）以及远程数据审计（Data Auditing）等。公共审计是一种应用广泛的数据完整性验证技术，已有的公共审计方案大都基于传统公钥密码体制，存在公钥证书管理问题，而且随着用户数量的增加，公钥证书管理问题将更复杂，开销更大。2013 年，王等人[175]首次将无证书公钥密码体制应用到公共审计中，提出验证云数据完整性的无证书公共审计方案（简称 Wang-Li 等无证书公共审计方案），该方案克服了基于 PKI 公共审计方案中的证书管理问题，方案首先提出一个同态可认证的无证书签名方案，然后基于提出的无证书签名方案，构建了完整的无证书公共审计机制，用于验证不可信云中数据的完整性。由于移动医疗云存储 WBAN 中 PDA 资源受限，具有高数据密集性和弱处理能力的特点，而且医疗数据要求的隐私保护级别又较高，所以，已有公共审计方案不能直接应用到移动医疗云存储 WBAN 环境的数据完整性验证中。

关于移动医疗云存储 WBAN 环境的数据审计方案较少。2015 年，何（He）等人[176]提出一个无证书公共审计方案（简称 He-Wu 无证书公共审计方案），通过使用无证书公钥密码技术，用户私钥由 KGC 和用户共同生成，从而同时解决了基于 PKI 的公钥证书管理问题和基于 IBC 的密钥托管问题。何等人方案被证明是安全的，详细性能分析表明方案非常适用于云存储 WBAN 中。但是研究发现，在何等人方案的"挑战—审计"过程中，对相同数据块进行多次挑战后，好奇 TPA 可以从获得的证据信息提取出数据块内容，所以何等人的方案不满足隐私保护性。2017 年，康（Kang）等人[177]在何等人方案的基础上，为移动医疗云辅助 WBAN 提出具有隐私保护功能的无证书公共审计方案（简称 Kang-Wang-Shao 无证书公共审计方案）。康等人在标签生成阶段，对外包数据 M 的每一数据块 m_i，$1 \leqslant i \leqslant n$ 进行了 3 次哈希运算和 1 次点乘运算。与何等人的方案相比，康等人的方案需要多进行 $2n$ 次点乘运算和 n 次哈希运算，从而增加了方案的运算开销。这对于计算资源和存储资源受限的 PDA 来说，开销较大。

本章针对移动医疗云存储 WBAN 环境中数据完整性验证存在隐私保护的缺陷，基于无证书公钥密码思想，结合何等人的方案和康等人方案的优点，重点讨论支持隐私保护的云存储无证书公共审计方案（Certificateless Public Auditing Scheme with Privacy Protectionfor Cloud-Assisted Wireless Body Area Networks，CL-PASPP）[178]。下面首先介绍几个相关的公共审计方案。

5.2 Wang-Li等公共审计方案

云存储中存在很多数据安全的威胁，已有一些机制来保证用户在使用云数据之前对数据进行公共审计来保证数据的完整性。在传统公钥基础设施中，选择正确的公钥主要取决于公钥基础设施的安全性。尽管传统公钥基础设施在公钥密码体制建设中得到了广泛的应用，但是仍然面临许多安全威胁，尤其是在公钥证书管理方面。Wang-Li等公共审计方案用来消除传统PKI解决方案中的安全风险，具体地说，在Wang-Li等公共审计机制中，公共验证者不需要管理证书来为审计工作选择正确的公钥。相反，审计可以在数据所有者身份（如姓名、电子邮件等）的帮助下进行，这可以确保使用正确的公钥。同时，公共验证者仍然能够审计数据完整性，而不需要像之前的解决方案中那样从云中检索整个数据。据我们所知，Wang-Li等公共审计方案是第一个用于验证云中数据完整性的无证书公共审计机制。通过理论分析，证明了王和李等的公共审计机制的正确性和安全性，实验结果表明该机制能够有效地审计云数据的完整性。

5.2.1 系统模型

Wang-Li等公共审计方案包括四个参与实体：云、数据所有者、数据用户和密钥生成中心KGC，如图5-1所示。其中，云为数据所有者和数据用户提供数据服务；数据所有者将其数据外包存储到云中，并将其存储保存到本地设备上，通常，为了有效地修改数据，可将外包的数据进一步划分为若干块；数据用户可以通过云提供的服务来使用数据所有者外包的云数据，如数据用户可以出于特定目的对云数据执行搜索或计算操作；KGC是可信赖第三方，它能够根据相应的身份（如姓名、电子邮件等）生成实体（如数据所有者）的部分私钥，另一部分私钥由实体自己生成。

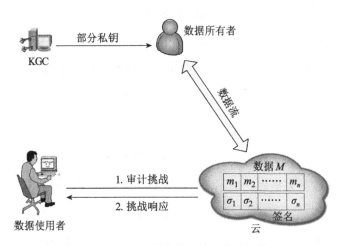

图5-1 Wang-Li等公共审计方案系统模型

存储在云中的数据可能遭受两类型的攻击。其一，外部敌手可能试图破坏数据，并且阻止数据所有者和数据用户正确地使用数据。其二，云服务提供商可能会因为硬件/软件故障或人为错误而意外地破坏数据完整性，并且谎报数据已损坏的事实而以保全其服务的声誉。因此，数据所有者和数据用户并不能够完全信任云数据的完整性。

为了保证云存储数据的完整性，可以为每个数据块附加一个签名，签名由数据所有者的整个私钥来计算。数据用户需要在使用之前检查云数据完整性

（如搜索、计算、数据挖掘等）。具体来说，数据用户首先向云发送审计挑战。然后，云生成所有者数据的持有性证明，作为对该数据用户的审计响应。最后，该数据用户使用数据所有者的公钥和数据所有者的身份根据审计请求相应地验证数据的完整性。

Wang-Li 等公共审计方案实现三个安全目标：①正确性，公共验证者能够正确地验证云中数据的完整性。②公共审计，公共验证者可以审计数据的正确性，而不需要从云中检索整个数据。③无证书管理，公共审计的正确性不需要进行管理者证书的公共验证。

5.2.2　同态认证无证书签名 HA–CLS

同态认证签名，又称为同态可验证标签或同态认证器，是公共认证审计机制中的基本构件之一。同态认证签名最重要的特征之一是无块可验证性。通过无块可验证性，验证者可以通过检索单个块（数据中所有块的组合）而不是下载整个数据来检查存储在云中的数据的完整性。由于云中的数据通常非常大，因此这种高级特性节省了验证者大量的带宽，并提供了一种有效且安全的解决方案，用户验证由数据所有者外包存储在云中的数据的完整性。同态认证签名的另一个重要特性是不可塑性，不可塑性表示不受信任的云无法通过组合现有签名在组合块上生成有效的签名。

王和李等的同态认证无证书签名（Homomorphic Authenticable Certificate-less Signature, HA-CLS）方案包括五种算法，分别为设置算法、部分私钥提取算法、密钥生成算法、签名算法和验证算法。详细介绍如下。

5.2.2.1 设置算法（Setup）

KGC生成主密钥和系统参数。KGC选择一随机数 $\lambda = Z_p^*$ 作为主密钥，并且设置 $P_T = P^\lambda$。KGC选择一随机 $P_1 \in G_1$ 和两个加密哈希函数：$H_1:\{0,1\}^* \to G_1$ 和 $H_2:\{0,1\}^* \to G_1$。KGC公开系统参数 $(G_1, G_2, e, P, P_T, P_1, H_1, H_2)$，保密主密钥 λ。

5.2.2.2 部分私钥提取算法（Partial-Private-Key-Extract）

KGC为签名者生成部分私钥。假设签名者 S 的身份标识是 $\mathrm{ID}_S \in \{0,1\}^*$，KGC使用自己的主密钥 λ 通过以下步骤为 S 生成部分密钥。

（1）计算 $Q_S = H_1(\mathrm{ID}_S) \in G_1$。

（2）输出部分私钥为 $D_S = Q_S^\lambda \in G_1$。

5.2.2.3 密钥生成算法（KeyGen）

签名者 S 能够为自己生成私钥和公钥。给定系统参数 $(G_1, G_2, e, P, P_T, P_1, H_1, H_2)$，签名者 S 选择随机数 $x_S \in Z_p^*$ 作为自己的秘密值，并且计算 $P_S = P^{x_S} \in G_1$ 作为其公钥。签名者 S 的整个私钥包括部分私钥 D_S 和秘密值 x_S。

5.2.2.4 签名算法（Sign）

签名者 S 可以使用整个私钥（包括部分私钥和秘密值）计算块上的签名。给定数据块 $m \in Z_p^*$ 和块编号 $\mathrm{id} \in \{0,1\}^*$，签名者 S 利用自己的部分私钥 D_S 和秘密值 x_S 按照如下步骤为数据块生成签名：

（1）计算 $V = H_2(\mathrm{ID}_S \| P_S \| \mathrm{id}) \cdot P_1^m \in G_1$。

（2）为数据块标识为 id 的数据块 m 输出其签名 $\sigma = V^{x_s} \cdot D_S \in G_1$。

5.2.2.5　验证算法（Verify）

验证者可以使用签名者的公钥和签名者的身份来检查签名的正确性。给定系统参数 $(G_1, G_2, e, P, P_T, P_1, H_1, H_2)$，公钥 P_S，签名者身份标识 ID_S，数据块 m，块标识 id 和签名 σ，签名者 S 通过如下步骤检查数据块的完整性：

（1）计算 $Q_S = H_1(\mathrm{ID}_S)$。

（2）计算 $V = H_2(\mathrm{ID}_S \| P_S \| \mathrm{id}) \cdot P_1^m$。

（3）验证等式 $e(\sigma, P) = e(Q_S, P_T) \cdot e(V, P_S)$ 是否成立，如果等式成立，输出有效。否则，无效。

等式的正确性可以根据双线性对映射的属性来证明，具体如下：

$$
\begin{aligned}
e(Q_S, P_T) \cdot e(V, P_S) &= e(Q_S, P^\lambda) \cdot e(V, P^{x_s}) \\
&= e(Q_S^\lambda, P) \cdot e(V^{x_s}, P) \\
&= e(D_S, V^{x_s}, P) \\
&= e(\sigma, P)
\end{aligned}
$$

我们注意到，在无证书签名方案的设计过程中，同时需要签名者标识符和块标识符。通常情况下，签名者标识符是该签名者的姓名或电子邮件地址，块标识符能够将该块与整个数据中的其他块区分开来。经过分析讨论，同态认证无证书签名方案 HA-CLS 能满足不可伪造性（即用 HA-CLS 生成伪造签名在计算上是不可行的）、无块可验证性以及非延展性等安全属性。

5.2.3　方案设计

本小节利用同态认证无证书签名方案 HA-CLS 来构建云中的无证书公共审计机制，在 Wang-Li 等无证书公共审计方案中，公共验证者可以审计数据所有者外包存储在云中的数据的正确性，而无须对证书进行管理。Wang-Li 等无证书公共审计方案包括六个算法，分别是设置算法、部分私钥提取算法、密钥生成算法、签密算法、证据生成算法和证据验证算法。与同态认证无证书签名 HA-CLS 类似，通过运行设置算法、部分私钥提取算法、密钥生成算法和签名算法，数据所有者能够获得其部分私钥、秘密值和公钥，并且可以为数据块生成签名。在证据生成算法中，云服务器能够为其拥有的数据生成验证证据。在证据验证算法中，公共验证者可以在使用云数据之前检查证据的正确性。下面详细描述各个算法。

5.2.3.1　设置算法（Setup）

给定安全参数 δ，KGC 输出 (P, G_1, G_2, e)，其中 P 是 G_1 的生成元，G_1 和 G_2 是具有相同阶数 p 的乘法循环群，双线性对是 $e: G_1 \times G_1 \rightarrow G_2$。KGC 选择一随机数 $\lambda \in Z_p^*$ 作为主密钥，并且设置 $P_T = P^\lambda$。

KGC 选择 k 个随机数 $(P_1, P_2, \cdots, P_k) \in G_1^k$ 作为公共聚集密钥，同时选择两个加密哈希函数：$H_1: \{0,1\}^* \rightarrow G_1$ 和 $H_2: \{0,1\}^* \rightarrow G_1$。公开系统参数 $(G_1, G_2, e, P, P_T, P_1, \cdots, P_k, H_1, H_2)$，保密主密钥 λ。

数据拥有者 O 需要外包存储在云中的数据 M 被分成 n 块，每一块包含 Z_p 的 k 个元素。然后，数据 M 被表示成 $M = (m_1, m_2, \cdots, m_n)$，其中 $m_i = (m_{i1}, m_{i2}, \cdots, m_{ik}) \in Z_p^k$。

5.2.3.2 部分私钥提取算法（Partial-Private-Key-Extract）

给定数据拥有者 O 的身份标识 $\mathrm{ID}_O \in \{0,1\}^*$，KGC 利用主密钥 λ 为数据拥有者 O 生成部分私钥。

（1）计算 $Q_O = H_1(\mathrm{ID}_O) \in G_1$；

（2）输出部分私钥为 $D_O = Q_O^\lambda \in G_1$。

5.2.3.3 密钥生成算法（KeyGen）

给定系统参数 $(G_1, G_2, e, P, P_T, P_1, \cdots, P_k, H_1, H_2)$，数据拥有者 O 选择一随机数 $x_O \in Z_p^*$ 作为自己的秘密值，并且计算 $P_O = P^{x_O} \in G_1$ 作为其公钥。

5.2.3.4 签名算法（Sign）

给定数据块 $m_i = (m_{i,1}, \cdots, m_{i,k}) \in Z_p^k$ 和块编号 id_i，数据拥有者 O 利用自己的部分私钥 D_O、秘密值 x_O 和公共聚集密钥 　　　　按照如下步骤为数据块生成签名：

（1）计算 $V_i = H_2(\mathrm{ID}_O \| P_O \| \mathrm{id}_i) \cdot \prod_{l=1}^k P_l^{m_{i,l}} \in G_1$；

（2）输出数据块 m_i 和块标识符 id_i 的签名 $\sigma_i = V_i^{x_O} \cdot D_O \in G_1$。

在计算出数据 M 的所有签名 $(\sigma_1, \cdots, \sigma_n)$ 后，数据所有者 O 外包数据 M 和所有签名到云端。

5.2.3.5 证据生成算法（ProofGen）

为了审计存储在云中的数据 M 的完整性，公共验证者首先需要产生如下审计挑战：

（1）随机选择一个含有 c 个元素的集合 J，用来定位审计挑战中需要检查的 c 个选定块，其中 J 是集合 $[1,n]$ 的一个子集，n 是数据 M 的总数据块数。

（2）为每一个 $j \in J$ 生成一随机值 $y_j \in Z_q$，其中 q 是一个比 p 小得多的素数。

（3）输出并发送挑战信息 $\{(j,y_j)\}_{j \in J}$ 到云端。

当云端收到审计挑战信息 $\{(j,y_j)\}_{j \in J}$ 后，使用数据 M 上的签名为数据 M 生成其持有性证明，具体为：

（1）计算 $\mu_l = \sum_{j \in J} y_j m_{j,l} \in Z_p$，其中 $l \in [1,k]$。

（2）为选择的 c 个数据块生成聚合签名为 $\sigma^* = \prod_{j \in J} \sigma_j^{y_j} \in G_1$。

（3）将审计挑战应答 $\{\sigma^*, \mu, \{id_j\}_{j \in J}\}$ 返回给公共验证者，其中 $\mu = (\mu_1, \cdots, \mu_k)$。

5.2.3.6 证据验证算法（ProofVerify）

给定审计挑战响应信息 $\{\sigma^*, \mu, \{id_j\}_{j \in J}\}$、审计挑战信息 $\{(j,y_j)\}_{j \in J}$、数据所有者 O 的身份标识 ID_O、公钥 P_O、系统参数 $(G_1, G_2, e, P, P_T, P_1, \cdots, P_k, H_1, H_2)$，公共验证者通过如下步骤对审计挑战响应的正确性进行验证：

（1）计算 $Q_O = H_1(ID_O) \in G_1$。

（2）计算 $W_j = H_2(ID_O \| P_O \| id_j) \in G_1$，其中 $j \in J$。

（3）验证等式 $e(\sigma^*, P) = e\left(\prod_{j \in J} Q_O^{y_j}, P_T\right) \cdot e\left(\prod_{j \in J} W_j^{y_j} \cdot \prod_{l=1}^{k} P_l^{\mu_l}, P_O\right)$ 是否成立，如果等式成立，说明公共验证者相信数据是完整的；否则，数据不完整。

5.2.4 协议小结

王和李等人的无证书公共审计方案实现了对云中数据完整性的公共审计，安全性分析表明该方案满足正确性和不可伪造性。通过计算成本和通信成本来分析王和李等人无证书公共审计方案的性能。计算开销方面，分别统计在签密算法、证据生成算法和证据验证算法中的计算开销，与基于证书管理的公共审计方案[179]相比较，王和李等人的无证书公共审计方案在签密算法和证据生成算法中的计算成本相同，但是在证据验证算法中需要更多的计算成本，计算成本的增加是为了避免额外的证书管理成本。通信开销主要由公共验证者发送到云端的审计挑战$\{(j, y_j)\}_{j \in J}$和云存储对审计挑战的响应信息$\{\sigma^*, \mu, \{\mathrm{id}_j\}_{j \in J}\}$而产生。

将王和李等人的公共审计方案与基于证书机制的公共审计机制[179]进行性能比较，主要从计算成本和通信成本进行分析，可以得出，这两种机制都允许公共验证程序检查数据的完整性，而无须从云中检索整个数据。与基于证书的解决方案相比，王和李等人方案需要更多的审计时间来完成对相同审计响应的验证，更具体地说，如果验证数据块数目$c = 460$，该方案需要大约569.31毫秒来验证数据的正确性，而基于证书的公共审计方案只需要大约397.07毫秒。但是，由于王和李等人的公共审计方案能够避免对验证者的证书的管理，所以它能够成功地解决基于证书管理机制中由于证书管理带来的其他安全风险。

总之，王和李等人的无证书公共审计方案是第一个基于无证书的公共审计机制，用于验证不可信云中的数据的完整性。通过该机制，公共验证者不仅能够审计云中数据的完整性，还能够消除PKI方案中可能的其他安全风险。基于

CDH困难问题假设和DL困难问题假设证明王和李等人方案的安全性，实验结果也表明了方案的有效性。

5.3　He-Wu无证书公共审计方案

无线体域网WBAN由许多体积较小的、低功耗传感器组成，用户可以通过这些传感器远程监控病人的实时生理数据。远程监控技术可以改善医疗保健服务和对病人数据的监控状况，而WBAN的传感器设备通常具有有限的计算能力、存储空间、电源和通信能力，这些缺点限制了能够支持的WBAN应用程序。为了增强WBAN的应用能力，将云计算和WBAN相结合出现了云辅助WBAN的概念。通过使用云计算技术，云辅助WBAN可以提供更高效的病人生理数据处理能力，支持更丰富的服务。在云辅助WBAN中，病人的生理数据存储在云中，这些用于医疗诊断和其他医疗治疗的生理数据的完整性显得尤为重要。为了解决云辅助WBAN中数据的完整性，何和胡提出了一种高效的无证书公共审计方案。从安全性分析表明，何和胡无证书公共审计方案可以抵抗第一类敌手A_1和第二类敌手A_2的攻击。性能分析表明，何和胡无证书公共审计方案与已有方案相比，性能更优。

5.3.1　系统模型

He-Wu无证书公共审计方案包括四类参与实体，分别是第三方审计员、KGC、用户和云服务器，四类实体之间的关系和相互作用如图5-2所示。

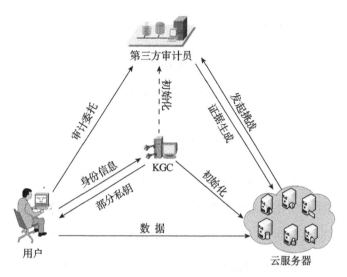

图5-2　He-Wu无证书公共审计方案系统模型

5.3.1.1　第三方审计员（Third-Party Auditor）

第三方审计员TPA是受信任的第三方，其计算能力更强，任务是检查云服务器中存储的数据的完整性。当用户需要检查存储在云中的数据时，用户向第三方审计员TPA发送审计委托。收到审计委托后，第三方审计员TPA将执行审计方案来检查数据的完整性，并将检查结果返回给用户。

5.3.1.2　密钥生成中心（Key Generation Center）

密钥生成中心KGC也是一个受信任的第三方，KGC的任务是生成系统参数并将它们发送给其他三个实体。此外，KGC还负责根据用户的身份信息生成用户的部分私钥。

5.3.1.3 用户（User）

用户是云辅助 WBAN 系统的合法使用者，用户可以将自己的数据外包存储到云端，并委托第三方审计员 TPA 检查数据的完整性。

5.3.1.4 云服务器（Cloud Server）

云服务器是一个好奇而可信的第三方，有足够的存储资源和计算能力来进行外包存储托管。此外，云服务器还支持检查外包数据完整性的功能。

He-Wu 无证书公共审计方案需满足四个基本的安全需求，分别如下。

（1）公开可验证性：可信第三方能够检查外包存储在云中数据的完整性，而不需要下载整个数据到本地，也不会给用户带来额外的存储、计算或传输等负担。

（2）存储的正确性：只有保存用户数据的服务器才能满足可信第三方对数据完整性的验证。

（3）隐私保护性：在公共审计过程中，可信第三方无法获取存储在云中的用户数据的任何内容。

（4）批量审计：为了提高接收多个检查数据完整性请求时的计算性能，可信第三方可以同时执行多个审计委托。

5.3.2 方案设计

He-Wu 无证书公共审计方案包括 8 个多项式时间算法，分别是系统参数设置算法、部分私钥提取算法、设置秘密值算法、设置公钥算法、设置私钥算法、标签生成算法、证据生成算法和证据验证算法，下面进行详细介绍。

5.3.2.1 系统参数设置算法（Setup）

KGC执行以下步骤生成系统参数和系统主密钥：

（1）KGC选择一个大素数q，一个加法群G_1和一个乘法群G_2；

（2）KGC选择一双线性对$e{:}G_1 \times G_1 \to G_2$和群$G_1$的生成元$P$；

（3）KGC选择三个安全哈希函数$h,\bar{h}$和H，其中$h{:}\{0,1\}^* \to Z_q^*$、$\bar{h}{:}\{0,1\}^* \to Z_q^*$和$H{:}\{0,1\}^* \to G_1$；

（4）KGC选择随机数$s \in Z_q^*$作为主密钥，计算$P_{pub} = s \cdot P$，并且保密主密钥s，发布系统参数$params = \{q,G_1,G_2,P,e,h,\bar{h},H,P_{pub}\}$。

5.3.2.2 部分私钥提取算法（Partial Private Key Extract）

当接收到用户的身份标识ID_U后，KGC执行以下步骤来生成用户的部分私钥。

（1）KGC生成一随机数$t_U \in Z_q^*$，计算$T_U = t_U \cdot P$、$h_U = h(\text{ID}_U \cdot T_U)$和$s_U = t_U + s \cdot h_U \bmod q$；

（2）KGC将部分私钥$D_U = \{s_U, T_U\}$通过安全渠道发送给用户。

5.3.2.3 设置秘密值算法（Set Secret Value）

用户运行此算法来设置其秘密值，具体步骤如下：

（1）用户生成一随机数$x_U \in Z_q^*$，并将其作为他的秘密值；

（2）用户将秘密值x_U保密起来。

5.3.2.4 设置公钥算法（Set Public Key）

（1）用户计算 $P_U = x_U \cdot P$；

（2）用户将 $pk_U = \{T_U, P_U\}$ 设置为他的公钥。

5.3.2.5 设置私钥算法（Set Private Key）

用户运行此算法来设置私钥，用户将 $sk_U = \{s_U, x_U\}$ 设置为他的私钥。

5.3.2.6 标签生成算法（Tag Gen）

将数据 M 等分成 n 个数据块 $\{m_1, m_2, \cdots, m_n\}$，数据所有者 O 的身份标识是 ID_O，私钥是 $sk_O = \{s_O, x_O\}$，公钥是 $pk_O = \{T_O, P_O\}$，数据所有者运行此算法为每一数据块 $m_i (i \in \{1, 2, \cdots, n\})$ 生成一个标签，该标签用于检查数据的完整性，具体步骤如下：

（1）数据所有者 O 计算 $k_O = \bar{h}(ID_O, pk_O, P_{pub})$ 和 $Q = H(P_{pub})$；

（2）数据所有者 O 计算 $S_i = (s_O + k_O \cdot x_O)(H(id_i) + m_i \cdot Q)$，并且发送 $\{m_i, id_i, S_i\}$ 给云服务器，其中 id_i 是 m_i 的唯一身份标识。

对两个不相同的消息 m_i 和 m'_i（例如 $m_i \equiv m'_i \bmod q$），通过标签生成算法的计算可以得到 $m_i \cdot Q = m'_i \cdot Q$，这说明 m_i 和 m'_i 将具有相同的标签。为了避免这种最坏的情况，我们要求每一数据块的大小小于 q。在这种情况下，随着数据块数目 n 的增加，标签生成算法必须生成更多的标签。在每个数据块的大小小于 q 的情况下，数据块数目 n 越小越好。

5.3.2.7　证据生成算法（Proof Gen）

第三方审计员和云服务器执行此算法以生成存储在云中数据的完整性验证证明。假设云服务器中存储的数据 M 被划分成 n 块。首先，第三方审计员运行以下三个步骤来生成审计挑战：

（1）第三方审计员生成集合 $\Omega = \{1, 2, \cdots, n\}$ 的一个随机子集 $J = \{i_1, i_2, \cdots, i_c\}$，具体过程描述为：①第三方审计员从集合 Ω 中随意选择一个元素；②第三方审计员从集合 Ω 中删除已选择的元素；③第三方审计员重复步骤①和步骤②直到找到 c 个元素。

（2）第三方审计员为每个元素 $i_j \in J$ 生成一个随机数 $w_j \in Z_q^*$。

（3）第三方审计员发送审计挑战 $\{(i_j, w_j)\}_{j \in J}$ 给云服务器。

当收到审计挑战 $\{(i_j, w_j)\}_{j \in J}$ 后，云服务器执行以下步骤生成证据信息：

（1）云服务器计算 $S = \sum_{j=1}^{c} w_j \cdot S_{i_j}$ 和 $m = \sum_{j=1}^{c} w_j \cdot m_{i_j} \bmod q$。

（2）云服务器发送证据信息 $\{m, S\}$ 给第三方审计员。

根据证据生成算法的描述，我们知道云服务器的计算成本与子集 $J = \{i_1, i_2, ..., i_c\}$ 的大小是线性相关的。

5.3.2.8　证据验证算法（Proof Verify）

当收到云服务器发送的证据信息 $\{m, S\}$ 后，第三方审计员执行该算法来验证存储在云中的数据的完整性。

（1）第三方审计员计算 $h_o = h(\mathrm{ID}_O, T_O)$、$k_o = \bar{h}(\mathrm{ID}_O, pk_O, P_{\mathrm{pub}})$ 和 $Q = H(P_{\mathrm{pub}})$。

（2）第三方审计员验证等式 $e(S, P) = e\big(m \cdot Q + \sum_{j=1}^{c} w_j \cdot H(\mathrm{id}_{i_j}), T_O + h_O \cdot$

$P_{\text{pub}} + k_0 \cdot P_0$)是否成立。如果等式成立，则输出"Success"，数据完整，否则，数据不完整。

根据证据验证算法的描述，可以看出云服务器的计算成本与子集 $J = \{i_1, i_2, ..., i_c\}$ 的大小是线性相关的。

根据 $T_0 = t_0 \cdot P$、$h_0 = h(\text{ID}_0, T_0)$、$s_0 = t_0 + s \cdot h_0 \bmod q$、$P_0 = x_0 \cdot P$、$S_{i_j} = (s_0 + k_0 \cdot x_0)(H(\text{id}_{i_j}) + m_{i_j} \cdot Q)$、$P_{\text{pub}} = s \cdot P$、$S = \sum_{j-1}^{c} w_j \cdot S_{i_j}$ 和 $m = \sum_{j-1}^{c} w_j \cdot m_{i_j} \bmod q$，我们可以得到

$$
\begin{aligned}
e(S, P) &= e\left(\sum_{j=1}^{c} w_j \cdot S_{i_j}, P\right) \\
&= e\left(\sum_{j=1}^{c} w_j \cdot ((s_0 + k_0 \cdot x_0)(H(\text{id}_{i_j}) + m_{i_j} \cdot Q)), P\right) \\
&= e\left((s_0 + k_0 \cdot x_0) \cdot \sum_{j=1}^{c} w_j \cdot (H(\text{id}_{i_j}) + m_{i_j} \cdot Q), P\right) \\
&= e\left(\sum_{j=1}^{c} w_j \cdot (H(\text{id}_{i_j}) + m_{i_j} \cdot Q), (s_0 + k_0 \cdot x_0) \cdot P\right) \\
&= e\left(\sum_{j=1}^{c} w_j \cdot m_{i_j} \cdot Q + \sum_{j=1}^{c} w_j \cdot H(\text{id}_{i_j}), (t_0 + s \cdot h_0 + k_0 \cdot x_0) \cdot P\right) \\
&= e\left(\left(\sum_{j=1}^{c} w_j \cdot m_{i_j}\right) \cdot Q + \sum_{j=1}^{c} w_j \cdot H(\text{id}_{i_j}), t_0 P + h_0 \cdot s \cdot P + k_0 \cdot x_0 \cdot P\right) \\
&= e\left(m \cdot Q + \sum_{j=1}^{c} w_j \cdot H(\text{id}_{i_j}), T_0 + h_0 \cdot P_{\text{pub}} + k_0 \cdot P_0\right)
\end{aligned}
$$

这也证明了He-Wu无证书公共审计方案的正确性。

5.3.3 协议小结

He-Wu无证书公共审计方案实现了云存储数据完整性验证的过程，安全性分析表明，在随机预言机模型下，基于CDH问题的困难性假设，He-Wu无证书公共审计方案能够抵抗Type-Ⅰ类敌手和Type-Ⅱ类敌手攻击。此外，He-Wu无证书公

共审计方案能够满足公开可验证性、存储的正确性、隐私保护性和批量审计功能。

对 He-Wu 无证书公共审计方案进行性能分析，在计算开销方面，根据双线性对执行时间、椭圆曲线点乘运算执行时间、椭圆曲线加法运算执行时间、哈希到点操作的运行时间以及一般哈希函数操作的执行时间，通过对 c 块数据块进行审计挑战测试，分别对证据生成算法和证据验证算法所需要的执行时间进行计算，表明了 He-Wu 无证书公共审计方案的优势。而在通信开销方面，在"挑战—响应"阶段网络中输出的信息几乎一致，所以 He-Wu 无证书公共审计方案在通信开销方面没有明显的优势。

总之，云辅助 WBAN 系统是云计算平台和 WBAN 网络的集成，与传统 WBAN 相比，它可以带来更多的好处。云辅助 WBAN 的主要挑战之一是确保存储在云服务器上的医疗数据的完整性，公共审计技术是检查远程存储的数据完整性的有效工具之一，而已有的基于证书的公共审计方案存在证书管理和密钥托管的问题。因此，为解决这些问题，He-Wu 提出一个新的无证书公共审计方案，与之前提出的方案相比，He-Wu 无证书公共审计方案不仅可以解决基于传统公钥密码体制的证书管理问题和基于身份密码体制的密钥托管问题，而且可以获得更好的性能。此外，He-Wu 无证书公共审计方案在随机预言机模型中被证明是安全的，也满足预定安全目标，更适用于云辅助 WABNs 中。

5.4 Kang-Wang-Shao 无证书公共审计方案

将云计算集成到无线体域网 WBAN 中形成基于云辅助的 WBAN。在基于云辅助的 WBAN 系统中，存储在云端数据的完整性非常重要。最近基于无证书公钥密码体制，在云辅助 WBAN 环境下已经提出一些基于无证书的公共审计方案（如 He-Wu 无证书公共审计方案），但是 He-Wu 无证书公共审计方案经过多次检查相同数据块的完整性时，审计人员可以从中获得数据块信息，所以不能完全满足隐私保护性。因此，Kang-Wang-Shao 提出一个支持隐私保护的无证书公共审计方案。

5.4.1　系统模型

跟 He-Wu 无证书公共审计方案类似，Kang-Wang-Shao 无证书公共审计方案也包括四类参与实体，分别是数据用户、云服务器、第三方审计员和私钥生成器，详细介绍如下：

（1）数据用户（Data User），数据用户的数据文件需要外包存储到云端。

（2）云服务器（Cloud Server），云服务器为数据用户提供数据存储服务。

（3）第三方审计员（Third-Party Auditor），代表数据用户来检查云存储数据完整性的第三方。

（4）私钥生成器（Private Key Generator），负责设置系统参数，并且使用实体身份标识信息为实体生成部分私钥。

为了减轻数据文件存储的负担，数据用户将其数据文件上传到云服务器中进行存储，数据用户不再在本地保留数据文件。为了确保数据文件正确完整地存储在云服务器上，数据用户委托具有专业知识和计算能力的可信第三方审计员定期检查存储在云中数据文件的完整性。

在Kang-Wang-Shao无证书公共审计方案中，私钥生成器是完全可信的，数据用户是诚实的，第三方审计员是诚实但好奇的，云服务器是半诚实的。云服务器可能为了自己的利益而更改或删除数据用户的档案信息，并伪造证据资料，以通过数据完整性验证。我们也可以检查第三方审计员是否在公共审计过程中获得关于数据文件内容的任何信息。因此，在设计公共审计方案中应该至少考虑如下三个安全目标：

（1）公共审计。第三方审计员可以根据需要验证云存储数据文件块的正确性，而不需要检索整个数据文件的副本，也不会给云用户带来额外的在线负担。

（2）存储的正确性。任何可疑的云服务器都无法通过第三方审计员的验证。

（3）隐私保护性。第三方审计员不能从挑战审计过程中收集的信息中获得数据用户的文件内容。

5.4.2 方案设计

Kang-Wang-Shao无证书公共审计方案包括7个算法，分别是系统参数设置算法、部分私钥提取算法、设置公钥算法、标签生成算法、挑战信息生成算法、证据生成算法和证据验证算法。详细介绍如下。

5.4.2.1 系统参数设置算法（Setup）

给定安全参数k，算法工作如下：

（1）根据输入的安全参数k，运行参数生成器生成一素数q、一个加法循环群G_1和一乘法循环群G_2，其中G_1和G_2的阶数都是q。P是G_1的一个生成元，双

线性对为 $e:G_1 \times G_1 \to G_2$。

（2）选择一随机数 $s \in Z_q^*$ 作为私钥生成中心的主密钥，并且设置系统公钥为 $P_{pub} = s \cdot P$。

（3）选择四个加密哈希函数，分别为 $H_1:\{0,1\}^* \to G_1$、$H_2:\{0,1\}^* \to Z_q$、$H_3:\{0,1\}^* \to G_1$ 和 $H_4:\{0,1\}^* \to G_1$。

（4）输出系统参数 $\{q, G_1, G_2, e, P, P_{pub}, H_1, H_2, H_3, H_4\}$。

5.4.2.2　部分私钥提取算法（Partial-Private-Key Extraction）

任何欲注册到私钥生成中心的实体，都需要通过如下算法完成部分私钥的生成，实体的身份标识是 ID_i，私钥生成中心的执行步骤如下：

（1）计算 $Q_i = H(\text{ID}_i) \in G_1$。

（2）设置部分私钥为 $S_i = s \cdot Q_i$，其中 s 是私钥生成中心的主密钥。

5.4.2.3　设置公钥算法（Set-Public Key）

给定用户身份标识 ID_i，该算法选择一随机数 $x_i \in Z_q^*$ 作为用户的秘密值，然后设置用户公钥为 $P_i = x_i \cdot P$。

5.4.2.4　标签生成算法（Tag Generation）

将数据文件 M 表示成 $M = m_1 \| m_2 \| \cdots \| m_n$, $m_i \in Z_q$，数据所有者的身份标识是 ID_{DU}，私钥是 S_{DU}，公钥是 P_{DU}，秘密值是 x_{DU}，数据用户运行此算法为每一数据块 $m_i(i \in \{1,2,\cdots,n\})$ 生成一个标签，该标签用于检查数据的完整性，具体步骤如下：

（1）为每一数据块 m_i 选择一个参数 $r_i \in Z_q^*$，并计算 $R_i = r_i \cdot P$、$h_i =$

$H_2(m_i,R_i,\mathrm{ID}_{\mathrm{DU}},P_{\mathrm{DU}})$、$Z_i = H_3(m_i,R_i,\mathrm{ID}_{\mathrm{DU}},P_{\mathrm{DU}})$ 和 $T = H_4(P_{\mathrm{pub}})$。

（2）计算 $\sigma_{m_i} = h_i \cdot S_{\mathrm{DU}} + x_{\mathrm{DU}} \cdot Z_i + (r_i + m_i)T$，设置 $\varphi = ((\sigma_{m_1},R_1),\cdots,(\sigma_{m_n},R_n))$。

（3）数据用户发送 $(\mathrm{ID}_{\mathrm{DU}},M,\varphi)$ 给云服务器。

（4）数据用户发送 $RE_{DU} = (\mathrm{ID}_{\mathrm{DU}},\mathrm{ID}_{\mathrm{CS}},\omega = ((h_1,Z_1,R_1),\cdots,(h_n,Z_n,R_n)))$ 给第三方审计员。

5.4.2.5　挑战信息生成算法（Challenge Phase）

为检查外包存储数据 M 的完整性，第三方审计员和云服务器执行此算法以生成数据完整性验证的证明。第三方审计员随机选择一个集合 $I \in [1,n]$ 和一个值 $a \in Z_q$，并生成挑战信息 $\mathrm{Chall} = [\mathrm{ID}_{\mathrm{DU}},a,I]$，随后将挑战信息 Chall 发送给云服务器。

5.4.2.6　证据生成算法（Prove Phase）

当收到挑战信息 $\mathrm{Chall} = [\mathrm{ID}_{\mathrm{DU}},a,I]$ 后，云服务器生成集合 $\omega = \{(i,v_i)\}$，$i \in I$，在此 $v_i = a^i \bmod q$。然后，根据 $M = m_1 \| m_2 \| \cdots \| m_n$ 和 φ，云服务器选择一个随机数 $l \in Z_q^*$，并计算 $\sigma = \sum\limits_{i \in I} v_i \cdot \sigma_{m_i}$ 和 $\mu = \left(\sum\limits_{i \in I} v_i \cdot m_i - l \cdot H_2(L)\right) \bmod q$，其中 $L = l \cdot P$。最后云服务器发送证据信息 (σ,μ,L) 给第三方审计员。

5.4.2.7　证据验证算法（Verify Phase）

当收到证据信息 (σ,μ,L) 后，根据已经存储的信息 RE_{DU}，第三方审计员计算 $h = \sum\limits_{i \in I} v_i \cdot h_i$、$Z = \sum\limits_{i \in I} v_i \cdot Z_i$ 和 $R = \sum\limits_{i \in I} v_i \cdot R_i$。

然后，第三方审计员检查等式 $e(\sigma,P) = e(h \cdot Q_{\mathrm{DU}},P_{\mathrm{pub}}) \cdot e(Z,P_{\mathrm{DU}}) \cdot e(R + \mu \cdot$

$P + H_2(L) \cdot L, T)$是否成立，如果等式成立，第三方审计员接受证据信息，说明云存储数据完整。否则，说明云存储数据不完整。

等式 $e(\sigma, P) = e(h \cdot Q_{DU}, P_{pub}) \cdot e(Z, P_{DU}) \cdot e(R + \mu \cdot P + H_2(L) \cdot L, T)$ 的正确性可以通过如下推理来验证：

$$
\begin{aligned}
e(\sigma, P) &= e\left(\sum_{i \in I} v_i \sigma_{m_i}, P\right) \\
&= \prod_{i \in I} e\left(v_i \sigma_{m_i}, P\right) \\
&= \prod_{i \in I} e\left(v_i \cdot h_i \cdot S_{DU} + v_i \cdot x_{DU} \cdot Z_i + v_i(r_i + m_i)T, P\right) \\
&= e\left(\sum_{i \in I} v_i \cdot h_i \cdot S_{DU}, P\right) \cdot e\left(\sum_{i \in I} v_i \cdot x_{DU} \cdot Z_i, P\right) \cdot e\left(\sum_{i \in I} v_i(r_i + m_i)T, P\right) \\
&= e(h \cdot Q_{DU}, P_{pub}) \cdot e(Z, P_{DU}) \cdot e(R + \mu \cdot P + H_2(L) \cdot L, T)
\end{aligned}
$$

5.4.3　协议小结

将Kang-Wang-Shao无证书公共审计方案与He-Wu无证书公共审计方案从安全性和计算成本方面进行比较，在计算成本的比较中，用 P、H 和 E 分别表示椭圆曲线标量点乘运算、哈希运算和双线性对运算。从比较结果可以看出，Kang-Wang-Shao无证书公共审计方案具有较好的安全性，需要较低的哈希运算开销。当然，在某些阶段，椭圆曲线点乘运算和双线性对运算的计算量较大。

总之，Kang-Wang-Shao无证书公共审计方案为云辅助WBAN系统提供了隐私保护功能，在证据信息生成阶段，证据信息不会直接暴露给公共审计人员。因此，好奇而可信的公共审计员无法得到数据块。在Diffie-Hellman困难问题假设下，Kang-Wang-Shao无证书公共审计方案在随机预言机模型中是安全的。分析比较表明，Kang-Wang-Shao无证书公共审计方案更安全，更适合于云辅助WBAN环境中。

5.5 支持隐私保护的无证书公共审计 CL-PASPP

针对移动医疗云存储 WBAN 环境中数据审计存在隐私保护缺陷和 PDA 资源受限的问题，本节介绍支持隐私保护的无证书公共审计方案 CL-PASPP（Certificateless Public Auditing Scheme with Privacy Protectionfor Cloud-Assisted Wireless Body Area Networks）。CL-PASPP 方案采用无证书公钥密体制，引入第三方审计员 TPA，实现支持隐私保护的云存储数据完整性验证。CL-PASPP 方案解决了公钥证书管理和密钥托管问题，委托 TPA 远程验证云存储数据完整性，节省用户的存储、计算和通信等开销。在审计"挑战—响应"过程中，确保恶意 CSP 不能伪造审计证据欺骗 TPA 通过审计验证，并且结合哈希函数，防止好奇 TPA 从审计证据中恢复出原始数据块，强化隐私保护。CL-PASPP 方案满足公开可验证性、隐私保护性和不可伪造性等安全性。仿真模拟和性能分析表明，与同类方案相比，CL-PASPP 方案提供隐私保护，资源受限 PDA 所需计算开销、通信开销最少，效率更优，适用于移动医疗云存储 WBAN 环境中。

5.5.1 系统模型和安全需求

本节介绍 CL-PASPP 方案的系统模型，并对 CL-PASPP 方案和安全需求进行定义。

5.5.1.1 系统模型

移动医疗云存储 WBAN 环境的数据公共审计模型如图 5-3 所示，主要包括四个通信实体，分别介绍如下。

（1）密钥生成中心（Key Generation Center, KGC）。KGC负责系统参数、用户部分私钥的生成，并将生成的参数发送给相关实体。

（2）云服务提供商（Cloud Server Provider，CSP）。CSP拥有云计算基础设施架构，是一个具有大型计算能力和存储容量的实体，能为用户提供创建、存储、更新或取回数据服务。个人PHI数据上传存储到CSP中。

（3）用户。用户即云用户，将WBAN收集的PHI数据通过PDA外包存储到云服务器上，同时删除本地数据。PDA资源受限，委托TPA对云存储数据进行完整性验证。

（4）第三方审计员（Third Party Auditor, TPA）。TPA具备专业的知识和较高的计算能力，被授权代替用户执行云存储数据完整性验证，好奇TPA遵循规定但又对用户隐私好奇。

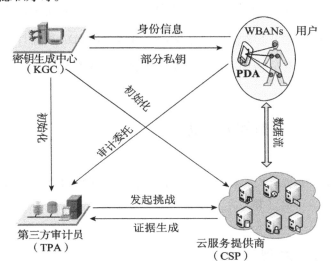

图5-3　CL-PASPP系统模型

5.5.1.2　CL-PASPP 形式化模型

支持隐私保护的无证书公共审计方案包括 7 个算法，形式化定义如下：

（1）系统参数建立算法 $Setup(1^k)$。

该算法由 KGC 执行，输入安全参数 k，输出系统参数 params 和主密钥 z，并公开 params，保密 z。

（2）部分密钥生成算法 $PartialKeyGen(ID_i) \rightarrow D_i$。

该算法由用户 ID_i 和 KGC 交互执行，用户输入身份标识 ID_i 和秘密值 x_i，KGC 为其生成部分密钥 D_i。

（3）密钥生成算法 $KeyGen(D_i) \rightarrow (PK_i, SK_i)$。

该算法由用户 ID_i 执行，输入部分私钥 ID_i 和秘密值 x_i，输出用户 ID_i 的公钥 PK_i 和私钥 SK_i，并保密秘密值 x_i。

（4）标签生产成算法 $TagGen(M, SK_i) \rightarrow (\Phi, Tag_M)$

该算法由用户 ID_i 执行，输入需外包存储的数据 M 和用户 ID_i 的私钥 SK_i，输出数据块签名集 Φ、数据标签 Tag_M。最后，用户 ID_i 发送数据 M、数据标签 Tag_M 以及签名集合 Φ 给云服务器 CSP，并删除本地数据。

（5）挑战信息生成算法 $ChallGen(\Omega, I) \rightarrow Chall$。

该算法由 TPA 执行，输入全集 Ω 和随机子集 I，输出数据完整性验证的挑战信息 Chall。最后将挑战信息 Chall 发送给 CSP。

（6）证据生成算法 $ProofGen(\Phi, Tag_M, Chall) \rightarrow (\delta, \mu)$。

该算法由 CSP 执行，输入数据块签名集 Φ、数据标签 Tag_M 和挑战信息 Chall，输出证据信息 (δ, μ)。最后将证据信息 (δ, μ) 发送给 TPA。

（7）验证证据算法 VerifyProof $(\delta, \mu) \rightarrow$ (success, failure)。

该算法由 TPA 执行，输入证据信息 (δ, μ)，如果挑战验证通过，输出验证结果为"success"。否则，输出验证结果为"failure"。并将数据完整性验证的结果返回给用户 ID_i。

5.5.1.3 安全需求

在实际应用中，云存储系统面临诸多来自于 CSP、TPA 以及网络中的其他恶意攻击的安全威胁。为了保证公共审计方案能够正确高效地验证数据完整性，保证用户医疗数据的机密性和可用性，避免内部和外部威胁，在设计云存储数据公共审计方案时应考虑如下基本安全需求。

（1）公开可验证性（Public Verifiability）。

TPA 不需要将云存储数据下载到本地，远程公开验证存储在 CSP 中数据的完整性，从而节省通信开销和计算开销。

（2）隐私保护性（Privacy Preserving）。

在"挑战—审计"过程中，好奇 TPA 无法从用户的审计委托和 CSP 的审计证据中恢复出用户原始数据。

（3）不可伪造性（Unforgeability）。

在"挑战—审计"过程中，恶意的云服务器 CSP 不能伪造审计证据欺骗 TPA 通过审计验证过程。

5.5.2　CL-PASPP 方案描述

CL-PASPP 方案包括五个阶段，分别是初始化阶段、标签生成阶段、挑战阶段、证据生成阶段和证据验证阶段，详细介绍如下。

5.5.2.1　初始化阶段

初始化阶段完成系统参数和用户密钥的生成，包括系统参数建立算法、部分密钥提取算法和密钥生成算法。

（1）系统参数建立算法 $\text{Setup}(1^k)$。

KGC 执行算法 5-1 完成系统参数建立，并输出系统参数。

算法 5-1：系统参数建立算法 $\text{Setup}(1^k)$

---

1. 输入安全参数 k。

2. 生成大素数 q、q 阶循环群 G_1 和 G_2、双线性对 $e : G_1 \times G_1 \to G_2$，生成元 $P \in G_1$。

3. 定义碰撞的哈希函数：$H_1 : \{0,1\}^* \to G_1$，$H_2 : \{0,1\}^* \to Z_q^*$。

4. 选择随机数 $z \in Z_q^*$ 作为 KGC 的主密钥并保密，设置 $P_{pub} = zP$ 为系统公钥。

5. 公开系统参数 $\{q, G_1, G_2, e, P, P_{pub}, H_1, H_2\}$

（2）部分密钥生成算法 $\text{PartialKeyGen}(\text{ID}_i, x_i) \to D_i$。

用户 ID_i 和 KGC 交互完成部分密钥的生成，如算法 5-2 所示。

算法 5-2：部分密钥生成算法 $\text{PartialKeyGen}(\text{ID}_i, x_i)$

---

1. ID_i 选择随机数 $x_i \in Z_q^*$ 作为 ID_i 的秘密值，计算 $X_i = x_i P$。

2. ID_i 发送 (ID_i, X_i) 给 KGC，KGC 计算 $Q_i = H_1(\text{ID}_i, X_i)$ 和 $D_i = zQ_i$，其中 z 是 KGC 的主密钥。

3. KGC 设置 D_i 为实体的部分私钥，并通过安全渠道发送部分私钥给用户 ID_i

（3）密钥生成算法 KeyGen(D_i, x_i) → (PK$_i$, SK$_i$)

当用户 ID$_i$ 收到 KGC 返回的部分私钥后，执行算法 5-3 完成密钥生成。

算法 5-3：用户密钥生成算法 KeyGen(D_i, x_i)

1. 计算 SK$_i$ = $x_i D_i$
2. 计算 $Y_i = x_i P_{pub}$
3. 设置 PK$_i$ = (X_i, Y_i) 为用户公钥，设置 SK$_i$ 为用户私钥

所以，执行初始化阶段后，用户 U 的私钥为 SK$_U$，公钥为 PK$_U$ = (X_U, Y_U)。

5.5.2.2 标签生成阶段

用户将数据 M 平均分成 n 块，即 $M = m_1 \| m_2 \| \cdots \| m_n$, $m_i \in Z_q^*$。假设数据 M 的标识为 ID$_M$，每一数据块的标号为 id$_1$, id$_2$, ···, id$_n$，算法 5-4 为每一数据块生成数据标签，用于验证数据的完整性。

算法 5-4：标签生成算法 TagGen(M, SK$_i$)→(Φ, Tag$_M$)

1. 用户计算 $T = H_1(P_{pub})$。
2. 为每一数据块计算签名 δ_{m_i} = SK$_U \cdot H_2$(id$_i$) + $T \cdot H_2(m_i)$，形成签名集合 $\Phi = \{\delta_{m_i}\}_{1 \leqslant n}$。
3. 生成数据 M 的签名 Tag$_M$ = e(SK$_U \cdot H_2$(ID$_M$), P)。
4. 发送 $\{\Phi$, Tag$_M$, M, ID$_U\}$ 到 CSP，并删除本地数据。
5. 发送 $\{$ID$_U$, ID$_{CS}$, Tag$_M\}$ 到 TPA，用于执行远程数据的完整性验证

5.5.2.3 挑战阶段

当 TPA 接受用户委托对云存储数据 ID$_M$ 进行数据完整性验证时，TPA 和 CSP 交互完成"挑战—审计"过程。TPA 向 CSP 发起挑战申请，从 CSP

处获得数据标签 Tag_M，通过用户公钥 PK_U 验证数据标签的正确性。若等式

$$e(H_2(\text{ID}_M), Y_U \cdot H_1(\text{ID}_U, X_U)) = \text{Tag}_M$$ 成立，TPA 执行算法 5-5 生成挑战信息，否则，终止程序，错误结束。

算法 5-5：挑战信息生成算法 ChallGen(Ω, I) → Chall

---

1. TPA 从全集 $\Omega = \{1, 2, \cdots, n\}$ 中生成随机子集 $I \subseteq [1, n]$。I 的生成过程是：
   a. TPA 从 Ω 中随机选择一个元素；
   b. TPA 从 Ω 中删除选择的元素；
   c. TPA 重复步骤 a 和 b，直到找到 i 个元素。
2. 为每一个 $i \in I$ 生成随机值 v_i，$v_i \in Z_q^*$。
3. 生成挑战信息 $\text{Chall} = \{i, v_i\}_{i \in I}$，并将挑战信息发送给 CSP

等式 $e(H_2(\text{ID}_M), Y_U \cdot H_1(\text{ID}_U, X_U)) = \text{Tag}_M$ 的正确性通过式（5-1）进行分析。

$$
\begin{aligned}
& e(H_2(\text{ID}_M), Y_U \cdot H_1(\text{ID}_U, X_U)) \\
&= e(H_2(\text{ID}_M), x_U \cdot P_{\text{pub}} \cdot H_1(\text{ID}_U, X_U)) \\
&= e(H_2(\text{ID}_M), x_U \cdot z \cdot P \cdot H_1(\text{ID}_U, X_U)) \\
&= e(H_2(\text{ID}_M), x_U \cdot D_U \cdot P) \\
&= e(H_2(\text{ID}_M), \text{SK}_U \cdot P) \\
&= e(\text{SK}_u \cdot H_2(\text{ID}_M), P) \\
&= \text{Tag}_M
\end{aligned}
\tag{5-1}
$$

5.5.2.4　证据生成阶段

当收到 TPA 发送的挑战请求 $\text{Chall} = \{i, v_i\}_{i \in I}$ 后，CSP 执行算法 5-6 完成证据生成。

算法 5-6：证据生成算法 ProofGen(Φ, Tag$_M$, Chall) → (δ, μ)

---

1. 计算 $\delta = \sum_{i \in I} v_i \cdot \delta_{m_i}$。

2. 计算 $\mu = \sum_{i \in I} v_i \cdot H_2(m_i)$。

3. 发送证据信息 $\{\delta, \mu\}$ 给 TPA

5.5.2.5 证据验证阶段

当 TPA 收到 CSP 发来的证据信息 $\{\delta, \mu\}$ 后，执行算法 5-7 验证云存储数据的完整性。若输出为 "success"，说明数据 M 完整；否则输出 "failure"，说明数据 M 已经被篡改。

算法 5-7：证据验证算法 VerifyProof (δ, μ) → (success, faihure)

---

1. 计算 $R = \sum_{i \in I} v_i \cdot H_2(h_i)$。

2. 计算 $Q' = H_1(\text{ID}_U, X_U)$。

3. 计算 $T' = H_1(P_{pub})$。

4. if 等式 $e(\delta, P) = e(Q' \cdot R, Y_U) \cdot e(T' \cdot \mu, P)$ 成立

    cout<< "success"；

  else

    cout<< "failure"；

  end if

对等式 $e(\delta, P) = e(Q' \cdot R, Y_U) \cdot e(T' \cdot \mu, P)$ 的正确性分析如式（5-2）所示。

$$e(\delta, P) = e\left(\sum_{i\in I} v_i \cdot \delta_{m_i}, P\right)$$

$$= e\left(\sum_{i\in I} v_i\left(SK_U \cdot H_2\left(id_i\right) + T \cdot H_2\left(m_i\right)\right), P\right)$$

$$= e\left(SK_U \sum_{i\in I} v_i \cdot H_2\left(id_i\right), P\right) \cdot e\left(T \cdot \sum_{i\in I} v_i \cdot H_2\left(m_i\right), P\right) \qquad (5\text{-}2)$$

$$= e\left(SK_U \cdot R, P\right) \cdot e\left(T' \cdot \mu, P\right)$$

$$= e\left(x_U \cdot z \cdot H_1(ID_U, X_U) \cdot R, P\right) \cdot e\left(T' \cdot \mu, P\right)$$

$$= e\left(H_1(ID_U, X_U) \cdot R, x_U \cdot z \cdot P\right) \cdot e\left(T' \cdot \mu, P\right)$$

$$= e\left(Q' \cdot R, Y_U\right) \cdot e\left(T' \cdot \mu, P\right)$$

CL-PASPP 方案从标签生成到完成审计任务，各阶段的基本流程如图 5-4 所示。

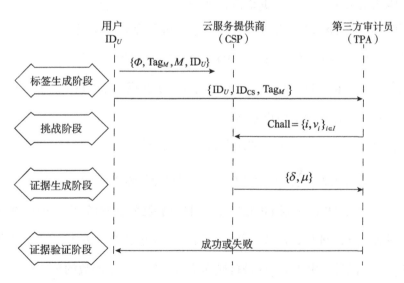

图 5-4　CL-PASPP 方案基本流程示意图

5.5.3　CL–PASPP 安全性分析

5.5.3.1　公开可验证性

在公共审计过程中，数据 $M = m_1 \| m_2 \| \cdots \| m_n$ 的数据标识 ID_M、数据签名 Tag_M、数据块签名集合 Φ、挑战信息 $Chall = \{i, v_i\}_{i \in I}$ 等信息对 TPA 来说是公共可用的。TPA 是挑战信息的发起者，同时也是证据验证信息的接收者，能够公开验证存储在 CSP 中数据的完整性，而无须下载云存储数据到本地。

5.5.3.2　隐私保护性

定理 5.1：给定来自云服务器 CSP 的证据信息 $\{\delta, \mu\}$，好奇 TPA 试图从数据 M 中恢复出用户的原始数据块信息 $m_1 \| m_2 \| \cdots \| m_n$，从计算上是不可行的。

证明：从 CL-PASPP 方案基本流程示意图可以看出，在数据公共审计过程中，TPA 接收到的信息有用户发送的 $\{ID_U, ID_{CS}, Tag_M\}$ 和 CSP 发送的 $\{\delta, \mu\}$，在接收到的信息中 δ 和 $\{ID_U, ID_{CS}, Tag_M\}$ 不包含关于数据 M 的具体信息，因此不可能通过这两个信息破译出用户数据。

下面讨论通过信息 μ 能否破译出用户数据的情况：

部分验证证据 $\mu = \sum_{i \in I} v_i \cdot H_2(m_i)$ 是关于用户原始数据块 $M = m_1 \| m_2 \| \cdots \| m_n$ 的线性组合，好奇 TPA 一旦捕获此特点，可以借助强大的计算设备通过重复向对应数据块发起 i 次挑战，形成一线性方程组，通过解线性方程组得到用户数据信息 $H_2(m_i)$。但是，由于 $H_2(\cdot)$ 是抗碰撞哈希函数，哈希函数的单向性使得攻击者无法从 $H_2(m_i)$ 推导出 m_i。所以，TPA 无法破解哈希函数推导出数据块信息 m_i。

此外，在整个数据完整性验证过程中，好奇 TPA 不需要用户提供私钥 SK_U 完成验证工作，所以，用户私钥也不会被泄露。

综上所述，在数据完整性验证过程中，好奇 TPA 无法从接收到的信息中破获出用户原始数据块以及用户的私钥，有效地保证了用户数据隐私。

5.5.3.3　不可伪造性

CL-PASPP 方案安全性证明中的敌手同样包括 Type-Ⅰ敌手 A_1 和 Type-Ⅱ敌手 A_2。下面证明在随机预言机模型中恶意 CSP 作为敌手不能欺骗 TPA 通过审计验证过程。即 CL-PASPP 方案能够在随机预言机模型下确保外包存储到 CSP 中数据的完整性。

定理 5.2：基于 CDH 问题困难性假设，在随机预言机模型下，如果 CL-PASPP 方案对敌手 A_1 是不可伪造的，那么 CL-PASPP 方案是安全的。

证明：假设算法 F 以三元组 $(P, Q_1=aP, Q_2=bP)$ 为 CDH 问题的挑战实例，以 A_1 类敌手为攻击者，F 的目标是计算 abP 的值。若敌手 A_1 能以不可忽略的优势攻破 CL-PASPP 方案，那么存在算法 F 能够利用敌手 A_1 解决 CDH 问题。

H_1 询问：F 维护一个三元组列表 $L_1=\{ID_i, X_i, h_i\}$，初始为空。当接收到询问 $\{ID_i, X_i\}$ 时，F 查询列表 L_1，若 $\{ID_i, X_i\}$ 在列表 L_1 中存在，返回 h_1 给 A_1；否则，F 选择满足条件 $\{*, *, h_1\}\notin L_1$ 的随机数 $h_1\in Z_q^*$，将 h_1 返回给 A_1，并添加 $\{ID_i, X_i, h_i\}$ 到列表 L_1 中。

H_1 询问：F 维护一个二元组列表 $L_2=\{m_i, h_2\}$，初始为空。当接收到询问 $\{m_i\}$ 时，F 查询列表 L_2，若查询值 $\{m_i, h_2\}$ 在列表 L_2 中存在，返回 h_2 给 A_1；否则，

F 选择满足条件 $\{*, h_2\} \notin L_2$ 的随机数 $h_2 \in Z_q^*$，将 h_2 返回给 A_1，并添加 $\{m_i, h_2\}$ 到列表 L_2 中。

公钥替换询问：当收到 A_1 的询问 (ID_i, PK_i') 时，F 用 PK_i' 替换现存的公钥 PK_i。

敌手 A_1 可以随意替换用户公钥 X_U, Y_U，故挑战者 F 设 $Y_U = Q_2 = bP$。在部分私钥提取中进行两次 H_1 询问，设 $Q_U' = s_j \times Q_1 = s_j \times aP$，$j = 1, 2$，$s_j$ 是挑战者选择的随机数。云服务器 CSP 中已经存储数据块签名，所以无须进行标签生成询问。在"挑战—审计"的证据生成阶段，A_1 对同一个挑战信息通过 H_2 询问进行哈希重放[166,180]，生成两个不同的有效证据信息 (δ_1, μ_1) 和 (δ_2, μ_2)，那么下面两个等式成立。

$$e(\delta_1, P) = e(s_1 \cdot ap \cdot R, bP) \cdot e(T', \mu_1, P)$$

$$e(\delta_2, P) = e(s_2 \cdot ap \cdot R, bP) \cdot e(T', \mu_2, P)$$

那么有，

$$e(\delta_2 - \delta_1, P)$$
$$= e((\delta_2 - \delta_1) \cdot ap \cdot R, bP) \cdot e(T' \cdot (\mu_2 - \mu_1), P)$$
$$= e((\delta_2 - \delta_1) \cdot abp \cdot R, bP) \cdot e(T' \cdot (\mu_2 - \mu_1), P)$$

因此，

$$\delta_2 - \delta_1 = (s_2 - s_1) \cdot abp \cdot R + T' \cdot (\mu_2 - \mu_1)$$

算法 F 可获得，

$$abp = ((s_2 - s_1)R)^{-1} ((\delta_2 - \delta_1) - T' \cdot (\mu_2 - \mu_1))$$

综上所述，如果 A_1 能以不可忽略的优势攻破 CL-PASPP 方案，那么算法 F 可以得到 CDH 困难问题的一个解，出现矛盾。所以恶意 CSP 作为 A_1 类敌手不能欺骗 TPA 通过公共审计过程。

定理 5.3：基于 CDH 问题困难性假设，在随机预言机模型下，如果 CL-PASPP 方案对敌手 A_2 是不可伪造的，那么 CL-PASPP 方案是安全的。

证明：定理 5.3 的证明思路和方法与定理 5.2 的证明类似，主要不同如下。

对于 A_2 敌手可以随意替换用户主密钥，故算法 F 设置系统公钥为 $P_{pub}=Q_1=aP$，a 是系统主密钥，对 F 保密。F 猜测 $Q'_u=bP$，用户秘密值为 s_i，计算 $Y_U=s_j \times Q_1 = s_j \times aP$，$i=1, 2$。在"挑战—审计"的证据生成阶段，同一个挑战信息通过对 H_2 询问进行哈希重放 [166,180] 生成两个不同的有效证据信息 (δ_1, μ_1) 和 (δ_2, μ_2)，那么下面两个等式成立。

$$e(\delta_1, P) = e(bp \cdot R, s_1 \cdot aP) \cdot e(T', \mu_1, P) = e(s_1 \cdot abP \cdot R, P) \cdot e(T', \mu_1, P)$$

$$e(\delta_2, P) = e(bp \cdot R, s_2 \cdot ap) \cdot e(T', \mu_2, P) = e(s_2 \cdot abP \cdot R, P) \cdot e(T', \mu_2, P)$$

那么有，

$$\begin{aligned} &e(\delta_2 - \delta_1, P) \\ &= e(bp \cdot R(s_2 - s_1) \cdot ap) \cdot e(T' \cdot (\mu_2 - \mu_1), P) \\ &= e((s_2 - s_1) \cdot abP \cdot R, P) \cdot e(T' \cdot (\mu_2 - \mu_1), P) \end{aligned}$$

因此，

$$\delta_2 - \delta_1 = (s_2 - s_1) \cdot abP \cdot R + T' \cdot (\mu_2 - \mu_1)$$

算法 F 可获得

$$abp = ((s_2 - s_1)R)^{-1}((\delta_2 - \delta_1) - T' \cdot (\mu_2 - \mu_1))$$

综上所述，如果 A_2 能以不可忽略的优势攻破 CL-PASPP 方案，那么算法 F 可以得到 CDH 困难问题的一个解，出现矛盾。所以恶意 CSP 作为 A_2 类敌手不能欺骗 TPA 通过公共审计过程，CL-PASPP 方案是安全的。

5.5.4 CL–PASPP 性能分析

由于 PDA 资源受限、计算能力较低，在移动医疗云存储 WBAN 环境中需重点考虑 PDA 的计算开销和通信开销。本节将从计算开销和通信开销两个方面，对 CL-PASPP 方案与其他同类公共审计方案进行对比。

5.5.4.1 计算开销

用 "T_M、T_A、T_E、T_P、T_H" 分别表示群上一次乘法运算、加法运算、指数运算、双线性对运算和一次哈希运算的执行时间，"n" 表示数据 M 被分成的数据块个数，"c" 表示审计挑战数据块个数。下面从标签生成、证据生成和证据验证等阶段进行分析。

在标签生成阶段，用户将需要外包存储的数据 M 平均分成 n 块，为每一数据块生成相对应的数据标签。在这一阶段 CL-PASPP 方案[178]、王等人方案[175]、何等人方案[176] 和康等人方案[177] 的计算开销分别为 $2nT_M + 2nT_E + nT_H$、$(2n+1)T_M + nT_A + 1T_P + (2n+2)T_H$、$3nT_M + nT_A + (n+2)T_H$ 和 $4nT_M + 3nT_A + 3nT_H$。

挑战阶段各方案使用的方法基本相同，在此不讨论，假设审计挑战的数据块数目是 c，挑战信息与 c 块数据相对应。

在证据生成阶段，CL-PASPP 方案使用哈希函数对数据块内容进行保护，康等人方案引入随机数，将数据块信息、随机数和哈希函数一起使用保护数据内容。王等人和何等人方案对数据块信息没有进行加密保护，所以 CL-PASPP 方案[178]、王等人方案[175]、何等人方案[176] 和康等人方案[177] 的计算开销在证据生成阶段分别为 $2cT_M + (2c-2)T_A + cT_H$、$(2c-1)T_M + (c-1)T_A + cT_E$、$3cT_M + (2c-2)T_A$

和 $(2c+2)T_M + (2c+1)T_A + cT_E + 1T_H$ 。

在证据验证阶段，计算开销主要由 TPA 进行数据完整性验证产生。三个方案都使用了双线性对运算，但是这个阶段的计算开销主要取决于群乘法运算和加法运算的数量，因为这两种运算的数量与数据块的块数目有关。CL-PASPP 方案 [178]、王等人方案 [175]、何等人方案 [176] 和康等人方案 [177] 的计算开销在证据验证阶段分别为 $(c+2)T_M + (c-1)T_A + 3T_P + 3T_H$ 、 $(3c+1)T_M + 3T_P + 3cT_E + (c+1)T_H$ 、 $(c+3)T_M + (c+2)T_A + 2T_P + (c+3)T_H$ 和 $(3c+1)T_M + (3c-3)T_A + 3T_E$ 。

下面对 CL-PASPP 方案进行仿真模拟，跟 EACS-CLSC 性能分析环境类似，CL-PASPP 方案的仿真模拟也基于 PBC（Pairing-Based Cryptography）库和 MIRACLE (Multiprecision Integer and RationalArithmetic C/C++ Library) 库，选用 VC++ 程序编译器，PDA 的配置参数为 SAMSUNG NOTE5，4GB RAM，Android 7.0，SDK Tools 25.3.1，密码运算参考 Android PBC 和 mPBC 来模拟 [181,182]。证据生成和证据验证在 PC 机上完成，PC 机的配置参数为 64 位 Win7 操作系统，Intel Core i7 CPU 2.5GHz，4GB RAM。CL-PASPP 方案通过 PDA 外包存储医疗数据到 CSP 存放，TPA 对外包数据进行完整性验证。外包存放的数据为 UCI 数据集中的 "Diabetes 130-US hospitals for years 1999-2008 Data Set" 数据，该数据集是美国 130 家医院和综合传输网络中 10 年（1999—2008 年）的临床护理数据，包含 50 多个代表病人和医院结果的特征，从数据库中提取满足指定条件的数据。数据包括 101766 名病人的病人编号、种族、性别、年龄、入院类型、住院时间、住院医师专业、实验室检测次数、各种用药以及诊断等属性 [183]。椭圆曲线是阶为 160 比特的超奇异曲线 $y^2 = x^3 + x$。实验采用单线程模式，且每个结果取重复 10 次实验的平均值。

　　图 5-5 是标签生成阶段 CL-PASPP 方案与其他同类方案之间的时间开销比较。外包存储数据 M 是 18.2MB，从图 5-5 可以看出，当数据块数目小于 4 时，CL-PASPP 方案的标签生成时间不是最低，没有优势。当把数据块分成 4 块以上时，在相同数目数据块下，CL-PASPP 方案的标签生成时间都低于其他三个方案。这是因为，为每一数据块生成标签时，CL-PASPP 方案减少了一次椭圆曲线点乘运算，对于 n 个数据块就相当于减少 n 个椭圆曲线点乘运算，所以分块数目越大时，CL-PASPP 方案的标签生成时间低于其他两种方案，优势越明显。

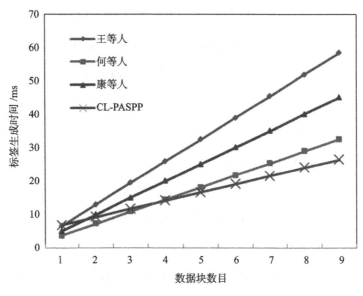

图 5-5　标签生成阶段时间开销

　　根据文献 [184] 描述的抽样策略，公共审计只需要验证存储数据块的子集就能够以较高的概率检测出共享数据中的任何损坏块。已经证明：当数据块被分成 100 万块时，如果所有数据块有 1% 丢失或被删除，那么公共审计可以通过只选择 460 个随机块来检测这些损坏数据块，其检测概率大于 99%。依据这个理论，CL-PASPP 方案在数据分块时，数据块数目至少大于 4 时较合理。在"挑战—审计"过程中，CSP 生成证据信息的时间开销如图 5-6 所示，CL-PASPP 方案在证据生成阶段的时间开销明显低于王等人方案和康等人方案，但是比何等人方案偏高，原因是 CL-PASPP 方案证据生成时对 μ 的计算使用 $\mu = \sum\limits_{i \in I} v_i \cdot H_4(m_i)$，而不是 $\mu = \sum\limits_{i \in I} v_i \cdot m_i$，因此，对每一数据块的验证证据增加了一个哈希运算的时间。然而，增加的 i 个哈希函数运行时间对具有超强计算能力和巨大存储空间的 CSP 来说可以忽略不计。

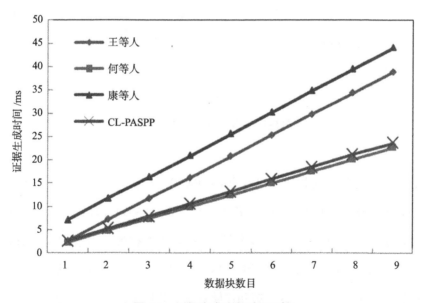

图 5-6　证据生成阶段时间开销

当TPA收到CSP的证据信息后,根据已知参数对证据信息进行验证。从图5-7可以看出,CL-PASPP方案与何等人方案相比,验证证据时间开销具有微弱的优势,而与王等人方案和康等人方案相比优势明显。

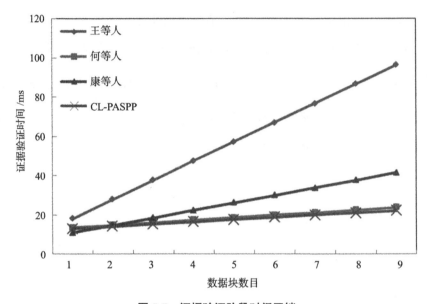

图 5-7　证据验证阶段时间开销

通过运算时间的比较,可以看出 CL-PASPP 方案在标签生成阶段与其他三个同类方案相比,更具有优势。在移动医疗云存储 WBAN 环境中标签生成由资源受限的 PDA 来完成,所以运算开销较少的 CL-PASPP 方案更适合于该环境。证据生成由 CSP 执行,证据验证由 TPA 来完成,不管是 CSP 还是 TPA 相比于资源受限的 PDA 来说,计算资源和存储资源都是巨大的,因此在保证安全需求的前提下,计算开销的持平和微小弱势几乎不影响 CL-PASPP 方案的性能。所以,与其他三个同类方案相比，CL-PASPP 方案在资源受限 PDA 端的计算开销优势明显。

5.5.4.2　通信开销

在通信开销方面，主要分析 CL-PASPP 方案和其他三个同类方案在"挑战—响应"阶段的通信开销。令群 G_1、G_2 以及 Z_q 中元素的长度为 $|q|$=160 bit，从集合 Ω 中选取的随机数和安全参数的长度为 $|i|$=80 bit，用户身份标识长度为 $|ID|$=80 bit。在"挑战—响应"过程中，TPA 向 CSP 发起数据完整性验证挑战，CSP 向 TPA 返回验证证据信息，所以挑战信息和验证证据信息交互产生的开销是主要的通信开销。

CL-PASPP 方案中，"挑战—响应"阶段 TPA 向 CSP 发起的挑战信息是 $Chall = \{i, v_i\}_{i\in I}$，CSP 向 TPA 返回的验证证据信息是 $\{\delta, \mu\}$，其中 $\delta = \sum_{i\in I} v_i \cdot \delta_{m_i}$，$\mu = \sum_{i\in I} v_i \cdot H_2(m_i)$，则通信开销为 $c\,|\,i\,|+3c\,|\,q\,|= 560c$ bit。

王等人方案中，"挑战—响应"阶段 TPA 发送给 CSP 的挑战信息为 $\{(j, y_j)\}_{j\in J}$，其中 $J \subset [1,n]$。CSP 向 TPA 返回的验证证据信息为 $\{\delta^*, \mu, \{id_j\}_{j\in J}\}$，其中 $\delta^* = \prod_{j\in J} \sigma_j^{y_j}$，$\mu = \{\sum_{j\in J} y_j m_{j,l}\}_{l\in[1,c]}$，则通信开销为 $c\,|\,i\,|+3c\,|\,q\,|+c\,|\,ID\,|= 640c$ bit。

何等人方案中，"挑战—响应"阶段 TPA 发送给 CSP 的挑战信息为 $\{(i_j, w_j)\}_{i_j\in J}$，其中 $J = \{i_1, i_2, \cdots, i_c\}$，$w_j \in Z_q^*$。CSP 向 TPA 返回的验证证据信息为 $\{m, S\}$，其中 $m = \sum_{j=1}^{c} w_j \cdot m_{i_j} \bmod q$，$S = \sum_{j=1}^{c} w_j \cdot S_{i_j}$，则通信开销为 $c\,|\,i\,|+3c\,|\,q\,|= 560c$ bit。

康等人方案中，"挑战—响应"阶段 TPA 发送给 CSP 的挑战信息

为 $\{ID_{DU}, a, I\}$，其中 ID_{DU} 是用户身份标识，$a \in Z_q^*$，$I \in [1, c]$。CSP 收到挑战消息后，首先生成一个集合 $w=\{(i, v_i)\}$，其中 $i \in I$，$v_i = a^i \bmod q$，然后，CSP 向 TPA 返回的验证证据信息为 $\{\sigma, \mu, L\}$，其中 $\sigma = \sum_{i \in I} v_i \sigma_{m_i}$，

$L = l \cdot P, l \in Z_q^*$，$\mu = \left(\sum_{i \in I} v_i m_i - l \cdot H_2(L)\right) \bmod q$，则通信开销为 $c|i|+3c|q|+2|q|+|ID|=560c + 400$ bit。

综上分析可知，CL-PASPP 方案和何等人方案通信开销相同，比王等人和康等人方案通信开销低。从功能方面何等人方案不满足隐私保护性，CL-PASPP 方案实现了数据隐私保护，而且在 PDA 端为外包数据生成数据标签时计算开销较少，整体性能较优。所以，CL-PASPP 方案在满足公开可验证性、隐私保护性和不可伪造性的基础上，资源受限 PDA 端计算开销最少，在"挑战—响应"过程中的通信开销也有一定优势。

5.6　本章小结

本章针对移动医疗云存储 WBAN 环境中数据完整性验证的公共审计方法展开研究。首先分析了 Wang-Li 等的公共审计方案、He-Wu 无证书公共审计方案和 Kang-Wang-Shao 无证书公共审计方案的内容和特点。其次，重点介绍了支持隐私保护的无证书公共审计方案 CL-PASPP。CL-PASPP 方案基于无证书公钥密码体制，针对移动医疗云存储 WBAN 环境中数据审计存在隐私保护缺陷和 PDA 资源受限的问题而设计。对 CL-PASPP 方案的系统模型、形式化模型和安

全需求进行定义和描述,明确设计需求。CL-PASPP 方案采用无证书公钥密体制,解决了公钥证书管理的问题和密钥托管的问题, 用户委托第三方审计员 TPA 对云存储数据进行远程完整性验证, 节省了用户的存储空间、计算时间和通信带宽等开销。在审计"挑战—响应"过程中, CL-PASPP 方案确保恶意云服务器不能伪造审计证据欺骗 TPA 通过验证, 在审计证据生成时对数据块信息进行哈希运算处理, 防止好奇 TPA 从审计证据中恢复出原始数据, 强化隐私保护。安全性分析表明 CL-PASPP 方案满足公开可验证性、隐私保护性和不可伪造性,在随机预言机模型中, 基于困难性问题假设, 证明了方案可以同时抵抗 A_1 类敌手和 A_2 类敌手的不可伪造性攻击, 达到预定的安全需求。仿真模拟和性能分析表明, 与同类方案相比, CL-PASPP 方案提供隐私保护, 资源受限 PDA 所需计算开销、通信开销最少, 效率更优, 适用于移动医疗云存储 WBAN 环境中。

第6章　总结与展望

6.1　总结

随着可穿戴设备、无线通信技术、大数据、云计算等技术的飞速发展，移动医疗将成为"互联网＋医疗"模式最具潜力的创新型技术之一，促进发展基于互联网的医疗、保健、养老等新型服务。移动医疗可实现医学救援、远程监测、智能医护、养老保健等医疗应用，将改变传统的医疗模式，有效地解决当前医疗资源配置不合理问题，极大提升医疗卫生管理和服务水平，对推动我国医改具有十分重要的意义。

移动医疗环境下处理和传输的数据都是与用户息息相关的身体健康、环境位置等信息，这些敏感数据的安全性和隐私性尤为重要。如果病情数据遭泄露篡改可能导致误诊、错诊甚至危及生命。如果政商要人、公众明星的个人健康数据或位置数据泄露，可能带来不可估量的社会效应和损失。因此，本书针对移动医疗环境下数据安全和隐私保护的安全机制展开研究，分别从身份认证、访问控制和数据完整性验证三个角度出发，对三类保护数据安全和用户隐私的安全机制进行论述。总结如下：

（1）对移动医疗 WBAN 环境中的用户身份认证进行研究，针对身份认证方案中存在隐私保护缺陷和 PDA 资源受限的问题，重点介绍基于混沌映射的匿名身份认证方案 CMBAAS。

身份认证是信息系统安全的第一道防线。CMBAAS 方案采用基于智能卡的双因子认证模式，利用 Chebyshev 混沌映射的半群属性，使得系统在身份认证前无须事先建立公钥密码系统，在身份认证过程中避免使用开销较大的模指数运算和椭圆曲线点乘运算，从而节约身份认证成本。方案提供用户匿名性以保护用户隐私，完成了通信双方的互认证。非形式化分析了方案可抵抗重放攻击、完美前向攻击、中间人攻击、特权内部人攻击以及丢失智能卡攻击，另外提供了互认证和会话秘钥验证功能。在随机预言机模型中基于 CMDHP 假设证明了方案的可证明安全性，同时用 BAN 逻辑检验法验证了方案的安全性。AVISPA 仿真实验和性能分析表明，与已有方案相比，CMBAAS 方案在满足安全需求的基础上，达到预定的安全目标，所需计算开销较少，适用于移动医疗 WBAN 环境中。

（2）对基于 WBAN 的移动医疗监护网络环境的访问控制方案进行研究，针对 PDA 资源受限的问题，重点介绍高效的基于无证书签密的访问控制方案 EACS-CLSC。

访问控制是信息系统安全的另一道防线。针对 PDA 资源受限的问题，对无证书签密机制进行研究，提出高效的无证书签密 CLSC 方案，将提出的 CLSC 方法应用到数据访问控制中，为基于 WBAN 的移动医疗监护网络环境提出高效的访问控制方案 EACS-CLSC。EACS-CLSC 方案解决了公钥证书管理和密钥托管问题，减少了密码学运算开销；采用签密机制高效地同时完成了数字签名和公钥加密两项功能，减少密码学运算量和通信开销，同时起到隐私保护作用；EACS-CLSC 方案丰富了资源受限环境下数据访问控制的类型，同时也拓展了 CLSC 算法；未使用双线性对运算，提高了计算效率；提供用户撤销功能，增强了系统安全性。EACS-CLSC 方案提供了对密钥、密文和签密文的正确性进行推理。在随机预言机模型中，基于数学困难性假设证明了 EACS-CLSC 方案满足 IND-CLSC-CCA2 游戏下的机密性和 EUF-CLSC-CMA 游戏下的不可伪造性，达到预定的安全目标。仿真模拟和性能分析表明，与同类方案相比，EACS-CLSC 方案在满足安全目标的前提下，计算能耗和通信能耗最低，解决了 PDA 资源受限的问题，适用于基于 WBAN 的移动医疗监护网络中。

（3）对移动医疗云存储 WBAN 环境的数据完整性验证方法进行研究，针对现有公共审计方案存在隐私保护缺陷和 PDA 资源受限的问题，重点介绍支持隐私保护的无证书公共审计方案 CL-PASPP。

云存储数据完整性验证是保证数据安全可用的一个重要内容。CL-PASPP 方案基于无证书公钥密码体制设计，解决了公钥证书管理和密钥托管问题。用户委托有能力的第三方审计员 TPA 对云存储数据进行完整性验证，节省了用户的存储、计算和通信等开销，TPA 无须将云端数据下载到本地，对云存储数据进行远程完整性验证。在数据完整性验证的审计"挑战—响应"过程中，确保恶意云服务器不能伪造审计证据欺骗 TPA 通过验证，将审计证据信息进行哈希运算处理，防止好奇 TPA 从审计证据中恢复出原始数据，从而强化了数据隐私保护。分析证明了 CL-PASPP 方案满足公开可验证性、隐私保护性和不可伪造性，达到预定的安全需求。仿真模拟和性能分析表明，与同类方案相比，CL-PASPP 方案实现了隐私保护，资源受限 PDA 端所需要计算开销、通信开销较少，效率更优，适用于移动医疗云存储 WBAN 环境中。

6.2　研究展望

移动医疗环境下的用户身份认证、数据访问控制以及数据完整性验证是信息安全必须考虑的内容，针对这些内容已取得一些研究成果。我们在前人研究成果的基础上，进行了一定程度上的丰富和扩展。在之后的研究中，如下工作仍需进一步讨论和探索：

移动医疗环境下智能终端是必不可少的参与实体，随着可穿戴设备的发展，移动智能设备的普及，用户将更多的隐私数据存储于智能设备上，这些个人信息存在遭受潜在攻击和非法入侵的可能。例如，运动手表、智能手环、WBAN 的 PDA，移动互联血压计等，一旦这些设备妥协，那么用户的个人隐私数据、位置信息等将受到威胁，因此，针对不同智能实体的身份认证方案可能会有所不同，需进一步研究。

移动医疗监护网络中，本书对病人医疗数据访问的思路是"注册—授权—访问"，主要关注授权用户对资源受限设备上数据的访问。然后，个人健康信息可隶属于同一社交群体、具有相同病症的病人之间可以共享数据以方便精神支持和病情交流。如何实现共享数据的轻量访问，病人传输数据是否暴露了病患的位置信息和其他隐私信息，可以尝试新型网络技术，比如软件定义网络、区块链技术等，实现对存储数据的竞争、公平和安全访问。

随着云存储技术的进一步发展，云存储数据完整性验证是云数据安全必须考虑的问题。本书基于无证书的公共审计方法，实验数据采用已有数据集数据，达到预定的安全目标。但是，如何在真实环境中，随即采集数据随即处理，并随即外包存储，需要经费、技术、场景等方面的协调配合，这将是我们日后关注的内容之一。此外，在医疗大数据存储时，数据副本数、跨云存储也是数据完整性验证需考虑的因素，后续将逐步解决移动医疗云存储中不同智能终端的不同需求，实现跨云数据的安全存储和完整性验证。

参考文献

[1] Free C, Phillips G, Watson L, et al. The effectiveness of mobile-health technologies to improve health care service delivery processes: A systematic review and meta-analysis [J]. PLoS Medicine, 2013, 10(1):e1001363.

[2] Zhou J, Cao Z, Dong X, et al. Securing m-healthcare social networks: challenges, countermeasures and future directions [J]. IEEE Wireless Communications, 2013, 20(4):12-21.

[3] Awad A, Mohamed A, Chiasserini C F, et al. Distributed in-network processing and resource optimization over mobile-health systems [J]. Journal of Network and Computer Applications, 2017, 82:65-76.

[4] Aidan. 10 medical wearables to improve your life in 2016. https://wtvox.com/ digital-health/ top-10-medical-wearables/.

[5] CCS Insight. Critical year ahead for smartwatches as big brands join the party. http://www.ccsinsight. com/press/company-news/3161-critical-year-ahead-for-smartwatches-as-big-brands-join-the-party.

[6] Camara C, Peris-Lopez P, Tapiador J E. Security and privacy issues in implantable medical devices: A comprehensive survey [J]. Journal of Biomedical Informatics, 2015, 55:272-289.

[7] 易观分析 . 易观：中国移动医疗市场发展趋势预测 2017—2019 [EB/OL]（2014-04-01）. https://www.analysys.cn/article/detail/1000705.

[8]   Fortino G, Pathan M. Integration of Cloud computing and body sensor networks [J]. Future Generation Computer Systems, 2014, 35(5):57-61.

[9]   Abbas A, Khan S U. A review on the state-of-the-art privacy-preserving approaches in the e-health clouds. [J]. IEEE J Biomed Health Inform, 2014, 18(4):1431-1441.

[10]   Aslam M U, Derhab A, Saleem K, et al. A survey of authentication schemes in telecare medicine information systems [J]. Journal of Medical Systems, 2017, 41(1):1-26.

[11]   鲁艳蓉 . 多环境下安全认证协议的研究 [D]. 北京邮电大学，2017.

[12]   Alriyami S S, Paterson K G. Certificateless public key cryptography [J]. Asiacrypt, 2003, 2894(2): 452-473.

[13]   Latré B, Braem B, Moerman I, et al. A survey on wireless body area networks [J]. Wireless Networks, 2011, 17(1):1-18.

[14]   Toorani, Mohsen. Security analysis of the IEEE 802.15.6 standard [J]. International Journal of Communication Systems, 2016, 29(17):2471-2489.

[15]   802.15.6-2012-IEEE Standard for Local and metropolitan area networks-Part 15.6: Wireless Body Area networks. 2012.

[16]   Movassaghi S, Abolhasan M, Lipman J, et al. Wireless body area networks: A survey [J]. IEEE Communications Surveys & Tutorials, 2014, 16(3):1658-1686.

[17]   彭彦彬 . 医疗无线体域网轻量认证协议的研究 [D]. 太原理工大学，2016.

[18]   Wood A, Virone G, Doan T, et al. ALARM-NET: Wireless sensor networks for assisted-living and residential monitoring [J]. University of Virginia Computer Science Department Technical Report, 2006, 2:17.

[19]   文耀峰 . 一种实时的跌倒姿态检测和心率监控系统的研究 [D]. 浙江大学，2008.

[20] 秦晓华，段侪杰，袁克虹，等．一种老年人移动健康监护系统的研究 [J]. 中国医学物理学杂志，2011(01):83-86.

[21] Kargar M J, Ghasemi S, Rahimi O. Wireless body area network: from electronic health security perspective [J]. International Journal of Reliable and Quality E-Healthcare, 2013, 2(4):38-47.

[22] Al-Janabi S, Al-Shourbaji I, Shojafar M, et al. Survey of main challenges (security and privacy) in wireless body area networks for healthcare applications [J]. Egyptian Informatics Journal, 2017, 18(2):113-122.

[23] Fortino G, Giannantonio R, Gravina R, et al. Enabling effective programming and flexible management of efficient body sensor network applications [J]. IEEE Transactions on Humman- Machine Systems, 2013, 43(1):115-133.

[24] Tewari A, Verma P. Security and privacy in E-healthcare monitoring with WBAN: A critical review [J]. International Journal of Computer Applications, 2016, 136(11):37-42.

[25] Gohar M , Bashir F , Choi J G , et al. A hash-based distributed mapping control scheme in mobile locator-identifier separation protocol networks [J]. International Journal of Network Management, 2017, 27(2):e1961.

[26] Fiat A, Shamir A. How to prove yourself: Practical solutions to identification and signature problems [C]// Advances in Cryptology-CRYPTO'86, Santa Barbara, California, USA, 1987, 186-194.

[27] Bellare M, Rogaway P. Random oracles are practical: a paradigm for designing efficient protocols [C]// First ACM Conference on Computer and Communication Security, 1993. ACM, 1993:62-73.

[28] 张华，温巧燕，金正平．可证明安全算法与协议 [M]. 北京：科学出版社，2012.

[29] Koblitz N, Menezes A J. The random oracle model: a twenty-year retrospective [J]. Designs, Codes and Cryptography, 2015, 77(2-3):587-610.

[30] Goldwasser S, Micali S. Probabilistic encryption & how to play mental poker keeping secret all partial information [C]// Fourteenth Acm Symposium on Theory of Computing, ACM, 1982.

[31] Tsai J L. A new efficient certificateless short signature scheme using bilinear pairings [J]. IEEE Systems Journal, 2017, 11 (4):2395-2402.

[32] Islam SK H. Provably secure dynamic identity-based three-factor password authentication scheme using extended chaotic maps [J]. Nonlinear Dynamics, 2014, 78(3):2261-2276.

[33] Lai H, Orgun M A, Xiao J, et al. Provably secure three-party key agreement protocol using Chebyshev chaotic maps in the standard model [J]. Nonlinear Dynamics, 2014, 77(4):1427-1439.

[34] Zhang L. Cryptanalysis of the public key encryption based on multiple chaotic systems [J]. Chaos Solitons & Fractals, 2008, 37(3):669-674.

[35] Burrows M, Abadi M, Needham R M. A Logic of Authentication [J]. Proceedings of the Royal Society A: Mathematical, Physical and Engineering Sciences, 1989, 426(1871):233-271.

[36] AVISPA. Automated Validation of Internet Security Protocols and Applications. http://www.avispa project.org/.

[37] 中华人民共和国网络安全法 [EB/OL]（2016-11-7）. http://www.npc.gov.cn/npc/.

[38] 李军，谢宗晓.《中华人民共和国网络安全法》中关键词汇的定义及解析 [J]. 中国质量与标准导报，2018(2):44-47.

[39] GB/T 28448—2012. 信息安全技术 信息系统安全等级保护测评要求 [S]. 北

京：中国标准出版社，2012.

[40] Shannon C E. Communication theory of secrecy systems [J]. The Bell System technical journal, 1949, 28(4):656-715.

[41] 廖晓峰，肖迪，陈勇，等. 混沌密码学原理及其应用 [M]. 北京：科学出版社，2009.

[42] Lorenz E N. Deterministic nonperiodic flow [J], Journal of the Atmospheric Sciences, 1963, 20(2):130-141.

[43] Kocarev L, Tasev Z. Public-key encryption based on Chebyshev maps [C]// International Symposium on Circuits and Systems. IEEE, 2003:28-31.

[44] Kocarev L, Sterjev M, Amato P. RSA encryption algorithm based on torus automorphisms [C]// Proceedings of the 2004 International Symposium on Circuits and Systems, New York, 2004, 4:23-26.

[45] Kocarev L, Makraduli J, Amato P. Public-Key encryption based on Chebyshev polynomials [J]. Circuits Systems & Signal Processing, 2005, 24(5):497-517.

[46] Li Z, Cui Y, Jin Y, et al. Parameter selection in public key cryptosystem based on Chebyshev polynomials over finite field [J]. Journal of Communications, 2011, 6(5):400-408.

[47] Kumar A, Ansari M M. Multi message signcryption based on Chaos with public verifiability [J]. International Journal of Scientific & Technology Research, 2013, 2(5):194-198.

[48] Lee T F, Lin C Y, Lin C L, et al. Provably secure extended chaotic map-based three-party key agreement protocols using password authentication [J]. Nonlinear Dynamics, 2015, 82(1-2):29-38.

[49] Moon J, Choi Y, Kim J, et al. An improvement of robust and efficient biometrics based password authentication scheme for telecare medicine information

systems using extended chaotic maps [J]. Journal of Medical Systems, 2016, 40(3):70.

[50] Chatterjee S, Roy S, Das A K, et al. Secure biometric-based authentication scheme using chebyshev chaotic map for multi-server environment [J]. IEEE Transactions on Dependable and Secure Computing, 2018, 15(5):824-839.

[51] Wu Z Y, Lee Y C, Lai F, et al. A secure authentication scheme for telecare medicine information systems [J]. Journal of Medical Systems, 2012, 36(3):1529-1535.

[52] Shamir A. Identity-based cryptosystems and signature schemes [C]. Advances in Cryptology, 1984:47-53.

[53] Boneh D, Franklin M. Identity-based encryption from the Weil Pairing [C]. Advances in Cryptology, 2001:213-229.

[54] Horwitz J, Lynn B. Toward hierarchical identity-based encryption [J]. Cryptology Eurocrypt, 2002, 2332(3):466-481.

[55] Chaum D. Group signatures [J]. Advances in Cryptology-EUROCRYPT' 91, 1991:257-265.

[56] Camenisch J. Efficient group signature schemes for large groups [J]. Proc. of CRYPTO'97, 1997:410-424.

[57] Ateniese G, Camenisch J, Joye M, et al. A practical and provably secure coalition-resistant group signature scheme [C]// Annual International Cryptology Conference. Springer, Berlin, Heidelberg, 2000:255-270.

[58] Ateniese G, Tsudik G. Some open issues and new directions in group signatures [M]// Financial Cryptography. Springer Berlin Heidelberg, 1999.

[59] Rivest R, Shamir A, Tauman Y. How to leak a secret [C]// International Conference on the Theory and Application of Cryptology and Information

Security. 2001: 552-565.

[60] Bresson E, Stern J, Szydlo M. Threshold ring signatures and applications to ad-hoc groups [C]// Advances in Cryptology — CRYPTO 2002. Lecture Notes in Computer Science, vol 2442. Springer, Berlin, Heidelberg.

[61] Asaar M R, Salmasizadeh M, Susilo W. A provably secure identity-based proxy ring signature based on RSA [J]. Security and Communication Networks, 2015, 8(7):1223-1236.

[62] Rajabzadeh Asaar M, Salmasizadeh M, Susilo W. A short identity-based proxy ring signature scheme from RSA [J]. Computer Standards & Interfaces, 2015, 38:144-151.

[63] Boyen X, Haines T. Forward-secure linkable ring signatures [C]// Information Security and Privacy. ACISP 2018. Lecture Notes in Computer Science, vol 10946. Springer, Cham.

[64] Gruteser M, Grunwald D. Enhancing location privacy in wireless LAN through disposable interface identifiers: A quantitative analysis [J]. Mobile Networks and Applications, 2005, 10(3):315-325.

[65] Gerlach M, Guttler F. Privacy in VANETs using changing pseudonyms - ideal and real [C]// Vehicular Technology Conference (VTC2007), 2007:2521-2525.

[66] Pomarole M, Pomarole M, Jordan G, et al. A fistful of Bitcoins: characterizing payments among men with no names [J]. Communications of the Acm, 2016, 59(4):86-93.

[67] Ron D, Shamir A. Quantitative analysis of the full Bitcoin transaction graph [C]// In Financial Cryptography and Data Security(FC'13). Springer Berlin Heidelberg, 2013:6-23.

[68] 王颖. 资源受限环境安全身份认证方案研究 [D]. 太原理工大学，2016.

[69] Hamdi O, Chalouf M A, Ouattara D, et al. eHealth: Survey on research projects, comparative study of telemonitoring architectures and main issues [J]. Journal of Network & Computer Applications, 2014, 46:100-112.

[70] Sawand A, Djahel S, Zhang Z, et al. Toward energy-efficient and trustworthy eHealth monitoring system [J]. China Communications, 2015, 12(1):46-65.

[71] Zheng Y. Digital signcryption or how to achieve cost (signature & encryption)<<cost(signature) + cost(encryption) [C]// Annual International Cryptology Conference. Springer, Berlin, Heidelberg, 1997.

[72] Barbosa M, Farshim P. Certificateless signcryption [C]// ACM Symposium on Information, Computer and Communications Security. ACM, 2008:369-372.

[73] Liu Z, Hu Y, Zhang X, et al. Certificateless signcryption scheme in the standard model [J]. Information Sciences, 2010, 180(3):452-464.

[74] Selvi SSD, Vivek SS, Rangan CP. Cryptanalysis of certificateless signcryption schemes and an efficient construction whitout pairing [C]// Proc of the 5th International Conference on Information Security and Cryptology. Berlin: Springer-Verlag, 2010: 75-92.

[75] 刘文浩，许春香. 无双线性配对的无证书签密方案 [J]. 软件学报，2011，22(8): 1918-1926.

[76] 何德彪. 无证书签密机制的安全性分析 [J]. 软件学报，2013(3):618-622.

[77] Qi Y, Tang C, Lou Y, et al. Certificateless proxy identity-based signcryption scheme without bilinear pairings [J]. China Communications, 2013, 10(11): 37-41.

[78] Shi W, Kumar N, Gong P, et al. Cryptanalysis and improvement of a certificateless signcryption scheme without bilinear pairing [J]. Frontiers of Computer Science, 2014, 8(4):656-666.

[79] Cheng L, Wen Q. An improved certificateless signcryption in the standard model [J]. International Journal of Network Security, 2015, 17(5):597-606.

[80] 周彦伟，杨波，张文政. 不使用双线性映射的无证书签密方案的安全性分析及改进 [J]. 计算机学报，2016，39(6):1257-1266.

[81] Sharma G, Bala S, Verma A K. Pairing-Free certificateless ring signcryption (PF-CLRSC) scheme for wireless sensor networks [J]. Wireless Personal Communications, 2015, 84(2):1469-1485.

[82] Shi W, Kumar N, Gong P, et al. On the security of a certificateless online/ offline signcryption for Internet of Things [J]. Peer-to-Peer Networking and Applications, 2015, 8(5):881-885.

[83] Bhatia T, Verma AK. Cryptanalysis and improvement of certificateless proxy signcryption scheme for e-prescription system in mobile cloud computing [J]. Annals of Telecommunications, 2017, 72(9-10):563-576.

[84] Sandhu R S, Coyne E J, Feinstein H L, et al. Role-based access control models [J]. Computer, 1996, 29(2): 38-47.

[85] Sun J, Fang Y, Zhu X. Privacy and emergency response in e-healthcare leveraging wireless body sensor networks [M]. IEEE Wireless communications, 2010, 2010(2):66-73.

[86] Thomas R K, Sandhu R S. Task-Based authorization controls (TBAC): a family of models for active and enterprise-oriented autorization management [C]// Proceedings of the IFIP TC11 WG11.3 Eleventh International Conference on Database Securty XI: Status and Prospects. London, UK, UK: Chapman & Hall, Ltd., 1998: 166-181.

[87] Younis A Y, Kifayat K, Merabti M. An access control model for cloud computing [J]. Journal of Information Security and Applications, 2014,

19(1):45-60.

[88] Sahai A, Waters B. Fuzzy identity-based encryption [C]// International Conference on Theory and Applications of Cryptographic Techniques. Springer-Verlag, 2005:457-473.

[89] Tian Y, Peng Y, Peng X, et al. An attribute-based encryption scheme with revocation for fine-grained access control in wireless body area networks [J]. International Journal of Distributed Sensor Networks, 2014, 2014(259798):1-9.

[90] 田野. 基于属性加密的隐私保护与用户行为信任研究 [D]. 太原理工大学, 2018.

[91] Goyal V, Pandey O, Sahai A, et al. Attribute-based encryption for fine-grained access control of encrypted data [C]// Proceedings of the 13th ACM conference on Computer and Communications Security. ACM, 2006: 89-98.

[92] Ostrovsky R, Sahai A, Waters B. Attribute-based encryption with non-monotonic access structures [C]// Proceedings of the 13th ACM Conference on Computer and Communications Security. ACM, 2007:195-203.

[93] Yu S C, Ren K, Lou W J. FDAC: Toward fine-grained distributed data access control in wireless sensor networks [J]. IEEE Transactions on Parallel and Distributed Systems. 2011, 22(4):673-686.

[94] Han J G, Mu Y, Yan J. Privacy-preserving decentralized key-policy attribute-based encryption [J]. IEEE Transactions on Parallel and Distributed Systems. 2012, 23(11):2150-2162.

[95] Bethencourt J, Sahai A, Waters B. Ciphertext-policy attribute-based encryption [C]// IEEE Symposium on Security and Privacy. IEEE, 2007: 321-334.

[96] Green M, Hohenberger S, Waters B. Outsourcing the decryption of ABE ciphertexts [C]// Proceedings of the 20th USENIX Conference on Security.

USENIX Association, 2011:34.

[97] Asim M, Petković M, Ignatenko T. Attribute-based encryption with encryption and decryption outsourcing [C]// Conference on Innovations in Clouds, Internet and Networks. 2014.

[98] 苏金树, 曹丹, 王小峰. 属性加密机制 [J]. 软件学报, 2011, 22(6):1299-1315.

[99] 王鹏翩, 冯登国, 张立武. 一种支持完全细粒度属性撤销的 CP-ABE 方案 [J]. 软件学报, 2012, 23(10): 2805-2816.

[100] 李勇, 曾振宇, 张晓菲. 支持属性撤销的外包解密方案 [J]. 清华大学学报(自然科学版), 2013, 53(12): 1664-1669.

[101] 马华, 白翠翠, 李宾, 等. 支持属性撤销和解密外包的属性基加密方案 [J]. 西安电子科技大学学报, 2015, 42 (6): 6-10.

[102] 方雪锋, 王晓明. 可撤销用户的外包加解密 CP-ABE 方案 [J]. 计算机工程, 2016, 42(12): 124-128, 132.

[103] Gentry C, Silverberg A. Hierarchical ID-based cryptography [C]//Advances in Cryptology. Springer, 2002:548-565.

[104] Wang G J, Liu Q, Wu J, et al. Hierarchical attribute-based encryption and scalable user revocation for sharing data in cloud servers [J]. Computers&Security, 2011, 30(5):320-331.

[105] Deng H, Wu WH, Qin B, et al. Ciphertext-policy hierarchical attribute-based encryption with short ciphertexts [J]. Information Sciences, 2014, 275(10): 370-384.

[106] Alshaimaa A, Nagwa L, Tolba M. Hierarchical attriubte-role based access control for cloud computing [C]//The 1st International Conference on Advanced Intelligent System and Informatics. Springer, 2015:381-389.

[107] Wang S L, Zhou J W, Liu J, et al. An efficient file hierarchy attribute-based encryption scheme in cloud computing [J]. IEEE Transactions on Information Froensics and Security, 2016, 11(6):1265-1277.

[108] Hur J, Noh D K. Attribute-based access control with efficient revocation in data outsourcing systems [J]. IEEE Transactions on Parallel and Distributed Systems, 2011, 22(7):1214-1221.

[109] Zhou Z, Huang D, et al. On efficient and scalable attribute based security systems [D]. Arizona State University, 2011.

[110] Li M, Yu S C, Yao Z, et al. Scalable and secure sharing of personal health records in cloud computing using attribute-based encryption [J]. IEEE Transaction on Parallel and Distributed Systems, 2013, 24(1):131-143.

[111] Liang K T, Au M H, Liu J K. A secure and efficient Ciphertext-Policy attribute-based proxy re-encryption for cloud data sharing [J]. Future Generation Computer Systems, 2015, 52(11):95-108.

[112] 王光波，王建华 . 基于属性加密的云存储方案研究 [J]. 电子与信息学报，2016，38(11):2931-2939.

[113] 刘琴，刘旭辉，胡析霜，等 . 个人健康记录云管理系统中支持用户撤销的细粒度访问控制 [J]. 电子与信息学报，2017，39(5):1206-1212.

[114] Ateniese G, Burns R, Curtmola R, et al. Provable data possession at untrusted stores [C]// ACM Conference on Computer and Communications Security. ACM, 2007:598-609.

[115] Juels A, Kaliski B S. Pors: proofs of retrievability for large files [C]// Acm Conference on Computer & Communications Security. ACM, 2007.

[116] Erway C C, Küpçü A, Papamanthou C, et al. Dynamic provable data possession [J]. ACM Transactions on Information and System Security, 2015, 17(4):1-29.

[117] Zhu Y, Ahn G J, Hu H, et al. Dynamic audit services for outsourced storages in clouds [J]. IEEE Transactions on Services Computing, 2013, 6(2):227-238.

[118] Zafar F, Khan A, Malik SUR, et al. A survey of cloud computing data integrity schemes: Design challenges, taxonomy and future trends [J]. Computers & Security, 2017, 65(C):29-49.

[119] Tan CB, Hijazi MHA, Lim Y, et al. A survey on proof of retrievability for cloud data integrity and availability: cloud storage state-of-the-art, issues, solutions and future trends [J]. Journal of Network & Computer Applications, 2018, 110(2018):75-86.

[120] Wang Q, Wang C, Ren K, et al. Enabling public auditability and data dynamics for storage security in cloud computing [J]. IEEE Transactions on Parallel and Distributed Systems, 2011, 22(5):847-859.

[121] 秦志光，王士雨，赵洋. 云存储服务的动态数据完整性审计方案 [J]. 计算机研究与发展，2015，52(10):2192-2199.

[122] Wang B, Li B, Li H. Panda: public auditing for shared data with efficient user revocation in the cloud [J]. IEEE Transactions on Services Computing, 2015, 8(1):92-106.

[123] Wang H. Identity-based distributed provable data possession in multicloud storage [J]. IEEE Transactions on Services Computing, 2015, 8(2):328-340.

[124] Wang C, Chow SSM , Wang Q, et al. Privacy-Preserving public auditing for secure cloud storage [J]. IEEE Transactions on Computers, 2013, 62(2):362-375.

[125] Hao Z, Zhong S, Yu N. A privacy-preserving remote data integrity checking protocol with data dynamics an public verifiability [J]. IEEE Transactions on Knowledge & Data Engineering, 2011, 23(9):1432-1437.

[126] Yang K, Jia X. An efficient and secure dynamic auditing protocol for data storage in cloud computing [J]. IEEE Transactions on Parallel and Distributed Systems, 2013, 24(9):1717-1726.

[127] Yu J, Ren K, Wang C, et al. Enabling cloud storage auditing with key-exposure resistance [J]. IEEE Transactions on Information Forensics & Security, 2015, 10(6):1167-1179.

[128] Sookhak M, Talebian H, Ahmed E, et al. A review on remote data auditing in single cloud server: Taxonomy and open issues [J]. Journal of Network & Computer Applications, 2014, 43(5):121-141.

[129] Irshad A, Chaudhry SA, Xie Q, et al. An enhanced and provably secure chaotic map-based authenticated key agreement in multi-server architecture [J]. Arabian Journal for Science and Engineering, 2018, 2018(43):811-828.

[130] Hue T T K, Hoang T M, An B. Lightweight signcryption scheme based on discrete Chebyshev maps [C]// Internet Technology and Secured Transactions. IEEE, 2018.

[131] Ramkumar K R, Singh R. Key management using Chebyshev polynomials for mobile Ad Hoc networks [J]. NETWORKS & SECURITY, 2017, 14(11): 237-246.

[132] Jiang Q, Wei F, Fu S, et al. Robust extended chaotic maps-based three-factor authentication scheme preserving biometric template privacy [J]. Nonlinear Dynamics, 2016, 83(4):2085-2101.

[133] Tseng H R, Jan R H, Yang W. A chaotic maps-based key agreement protocol that preserves user anonymity [C]// 2009 IEEE International Conference on Communications. IEEE, 2009.

[134] Niu Y, Wang X. An anonymous key agreement protocol based on chaotic maps

[J]. Communications in Nonlinear Science and Numerical Simulation, 2011, 16(4):1986-1992.

[135] Guo C, Chang CC. Chaotic maps-based password-authenticated key agreement using smart cards [J]. Communications in Nonlinear Science & Numerical Simulation, 2013, 18(6):1433-1440.

[136] Hao X, Wang J, Yang Q, et al. A chaotic map-based authentication scheme for telecare medicine information systems [J]. Journal of Medical Systems, 2013, 37:9919.

[137] Lee T F. An efficient chaotic maps-based authentication and key agreement scheme using smartcards for telecare medicine information systems [J]. Journal of Medical Systems, 2013, 37(6):9985.

[138] Jiang Q, Ma J, Lu X, et al. Robust chaotic map-based authentication and key agreement scheme with strong anonymity for telecare medicine information systems [J]. Journal of Medical Systems, 2014, 38(2):12.

[139] Li C C, Weng C Y. A secure chaotic maps and smart cards based password authentication and key agreement scheme with user anonymity for telecare medicine information systems [J]. Journal of Medical Systems, 2014, 38(9):77.

[140] Mishra D, Srinivas J, Mukhopadhyay S. A secure and efficient chaotic map-based authenticated key agreement scheme for telecare medicine information systems [J]. Journal of medical Systems, 2014, 38(10): 1-12.

[141] Liu J, Zhang Z, Chen X, et al. An efficient certificateless remote anonymous authentication scheme for wireless body area networks [C]// In proceedings of IEEE international conference on Communications (ICC' 12), 2012:3404-3408.

[142] Liu J, Zhang Z, Chen X, et al. Certificateless remote anonymous authentication

schemes for wireless body area networks [J]. IEEE Transactions on Parallel and Distributed Systems, 2014, 25(2):332-342.

[143] Zhao Z. An Efficient anonymous authentication scheme for wireless body area networks using elliptic curve cryptosystem [J]. Journal of Medical Systems, 2014, 38(2):13.

[144] Gao G, Peng X, Tian Y, et al. A Chaotic maps-based authentication scheme for wireless body area networks [J]. International Journal of Distributed Sensor Networks, 2016, 12(7):2174720-2174720.

[145] Xiao D, Liao X, Deng S. A novel key agreement protocol based on chaotic maps [J]. Information Sciences, 2007, 177(4):1136-1142.

[146] Yoon E J, Yoo K Y. A new key agreement protocol based on chaotic maps [C]// Proceedings of The Second KES International Symposium on Agent and Multi-Agent Systems: Technologies and Applications(KES-AMSTA ' 08), Mar. 2008, pp. 897-906.

[147] Bergamo P, D' Arco P, Santis A, Kocarev L. Security of public-key cryptosystems based on Chebyshev polynomials [J]. IEEE Trans. Circ. Syst.-I, 2005, 52:1382–1393.

[148] Abdalla M, Pointcheval D. Interactive diffie-hellman assumptions with applications to password-based authentication [J]. In Proceedings of Financial Cryptography and Data Security, 2005, 20(5):341-356.

[149] Zhu H, Hao X. A provable authenticated key agreement protocol with privacy protection using smart card based on chaotic maps [J]. Nonlinear Dynamics, 2015, 81(1-2):311-321.

[150] Islam S H. Provably secure dynamic identity-based three-factor password authentication scheme using extended chaotic maps [J]. Nonlinear Dynamics,

2014, 78(3):2261-2276.

[151] Lu R, Lin X, Shen X. SPOC: A secure and privacy-preserving opportunistic computing framework for mobile-healthcare emergency [J]. IEEE Transactions on Parallel and Distributed Systems, 2013, 24(3):614-624.

[152] Balakrishnan SK, Raj VPJ. Practical implementation of a secure email system using certificateless cryptography and domain name system [J]. International Journal of Network Security, 2016, 18(1): 99-107.

[153] Li F, Hong J, Omala A A. Efficient certificateless access control for industrial Internet of Things [J]. Future Generation Computer Systems, 2017:S0167739X16308664.

[154] Cagalaban G, Kim S. Towards a secure patient information access control in ubiquitous healthcare systems using identity-based signcryption [C]// International Conference on Advanced Communication Technology. IEEE, 2011.

[155] Hu C, Zhang N, Li H, et al. Body area network security: a fuzzy attribute-based signcryption scheme [J]. IEEE Journal on Selected Areas in Communications, 2013, 31(9):37-46.

[156] Ma C, Xue K, Hong P. Distributed access control with adaptive privacy preserving property for wireless sensor networks [J]. Security & Communication Networks, 2014, 7(4):759-773.

[157] Li F, Hong J. Efficient certificateless access control for wireless body area networks [J]. IEEE Sensors Journal, 2016, 16(13):5389-5396.

[158] Li F, Han Y, Jin C. Cost-effective and anonymous access control for wireless body area networks [J]. IEEE Systems Journal, 2018, 12(1):747-758.

[159] He D, Chen J, Hu J. An ID-based proxy signature schemes without bilinear

pairings [J]. Annals of Telecommunications, 2011, 66(11-12):657–662.

[160] Gao G, Peng X, Jin L. Efficient Access Control Scheme with Certificateless Signcryption for Wireless Body Area Networks [J]. International Journal of Network Security, 2019，21(3):428-437.

[161] Samarati P, Vimercati SDCD. Data protection in outsourcing scenarios: issues and directions [C]// International Symposium on Acm Symposium on Information, 2010:1-14.

[162] Huang Q, Wong D. Generic certificateless encryption secure against malicious-but-passive KGC attacks in the standard model [J]. Journal of Computer Science and Technology, 2010, 25(4):807-826.

[163] 高改梅，彭新光，秦泽峰. 无双线性映射的无证书签密方案 [J]. 中北大学学报 (自然科学版)，2019，40(2):118-125.

[164] 周彦伟，杨波，张文政. 可证安全的高效无证书广义签密方案 [J]. 计算机学报，2016，39(3):543-551.

[165] Sarde P, Banerjee A, Dewangan C L. A secure ID based group signature scheme based on factoring and discrete logarithm problem [J]. Journal of Applied Security Research, 2017, 12(3):440-446.

[166] Shao Z, Gao Y. A provably secure signature scheme based on factoring and discret logarithms [J]. Applied Mathematics & Information Sciences, 2017, 8(4):1553-1558.

[167] Lynn B. The pairing-based cryptography library. http://crypto.stanford.edu/pbc/.

[168] Michael Scott. Miracl multiprecision integer and rational arithmetic c/c++ library. Shamus Software Ltd, Dublin, Ireland, 2003.

[169] http://archive.ics.uci.edu/ml/datasets/Post-Operative+Patient.

[170] Gura N, Patel A, Wander A, et al. Comparing elliptic curve cryptography and

RSA on 8-bit CPUs [J]. Cryptographic Hardware & Embedded Systems, 2004, 3156:119-132.

[171] Shim K A, Lee Y R, Park C M. EIBAS: An efficient identity-based broadcast authentication scheme in wireless sensor networks [J]. Ad Hoc Networks, 2013, 11(1):182–189.

[172] Shim, Kyung-Ah. S2DRP: Secure implementations of distributed reprogramming protocol for wireless sensor networks [J]. Ad Hoc Networks, 2014, 19:1-8.

[173] Ye Tian, Yanbin Peng, Gaimei Gao, et al. Role-Based Access Control for Body Area Networks Using Attribute-based Encryption in Cloud Storage [J]. International Journal of Network Security, 2017, 19(5):151-160.

[174] Fortino G, Pathan M. Integration of cloud computing and body sensor networks [J]. Future Generation Computer Systems, 2014, 35(5):57-61.

[175] Wang B, Li B, Li H, et al. Certificateless public auditing for data integrity in the cloud [C]// Communications & Network Security. IEEE, 2013:136–144.

[176] He D, Zeadally S, Wu L. Certificateless Public Auditing Scheme for Cloud-Assisted Wireless Body Area Networks [J]. IEEE Systems Journal, 2015, 99:1-10.

[177] Kang B, Wang J, Shao D. Certificateless Public auditing with privacy preserving for cloud-assisted wireless body area networks [J]. Mobile Information Systems, 2017, 2017(2017): 2925465-2925465.

[178] 高改梅，彭新光，靳黎忠. 面向云辅助 WBAN 的无证书公共审计方案 [J]. 计算机工程与设计，2019，40(2):306-311.

[179] Wang B, Li B, Li H. Oruta: privacy-preserving public auditing for shared data in the cloud [J]. IEEE Transactions on Cloud Computing, 2014, 2(1):43-56.